ECONOMIA DO MAR

ECONOMIA DO MAR

ORGANIZADORES

Renato Dias Regazzi

Dulce Ângela Procópio

Uma estratégia de desenvolvimento sustentável

Brasil-Portugal

Senac

Editora Senac Rio – Rio de Janeiro – 2023

Senac RJ

Presidente do Conselho Regional
Antonio Florencio de Queiroz Junior

Diretor Regional
Sergio Arthur Ribeiro da Silva

Diretor de Operações Compartilhadas
Pedro Paulo Vieira de Mello Teixeira

Assessor de Inovação e Produtos
Claudio Tangari

Editora Senac Rio
Rua Pompeu Loureiro, 45/11º andar
Copacabana – Rio de Janeiro
CEP: 22061-000 – RJ
comercial.editora@rj.senac.br
editora@rj.senac.br
www.rj.senac.br/editora

Gerente/Publisher: Daniele Paraiso
Coordenação editorial: Cláudia Amorim
Prospecção: Manuela Soares
Coordenação administrativa: Alessandra Almeida
Coordenação comercial: Alexandre Martins

Preparação de texto/copidesque/revisão de texto: Jacqueline Gutierrez
Projeto gráfico de capa e miolo: Priscila Cardoso
Diagramação: Roberta Silva
Ilustrações de capa e miolo: Gabriela Dantas

Impressão: Imos Gráfica e Editora Ltda.
1ª edição: julho de 2023

CIP-BRASIL. CATALOGAÇÃO NA PUBLICAÇÃO
SINDICATO NACIONAL DOS EDITORES DE LIVROS, RJ

E22

Economia do mar : uma estratégia de desenvolvimento sustentável Brasil-Portugal / organização Renato Dias Regazzi, Dulce Ângela Procópio. – 1. ed. – Rio de Janeiro : Ed. SENAC Rio, 2023.
264 p. ; 23 cm.

Inclui bibliografia
ISBN 978-85-7756-488-0

1. Economia marinha. 2. Atividades marítimas – Desenvolvimento sustentável. I. Regazzi, Renato Dias. II. Procópio, Dulce Ângela.

23-84862 CDD: 577.7
CDU: 574.5

Gabriela Faray Ferreira Lopes – Bibliotecária – CRB-7/6643

Ao meu pai, Carlos Luiz Regazzi Filho, e à minha mãe, Neuza Dias Regazzi, responsáveis pela minha educação e pelas orientações que recebi.

Aos meus filhos, Bruna e Leonardo, e à minha esposa, Adriane Caldara Regazzi, que me deram carinho, compreensão, amor e felicidade para me tornar a pessoa que sou hoje.

Aos meus irmãos, Katia e Rogério, agradeço a amizade, a confiança e o carinho.

E a todos os meus familiares e amigos.

Renato Dias Regazzi

A Marcela, Alice, Eduardo, Artur e Antônia, pela inspiração diária.

A Gabriela, Natália, Paulo e Mariana, por me apoiarem e incentivarem sempre.

Dulce Ângela Procópio

Colaboradores

Alexandre Freitas
Doutor em Desenvolvimento Econômico e coordenador do Centro de Estudos da Economia do Mar da Universidade Federal Rural do Rio de Janeiro (Ceemar--UFRRJ).

Alexandre Tavares
Diretor de Marketing da My Beach Live Marketing, Promoções e Eventos. Fundador e organizador da Feira Internacional de Pesca e Negócios do Mar.

Álvaro Sardinha
Consultor especialista em Economia Azul e Desenvolvimento Sustentável. Mestre em Direito e Economia do Mar pela Universidade NOVA de Lisboa. Pós-graduado em Comunicação Estratégica pela Universidade de Lisboa. Licenciado em Engenharia Marítima pela Escola Superior Náutica Infante D. Henrique.

Ana Larronda Asti
Subsecretária de Recursos Hídricos e Sustentabilidade da Secretaria de Estado do Meio Ambiente e Sustentabilidade (Seas) do Rio de Janeiro.

André Gabriel Sochaczewski
Capitão de Mar e Guerra (RM1) da Marinha do Brasil. Chefe do Departamento de Promoção Comercial da Empresa Gerencial de Projetos Navais (Emgepron). Master of Arts of Defence Studies do King's College London (Londers, Reino Unido). Mestre em Ciências Navais da Escola de Guerra Naval (EGN).

António Gonçalves
Ex-comandante do navio-escola "Sagres". Mestre em História dos Descobrimentos e da Expansão pela Faculdade de Letras da Universidade de Lisboa.

Antonio Pinaud
Diretor da GQTech Tecnologia e Gestão. Especialista em Gestão Estratégica e Desenvolvimento Sustentável pela Escola de Economia da Fundação Getulio Vargas (FGV RJ). Liderança Executiva pela Harvard University.

Carlos Alberto Messeder
Doutor em Comunicação e Mestre em Antropologia pela Universidade Federal do Rio de Janeiro (UFRJ). Diretor Executivo da Kognitiva - Inteligência, Cultura e Negócios. Professor aposentado da UFRJ. Ex-diretor Acadêmico de Graduação da Escola Superior de Propaganda e Marketing do Rio de Janeiro (ESPM Rio).

Carlos Erane de Aguiar
2º vice-presidente da Federação das Indústrias do Estado do Rio de Janeiro (Firjan). Diretor presidente do Sindicato Nacional das Indústrias de Materiais de Defesa (Simde). Presidente do Conselho de Administração do Cluster Tecnológico Naval do Estado do Rio de Janeiro. Presidente do Conselho Empresarial de Defesa e Segurança Pública da Firjan. Diretor Titular do Departamento de Defesa e Segurança da Federação das Indústrias do Estado de São Paulo (Fiesp). Presidente do Conselho Empresarial Firjan Nova Iguaçu e Região.

Cezar Marques
Jornalista, publicitário, pós-graduado em Docência Superior, com Mestrado em História, Política, Bens Culturais e Projetos Sociais pelo Centro de Pesquisa e Documentação de História Contemporânea do Brasil (CPDOC), da Fundação Getulio Vargas (FGV). Professor universitário e sócio-diretor da C Comunicação, agência especializada em comunicação integrada.

Fernanda Caetano Coelho
Economista pela Universidade Federal Rural do Rio de Janeiro (UFRRJ). Diretora de Desenvolvimento Industrial na Companhia de Desenvolvimento Industrial do Estado do Rio de Janeiro (Codin Rio).

Henrique da Silva
Engenheiro e mestre em Finanças pela Pontifícia Universidade Católica do Rio de Janeiro (PUC-Rio). MBA pela McGill University, Montreal (Quebec), Canadá. Técnico e executivo nas áreas social, de crédito e de mercado de capitais do Banco Nacional de Desenvolvimento Econômico e Social (BNDES).

Isabela Marques
Pesquisadora do Centro de Estudos em Economia do Mar da Universidade Federal Rural do Rio de Janeiro (Ceemar-UFRRJ).

João Leal
Coordenador na Secretaria de Energia e Economia do Mar do Estado do Rio de Janeiro (Seenemar/RJ). Ex-superintendente para o Desenvolvimento Sustentável na extinta Secretaria de Desenvolvimento Econômico, Energia e Relações Internacionais do Rio de Janeiro (Sedeeri/RJ).

Joelma Gonçalves Ribeiro
Advogada. Mestre em Ciências Ambientais pela Universidade de Vassouras/RJ. Presidente da Comissão Especial de Governança dos Oceanos da Ordem dos Advogados do Brasil do Rio de Janeiro (OAB/RJ). Presidente da Comissão de Direito Ambiental da 14ª Subseção da OAB/RJ. Presidente do Conselho Municipal de Defesa do Meio Ambiente (Comdema) do município de Levy Gasparian/RJ. Sócia fundadora do escritório de advocacia Joelma Ribeiro Advogados.

Joilson de Assis Cabral
Doutor em Planejamento Energético pelo Programa de Pós-graduação em Planejamento Energético do Instituto Alberto Luiz Coimbra de Pós-Graduação e Pesquisa em Engenharia da Universidade Federal do Rio de Janeiro (Coppe/UFRJ). Docente permanente dos Programas de Pós-graduação em Economia Regional e Desenvolvimento e em Gestão e Estratégia, ambos da Universidade Federal Rural do Rio de Janeiro (UFRRJ).

Juliana dos Santos Prata Batista
Bacharel em Direito pela Universidade Federal Rural do Rio de Janeiro (UFFRJ) - Polo Três Rios/RJ. Estagiária de pós-graduação no Tribunal de Justiça de São Paulo. Pós-graduada em Direito Constitucional pela Pontifícia Universidade Católica de Minas Gerais (PUC Minas).

Leonardo J. Melo
Superintendente executivo da Associação Nacional de Entidades Promotoras de Empreendimentos Inovadores (Anprotec). Especialista em Tecnologia, Inovação e Sustentabilidade. Doutor pelo Instituto de Economia da Universidade Federal do Rio de Janeiro (UFRJ), com Pós-doutoramento em Engenharia de Sistemas Urbanos pela Université de Technologie de Compiègne (Sorbonne University Alliance, Paris, França). Ex-gerente de Desenvolvimento Institucional do Parque Tecnológico da UFRJ e executivo responsável pela implantação da agenda de ESG na organização. Pesquisador do Colégio Brasileiro de Altos Estudos da UFRJ e Chief Business Development Officer da Associação Nacional de Entidades Promotoras de Empreendimentos Inovadores (Anprotec).

Lindalia Sofia Junqueira
CEO da Ion Innovations. Partner da Bluetech Beta-i Brazil. Vice-presidente da Câmara de Comércio e Indústria do Estado do Rio de Janeiro (Caerj).

Marcio Guimarães Cruz
Consultor de Inovação no Serviço Brasileiro de Apoio às Micro e Pequenas Empresas (Sebrae) em São Paulo. Formado em Administração de Empresas com habilitação em Marketing.

Marco Antônio Romano
Gestor financeiro pela Pontifícia Universidade Católica do Rio de Janeiro (PUC-Rio). Analista de Investimentos CNPI. Consultor CVM.

Marcos Bastos
Diretor da Faculdade de Oceanografia e professor da Universidade do Estado do Rio de Janeiro (Uerj).

Mario Scangarelli
Cônsul. CEO da Câmara de Comércio, Indústria e Serviços do Brasil (Cisbra) e da Câmara de Comércio e Indústria do Estado do Rio de Janeiro (Caerj).

Monica Dias Corrêa da Silva
Bióloga pela Universidade do Estado do Rio de Janeiro (Uerj). Mestre em Biologia Marinha pela Universidade Federal Fluminense (UFF). Doutoranda em Engenharia Ambiental pela Uerj. Pesquisadora associada à Faculdade de Oceanografia (Uerj/Universidade do Mar - Unimar).

Nathalia Xavier
Gestora de empresas e gerente-geral da Câmara de Comércio e Indústria do Estado do Rio de Janeiro (Caerj).

Patrícia Reis
Sócia-diretora da HOD Planejamento e Gestão de Marketing Territorial. Pesquisadora e professora da graduação e pós-graduação da Escola Superior de Propaganda e Marketing (ESPM). Doutora em Comunicação pela Universidade de São Paulo (USP). Mestre em Comunicação pela Universidade Federal do Rio de Janeiro (UFRJ). Especialista em Análise de Políticas Públicas pelo Instituto de Economia da UFRJ, em Big Data Aplicada ao Marketing pela ESPM e em Sistemas de Informação pela Universidade Federal Fluminense (UFF).

Paulo André Siqueira Barbosa
Mestre em Ciências (Química) pela Universidade Federal do Rio de Janeiro (UFRJ).

Paulo Vitor dos Santos Lima
Assistente na Secretaria de Estado de Energia e Economia do Mar (Seenemar-RJ). Mestrando pelo Programa de Pós-graduação em Economia Regional e Desenvolvimento (PPGER) da Universidade Federal Rural do Rio de Janeiro (UFRRJ).

Rafael Campello de Menezes
Engenheiro de produção. Diretor de Novos Negócios da Companhia de Desenvolvimento Industrial do Estado do Rio de Janeiro (Codin Rio).

Renata Ramalhosa
CEO e co-founder da Beta-i Brasil/Latam.

Ricardo Ganem
Ex-diretor-presidente da Fundação Instituto de Pesca do Estado do Rio de Janeiro (Fiperj). Geógrafo perito e auditor ambiental. Avaliador, certificador e perito rural. Especialista em Ecologia de Ecossistemas. Mestre em Conservação e Gestão de Espaços Naturais. Assistente legislativo na presidência da Assembleia Legislativa do Estado do Rio de Janeiro (Alerj).

Sandro de Freitas Valpassos
Ex-diretor tributário da Companhia de Desenvolvimento Industrial do Estado do Rio de Janeiro (Codin Rio). Ex-assessor tributário da Secretaria de Desenvolvimento Econômico, Energia e Relações Internacionais (Sedeeri).

Sergio Arthur Ribeiro da Silva
Diretor Regional do Serviço Nacional de Aprendizagem Comercial - Administração Regional do Rio de Janeiro (Senac RJ).

Thauan Santos
Pós-doutorado em Economia Azul pelo Center for the Blue Economy, Middlebury Institute of International Studies (CBE/MIIS), Califórnia, Estados Unidos. Professor Adjunto do Programa de Pós-graduação em Estudos Marítimos da Escola de Guerra Naval (PPGEM/EGN). Coordenador do Grupo Economia do Mar (GEM).

Valéria Aguiar
Jornalista, especialista em Mídias e Marketing Digital.

Wagner Victer
Engenheiro. Administrador. Ex-secretário estadual de Energia, da Indústria Naval e do Petróleo (Seinpe) do Rio de Janeiro. Ex-presidente da Companhia Estadual de Águas e Esgotos do Rio de Janeiro (Cedae). Ex-secretário estadual de Educação do Rio de Janeiro. Professor dos cursos de pós-graduação da Fundação Getulio Vargas (FGV).

Sumário

PARTE 4 | ECONOMIA DO MAR: BRASIL E PORTUGAL

PARTE 5 | CONTRIBUIÇÕES PARA A DINAMIZAÇÃO DA ECONOMIA AZUL: BRASIL E PORTUGAL

Apresentação

O Rio e as oportunidades com a economia do mar: o primeiro passo é reconhecê-las!

Se há um elemento do qual me orgulho muito na trajetória à frente do Sistema Fecomércio RJ é a valorização de nossa habilidade de enxergar o futuro. Nunca nos acomodamos em lidar com o presente fazendo uso exclusivamente das ferramentas disponibilizadas pelo passado. Nos maiores desafios que enfrentamos nos últimos anos, no papel de guardiões dos interesses de milhares de comerciantes e prestadores de serviço, nossa referência em busca de soluções sempre foi ver adiante.

Neste exercício usual de mirar o horizonte, no intuito de manter a mente aberta para novas possibilidades e abordagens de problemas já conhecidos, identificamos, então, a potencialidade da chamada "economia do mar" e seu alinhamento com os propósitos mais fundamentais do Sistema Fecomércio RJ.

A princípio, no entanto, essa associação nem sempre é vista com obviedade. As discussões mais consistentes sobre este tema, que, no Brasil, ainda engatinham, envolviam um olhar mais científico-ambiental para o oceano, e um foco nas atividades industriais e extrativas que têm o mar como elemento-chave. Apesar de seu imenso valor, nos âmbitos socioeconômico e socioambiental, esse ponto de vista não dava conta da dimensão da nova fronteira que estava sendo aberta para o mundo do comércio e de serviços.

Começamos, por conseguinte, a posicionar a Federação do Comércio de Bens, Serviços e Turismo do Estado do Rio de Janeiro (Fecomércio RJ) diante das reflexões sobre como explorar de maneira sustentável as potencialidades oferecidas pelos mares. O ápice de nosso envolvimento se deu com nossa participação no evento Global Innovation Summit, em Portugal, em junho de 2022. Tivemos ali a oportunidade de expor nossa visão para um público qualificado, em um encontro que certamente renderá frutos para o ecossistema do comércio no Brasil e, mais especificamente, no estado do Rio de Janeiro.

No entanto, nossa caminhada institucional começou antes de tudo isso. Em outubro de 2021, por exemplo, como sugestão do Sistema Fecomércio RJ, o governo do Rio de Janeiro criou, sob a estrutura da Secretaria de Desenvolvimento Econômico, Energia e Relações Internacionais, a Superintendência de Economia do Mar. Até então, a única instituição oficial do país dedicada apenas ao tema.

No mês seguinte, em outro passo institucional importante no estado do Rio de Janeiro, o governador Cláudio Castro sancionou a Lei nº 9.466, de 25 de novembro de 2021, que criou a Política Estadual de Incentivo à Economia do Mar.[1] Essa lei traz elementos importantes, como a obrigação de o estado se esforçar para aprovar, no Conselho Nacional de Política Fazendária (Confaz), um convênio que garanta incentivos tributários para as atividades relacionadas com a economia do mar.

Tanto a criação da secretaria como a publicação da lei representam um avanço institucional, claro. No entanto, há também um caráter simbólico que mostra, na prática, como a junção do setor produtivo com as autoridades é capaz de realizar feitos à altura de nosso potencial.

A legislação aprovada também prevê que o Poder Executivo fluminense "envidará esforços para ampliar a oferta de educação profissional com vistas à formação, em nível técnico e tecnológico, de pessoal qualificado para as diferentes atividades relacionadas à Economia do Mar" – o que se alinha com a missão já conhecida do Sistema Fecomércio RJ: a geração de emprego e renda por meio da qualificação profissional.

Pelo texto da lei, é notório que o próprio conceito de economia do mar ainda é algo em construção. Isso porque, nessa legislação fluminense, a economia do mar é definida de maneira ampla – o que é positivo, inclusive, para nossos propósitos de que o comércio seja reconhecido como elemento central na análise das potencialidades envolvidas nesse recorte econômico.

Assim, pelo art. 2º da mencionada lei, a economia do mar é:

> [...] o conjunto de atividades econômicas direta ou indiretamente relacionadas à utilização, à exploração ou ao aproveitamento dos recursos vivos, minerais e energéticos dos mares, oceanos e águas interiores, que geram trabalho, emprego

[1] Disponível em: <https://gov-rj.jusbrasil.com.br/legislacao/1328398284/lei-9466-21-rio-de-janeiro-rj>. Acesso em 12 de jun. de 2023.

> e renda, de forma sustentável, e incorporam projetos e investimentos à estrutura produtiva fluminense, com o fito de contribuir, em caráter duradouro, para o aumento da arrecadação e para a promoção da inclusão social.

Em outras palavras, trata-se de atividades, inclusive indiretamente relacionadas com o aproveitamento dos diversos recursos dos mares, que geram emprego e renda, com a presença do elemento da sustentabilidade.

Para começarmos a compreender a complexidade conceitual envolvida, é importante notar que as grandes instituições globais não têm um entendimento único sobre o que significa "economia do mar". O Banco Mundial e a Organização das Nações Unidas (ONU), por exemplo, têm visões distintas sobre o termo, mas uma análise país a país deixa claro as diferentes visões do assunto.

Nos Estados Unidos, por exemplo, há uma distinção entre economia costeira e economia oceânica, sendo que a primeira envolve toda atividade econômica advinda de estados litorâneos, enquanto a segunda compreende as atividades que têm como origem, ainda que parcialmente, os mares. No Reino Unido, por sua vez, a economia do mar é entendida como as atividades que envolvem o trabalho "no/com" o oceano. Já em Portugal, o conceito engloba as atividades que utilizam o mar, ainda que indiretamente.

Desse modo, conferir o protagonismo que o comércio merece nesse contexto não é tarefa pronta e acabada. O olhar para essa atividade, que está muito mais associada à economia costeira, é algo que precisa ser devidamente garantido, e é nesse sentido que temos nos empenhado. Os avanços formais observados no Rio de Janeiro são um exemplo disso.

Essa definição sobre o alcance da economia do mar, e consequentemente do nível de atenção a ser contemplado por políticas públicas, é essencial porque envolve um mercado de 3 trilhões de dólares (mais de 15 trilhões de reais), segundo projeção da Organização para a Cooperação e Desenvolvimento Econômico (OCDE) para o ano de 2030.

O Brasil, com aproximadamente 9 mil quilômetros de costa, é um "gigante pela própria natureza", como está no próprio hino nacional. De acordo com os dados do Ministério do Meio Ambiente e Mudança do Clima, nosso país conta com 17 unidades da federação banhadas pelo Oceano Atlântico. Considerando somente as cidades litorâneas, são 280 municípios que têm o mar como elemento direto de sua economia – o que não significa que esteja sendo bem aproveitado. Mais que isso: a área oceânica sob jurisdição brasileira, ultimamente conhecida como "Amazônia Azul", abrange 4,4 milhões de quilômetros quadrados – aproximadamente metade da área continental do país.

O estado do Rio de Janeiro, em particular, tem ainda o diferencial de garantir ótima infraestrutura, um público consumidor com poder aquisitivo e um setor produtivo capaz de oferecer inúmeras soluções – um exemplo disso é o fato de que nosso estado produz cerca de 150 bilhões de reais a mais de riqueza em comparação a Minas Gerais; mesmo com os mineiros tendo 13 vezes mais a área territorial fluminense.

É esse potencial evidente que precisa ficar claro na formulação de ideias para ampliar emprego e renda no Brasil, a fim de que não percamos este novo bonde da história. Nesse sentido, vale observar que, segundo pesquisa do Grupo Boticário em parceria com a Organização das Nações Unidas para a Educação, a Ciência e a Cultura (Unesco) e a Universidade Federal de São Paulo (Unifesp), somente 13% dos brasileiros que vivem no litoral conhecem o termo "economia do mar" – e ainda assim, somente "de ouvir falar". Ao mesmo tempo, porém, mais da metade deles atribuíram nota dez para a importância que o mar tem para a atividade econômica nacional.

Um amplo estudo brasileiro sobre a economia do mar, desenvolvido pela economista Andréa Bento Carvalho, em sua tese de doutorado pela Pontifícia Universidade Católica do Estado do Rio Grande do Sul (PUCRS),[2] mostrou um elemento muito interessante: atividades de hotelaria e alimentação, que não utilizam diretamente o mar, têm papel central em municípios litorâneos. O estudo, portanto, aponta que, "quando sediadas nestes municípios, [eles compõem] a dimensão marinha da economia do mar brasileira".

A pesquisa também identificou que, em 15 dos 17 estados costeiros do país, com exceção do Rio Grande do Sul e do Paraná, "o emprego em atividades marinhas é maior no setor de alojamento e alimentação, mais especificadamente a atividade de 'restaurantes e outros estabelecimentos de serviços de alimentação e bebidas'".

Assim, o segmento representado pelo Sistema Fecomércio RJ é protagonista da atividade econômica associada à "economia do mar" ou "economia azul". Isso precisa ficar claro, e nós que somos da Fecomércio RJ temos isso bem consolidado em nossos planejamentos com base no olhar para o futuro.

Sob aspectos mais numéricos, este mesmo estudo cita que "a economia do mar brasileira, no ano de 2015, gerou para a economia nacional R$ 1,11 trilhão de PIB" e que "os setores marinhos empregaram no total mais de 19 milhões de pessoas, gerando quase R$ 500 bilhões em salários". O estudo ainda observa, e isso é bem significativo inclusive na discussão conceitual, que "a economia do mar brasileira é dominada pela categoria de serviços, onde podemos salientar o turismo".

[2] Disponível em: <https://tede2.pucrs.br/tede2/bitstream/tede/7915/2/ANDREA_BENTO%20_CARVALHO_TES.pdf>. Acesso em: 28 de abr. de 2023.

Essa mensuração da "economia do mar" no produto interno bruto (PIB) já é uma preocupação inclusive federal. Em 2022, o Comando da Marinha criou, no âmbito do Plano Setorial para os Recursos do Mar, o grupo técnico (GT) "PIB do Mar". Entre suas competências, está tanto definir o conceito de "economia do mar" para o Brasil, quanto propor uma "metodologia que permita mensurar o PIB do Mar, contribuindo para o acompanhamento estatístico regular de sua evolução no País", como consta na Portaria nº 128/MB/MD, de 15 de junho de 2022.[3]

Fica claro que a preocupação com esse campo cresce no nível institucional, e a Fecomércio RJ se orgulha de ser pioneira dessa caminhada. Como podemos, entretanto, de modo prático, ser úteis nessa discussão?

Nossa zona de influência na economia do mar, digamos assim, vai desde o comércio relacionado com o setor de restaurantes e hotéis até setores não tão evidentes, como a moda. A "Rua dos Biquínis", no município fluminense de Cabo Frio, nesse sentido, é um exemplo de união entre o setor têxtil e a identidade de uma cidade costeira com alto fluxo de turistas, como é o caso não somente daquele município mas também de toda a Região dos Lagos.

A fauna e a flora marinhas também podem estar associadas à economia do mar sem necessariamente passar pela cadeia dos restaurantes. Algas, lama e sal são amplamente utilizados como base para cosméticos pela indústria da beleza, por exemplo.

Em tudo isso permeia a vocação do Serviço Nacional de Aprendizagem Comercial (Senac), que atua para fomentar educação técnica e qualificação de profissionais que atuarão nessas áreas, e, claro, para auxiliar na geração de empregos, no aumento de qualidade de vida e na transformação do comércio local.

Alinhado à tendência internacional de tratar a economia do mar cada vez mais como "economia azul", ou seja, com o elemento da sustentabilidade sempre presente, o Sistema Fecomércio RJ também pode ajudar a perseguir o 14º objetivo de desenvolvimento sustentável (ODS) do Pacto Global da ONU ("Conservar e usar de forma sustentável os oceanos, mares e os recursos marinhos para o desenvolvimento sustentável."),[4] ao qual aderimos em fevereiro deste ano, ao estimular serviços e produtos que causem menos impacto ao meio ambiente e ao mesmo tempo gerem empregos e renda.

[3] Disponível em: <https://www.in.gov.br/en/web/dou/-/portaria-n-128/mb/md-de15-de-junho-de-2022-408892431>. Acesso em 12 de jun. de 2023.

[4] Disponivel em: <https://brasil.un.org/pt-br/sdgs>. Acesso em: 26 de abr. de 2023.

A presença da sustentabilidade, somada a um olhar também atento para aspectos de governança, permite mostrar de maneira mais atualizada os potenciais dessa economia azul a empreendedores interessados em abrir conexões nessa cadeia global potencial provocada pela presença do mar em sua equação de negócios.

As possibilidades de protagonismo do setor de comércio e serviços nessa guinada quase literal rumo ao oceano são muitas. Nesse sentido, a Confederação Nacional do Comércio (CNC), sem dúvidas, tem total condições de atuar como líder nesse processo de difusão das vantagens práticas de se perceber o mar como um grande aliado.

Não é à toa que há uma iniciativa empresarial de estímulo à inovação, lançada em 2022, na cidade de Lisboa (Portugal), durante a Conferência dos Oceanos das Nações Unidas, que pretende bancar, até 2030, pelo menos mil empresas iniciantes (startups) de todo o mundo que estejam comprometidas com soluções para a economia do mar e com essa transformação dos oceanos (não apenas pela lógica ambiental mais estrita).

Há, portanto, e não somente nessa iniciativa, um mar aberto de oportunidades para micro e pequenas empresas em atividades relacionadas com a economia azul. Não existe receio de se apostar que o fluxo de capital para iniciativas assim crescerá ao longo desta década. A discussão é sobre uma possível disrupção que afeta os municípios à beira-mar, em uma dinâmica que inclui desde quiosques até hotéis e passa por atividades de lazer.

No fim das contas, é sempre importante perceber que nós é que nos integramos ao mar, e não o mar a nós. O mar é, de longe, a maior porção de nosso planeta. E nós, seres humanos, somos os pontos de estresse que geram problemas para esse mundo oceânico.

Devemos, então, fazer nossa parte e, evidentemente olhando para o futuro, respeitar essa imensidão, ao mesmo tempo que trabalhamos no sentido de uma "parceria" com o mar, que tem também por objetivo de fazer prosperar a vida das pessoas em terra.

Antonio Florencio de Queiroz Junior

Presidente da Federação do Comércio de Bens, Serviços e Turismo do Estado do Rio de Janeiro (Fecomércio RJ).

Prefácio

O filósofo e psicólogo William James certa vez afirmou que "Somos como ilhas no mar, separadas na superfície, mas conectadas nas profundezas."[1] Na mesma linha, a poetisa e escritora Munia Khan destaca que "O oceano separa terras, não almas."[2] Fica claro, por ambas as citações, que os mares e os oceanos têm papel-chave na conexão entre indivíduos e sociedades, mesmo diante de suas imensas extensões e todas as consequências decorrentes dessa magnitude.

E é justo por sua extensão, que se trata de um ambiente historicamente temido e amplamente desconhecido. Referências seculares, como no caso da mitologia grega, apontavam sua relevância e seu poder por intermédio de diferentes deuses - como Poseidon, Pontos e Nereu -, do titã Oceano e da titânide Tétis, além das próprias sereias (ou sirenas), para citar apenas alguns. De modo similar, também há diferentes menções no Oriente ao temor e ao poder dos mares e dos oceanos, como no caso de Ryūjin, o "Rei Dragão da Água e do Mar", na mitologia japonesa, bem como dos "Quatro Grandes Dragões" da mitologia chinesa.

Mais recentemente, a relação entre seres humanos e oceano tem mudado. No século XV, por exemplo, as Grandes Navegações permitiram maior comércio e conhecimento do globo terrestre por meio do extenso Oceano Atlântico. Atualmente, no século XXI, é cada vez mais necessário que se conheçam e que se explorem, de modo sustentável e responsável, os recursos marinhos, assim como se promovam atividades marítimas, em prol da garantia do bem-estar das sociedades e do crescimento econômico dos países. Como consequência, crescem os esforços de diferentes ciências e saberes em prol de ampliar o conhecimento sobre esse novo "universo azul". Na área de economia, tal

[1] Tradução livre de *We are like islands in the sea, separate on the surface but connected on the deep.*

[2] Tradução livre de *Ocean separates lands, not souls.*

esforço sistemático tem apenas algumas décadas, o que ainda abre espaço e permite muita discussão e análise.

Como questionou o vencedor do prêmio Nobel de economia de 1987, Robert Solow, "Por que uma discussão pública sobre política econômica mostra tantas vezes a ignorância abismal dos participantes?"[3] Para lidar com tanto desconhecimento e tamanha confusão na área, este livro, intitulado *Economia do Mar: uma estratégia de desenvolvimento sustentável Brasil-Portugal)*, organizado por Renato Dias Regazzi e Dulce Ângela Procópio, busca contribuir com diferentes círculos da sociedade, no sentido de difundir a relevância que os mares e os oceanos têm na garantia do desenvolvimento sustentável global no século XXI.

Naturalmente, isso não seria diferente para Brasil e Portugal; nações cuja história dos últimos séculos tem estreita relação com as atividades marítimas. Dessa maneira, o Oceano Atlântico, Norte e Sul, é objeto de análise dos mais diversos episódios desse esforço internacional, comum e coletivo.

A obra conta com autores brasileiros e portugueses, que atuam em distintos setores da sociedade. Essa característica propicia análises amplas e diversas, enriquecendo as avaliações apresentadas nos diferentes capítulos, além de favorecer uma perspectiva geral, inclusiva e diversa. Assim, há contribuições de estudantes de pós-graduação, mestres, doutores, professores, bem como de outros profissionais com atuação nos mais diversos setores econômicos relacionados com mar, como pesca, turismo e energia, por exemplo. Além disso, trata de temas que, de modo direto e/ou indireto, afetam o dia a dia da economia do mar, como financiamento, parcerias, tecnologia, associações a universidades e demais centros de ensino e pesquisa, formação de recursos humanos, comunicação, redes (inter)nacionais, empreendedorismo, competitividade e mudanças climáticas.

Dividido em cinco partes, o livro contempla tanto debates conceituais quanto discussões aplicadas a casos brasileiros e portugueses. Evidencia suas dinâmicas particulares (inclusive em instâncias subnacionais), as potenciais parcerias e políticas setoriais, além do papel estratégico da pesquisa, dos investimentos e da inovação nos setores da economia do mar.

Tenha uma excelente leitura e mergulhe neste "mar" de reflexões.

Thauan Santos

Pós-doutorado em Economia Azul pelo Center for the Blue Economy, Middlebury Institute of International Studies (CBE/MIIS), Califórnia, Estados Unidos. Professor Adjunto do Programa de Pós-graduação em Estudos Marítimos da Escola de Guerra Naval (PPGEM/EGN). Coordenador do Grupo Economia do Mar (GEM).

[3] Tradução livre de *Why does a public discussion of economic policy so often show the abysmal ignorance of the participants?*.

Agradecimentos

A construção de um livro é complexa e necessita de informações e conhecimentos individuais e coletivos. Assim, agradeço todos os meus amigos, pelas discussões sobre diversos assuntos e temas relacionados com desenvolvimento, empreendedorismo e competitividade. Destaco todos os amigos de trabalho e de convivência pessoal, que me brindaram com conhecimento em nossas inúmeras conversas, com destaque para os diretores e colaboradores do Serviço Brasileiro de Apoio às Micro e Pequenas Empresas (Sebrae). Gostaria de agradecer a Editora Senac Rio, pela oportunidade da parceria. Agradeço, em especial, toda a competente equipe do Senac RJ, principalmente o presidente de seu Conselho Regional, Antonio Florencio de Queiroz Junior, e seu diretor regional, Sergio Arthur Ribeiro da Silva, pelo carinho, pela amizade e pelo convite para escrever esta importante publicação para o mundo profissional, social e dos negócios.

Renato Dias Regazzi

Agradeço o presidente Antonio Florencio de Queiroz Junior, que, com sua visão de futuro, é capaz de transformar o cotidiano em terreno mais justo, igualitário e sustentável.

Dulce Ângela Procópio

Introdução

Bem-vindo ao *Economia do mar: uma estratégia de desenvolvimento sustentável Brasil-Portugal*!

Nesta obra, são exploradas as oportunidades, os desafios e as perspectivas da economia azul: um campo em franco crescimento que busca conciliar o desenvolvimento econômico e territorial com a conservação dos recursos marinhos, voltado para a sustentabilidade.

A Parte 1 trata dos temas e das definições relacionados com a economia azul, também conhecida como "economia do mar sustentável", investigando os fundamentos e a importância no contexto atual. São explorados conceitos como consciência ou literacia do oceano e sua relação intrínseca com economia, educação, segurança hídrica e saneamento básico. Além disso, são abordadas as tendências de negócios e o empreendedorismo azul como impulsionadores de novas oportunidades de trabalho, emprego e renda, com enfoque nesse paradigma econômico inovador.

Na Parte 2, é apresentado um novo olhar para a dinâmica da economia do mar no Rio de Janeiro e no Brasil. É analisada, de maneira convergente, a integração dos setores do comércio, serviço e produção local em constante evolução. Esta parte também discorre sobre o desconhecimento a respeito da economia do mar, por parte de muitos brasileiros e, consequentemente, sobre a necessidade do desenvolvimento da consciência marítima na população. Destaca, ainda, a importância da tecnologia, inovação e colaboração para impulsionar o "crescimento azul". É, então, exibido o panorama da economia do mar no estado do Rio de Janeiro, discutindo questões relacionadas com financiamento, governança, ambiental e social, dinâmica econômica nos territórios marítimos, além de setores-chave como pesca, aquicultura, biotecnologia, energia, economia da praia, esportes, turismo e gastronomia do mar.

Na Parte 3, atravessa-se o Atlântico para explicar a dinamização da economia azul em Portugal: referência internacional no tema. É abordado o contexto da transição da economia do mar para a economia azul, desde a EXPO' 98 até a Conferência dos Oceanos das Nações Unidas, realizada em 2022, em Lisboa, identificando projetos inovadores e estratégias de comunicação eficazes para disseminar a importância desse campo. Grandes experiências de especialistas portugueses corroboram a discussão do tema da economia do mar como estratégia de desenvolvimento sustentável.

Na Parte 4, é possível observar o grande potencial de relacionamento entre a economia do mar no Brasil e em Portugal. São exploradas as estratégias adotadas por cada um desses países para o desenvolvimento da economia oceânica, buscando sinergias setoriais e parcerias colaborativas e convergentes que impulsionem o crescimento de ambos os países e das demais nações de língua portuguesa. Foi ressaltada a importância da inovação, Bluetech, dos serviços, do empreendedorismo, das redes internacionais, como elementos essenciais para a consolidação da economia azul, visando ao desenvolvimento de um país, por meio de seus clusters e/ou territórios marítimos.

Para finalizar, na Parte 5, são apresentadas diversas contribuições para a dinamização da economia azul tanto no Brasil quanto em Portugal. O enfoque está na inclusão das micro e pequenas empresas, no fomento à capacidade empreendedora azul, na formação e capacitação dos jovens, na importância do consumo consciente e sustentável de alimentos do mar e na valorização da cultura, literacia marítima e do desenvolvimento local. Também é abordado o potencial energético do mar territorial brasileiro, as possibilidades de consórcios públicos para o desenvolvimento sustentável e a interação entre a economia do mar e o mercado de capitais, aliados à importância do desenvolvimento econômico e social local, por meio do empreendedorismo e da inovação.

Desejamos que a leitura proporcionada pela *Economia do mar: uma estratégia de desenvolvimento sustentável Brasil-Portugal* seja uma atraente e inspiradora jornada pelos mares da economia azul, que desperte um novo olhar, uma nova consciência e um compromisso com a construção de um futuro próspero, equitativo e sustentável. Vamos, assim, explorar as possibilidades, superar os desafios e construir juntos uma atual e futura estratégia de desenvolvimento econômico local, que promova a harmonia entre o progresso econômico e a preservação de nossos mares.

Está feito, então, nosso convite para você se aprofundar nas páginas desta obra, em que especialistas, pesquisadores e profissionais renomados compartilham suas experiências e análises sobre a economia do mar sustentável no contexto do Brasil e de Portugal. Esperamos que esta seja uma fonte de inspiração, conhecimentos e motivação para todos os leitores interessados em contribuir para o desenvolvimento sustentável de nossa economia e de nosso planeta.

Tenham uma ótima leitura. "Mar à vista!"

Renato Dias Regazzi

Dulce Ângela Procópio

PARTE I
ECONOMIA AZUL

1 Economia do mar ou economia azul como estratégia para o desenvolvimento econômico e social

Renato Dias Regazzi

A busca constante pelo desenvolvimento econômico e social é uma eterna procura sobre possíveis soluções, instrumentos, ferramentas e tipo de investimentos que podem contribuir para a geração de mais empregos e renda para a população. Em conjunto, os fatores sistêmicos, estruturais e empresariais devem fazer parte das políticas públicas com foco no desenvolvimento econômico e social. Nesse contexto, são de fundamental importância:

- as questões sistêmicas, que abrangem a macroeconomia;
- as questões estruturais, que estão relacionadas com interação setorial, regulamentações, burocracias, segurança, saúde e infraestruturas de suporte, acesso à educação, à tecnologia e ao crédito, além de logística e comércio eficientes ao longo das cadeias produtivas;
- as questões empresariais e de capacidade empreendedora, com relação aos aspectos ligados à microeconomia que dependem das decisões dos gestores e empreendedores, as quais podem promover inovações em produtos, serviços e em processos da empresa, criam novos modelos de negócios e impactam a produtividade.

A discussão sobre desenvolvimento socioeconômico por meio da economia do mar pode ser uma boa reflexão como um caminho para a elaboração de políticas públicas, que podem potencializar os recursos existentes e criar outros. Esta abordagem deve ser compreendida como a soma das atividades econômicas vinculadas a indústria, comércio e serviços, a recursos vivos marítimos, minerais, energéticos, além do setor da informação, ciência e tecnologia, e outros que tenham o mar com recurso ou meio. Todos com o ambiente marítimo como base ou interesse em que se encontram seus ativos econômicos, conhecimentos, cultura, bens e serviços. Há, pelo menos, dois focos econômicos relacionados com economia do mar, por exemplo: o que apresenta a influência direta do mar como o setor naval, náutico incluindo esporte, portuário, pesca, turismo, defesa, economia da praia, e, também, o foco nos setores adjacentes que se encontram no entorno, porém não têm o mar como matéria-prima ou meio. O importante nesta lógica de desenvolvimento é a convergência setorial das atividades econômicas e sociais no ambiente do território, formando um sistema produtivo, de comércio e serviço integrado e não fragmentado, onde pode ser representado o potencial de dinamização, por meio de matriz de insumos e produtos (Figura 1.1).

Um dos desafios do sistema produtivo que tem o mar como recurso ou meio é integrar, de modo convergente, os ativos marítimos existentes e explorar todo o potencial de encadeamento produtivo, principalmente nas atividades com probabilidades de maior agregação de valor e lucratividade. Dessa forma, é possível identificar quais elos da cadeia de produção podem ser priorizados com foco em gerar mais riqueza, emprego e renda. Por conseguinte, atrair investimentos e inserir empresas grandes, médias e pequenas, de maneira competitiva, na cadeia de valor da economia do mar, pode ser uma boa estratégia de desenvolvimento por meio do adensamento de cadeias produtivas, dinamizando os territórios marítimos a serem trabalhados. Isso integra o comércio, o serviço e a indústria no ambiente da localidade marítima.

A abordagem por meio da economia do mar se mostra, então, significativa como uma política pública, para o desenvolvimento econômico e social de uma região ou um país. No entanto, outros termos são usados com relação à temática da dinamização das economias marítimas. Como exemplo, há também o termo "economia azul", que foi criado na lógica da necessidade de adequar para os oceanos a terminologia referente à economia verde, visto que esta já é bastante popularizada e apresenta grande interesse da sociedade, tanto em aspectos locais e ambientais quanto globais. Desse modo, uma das teses é a de que a economia azul seria a extensão da economia do mar, porém com maior foco nas questões de sustentabilidade e defesa das riquezas marítimas. Isso seria resultado da crescente demanda da sociedade em pensar a economia integrada aos problemas de geração de impacto ao meio ambiente, mas também por questões geopolíticas.

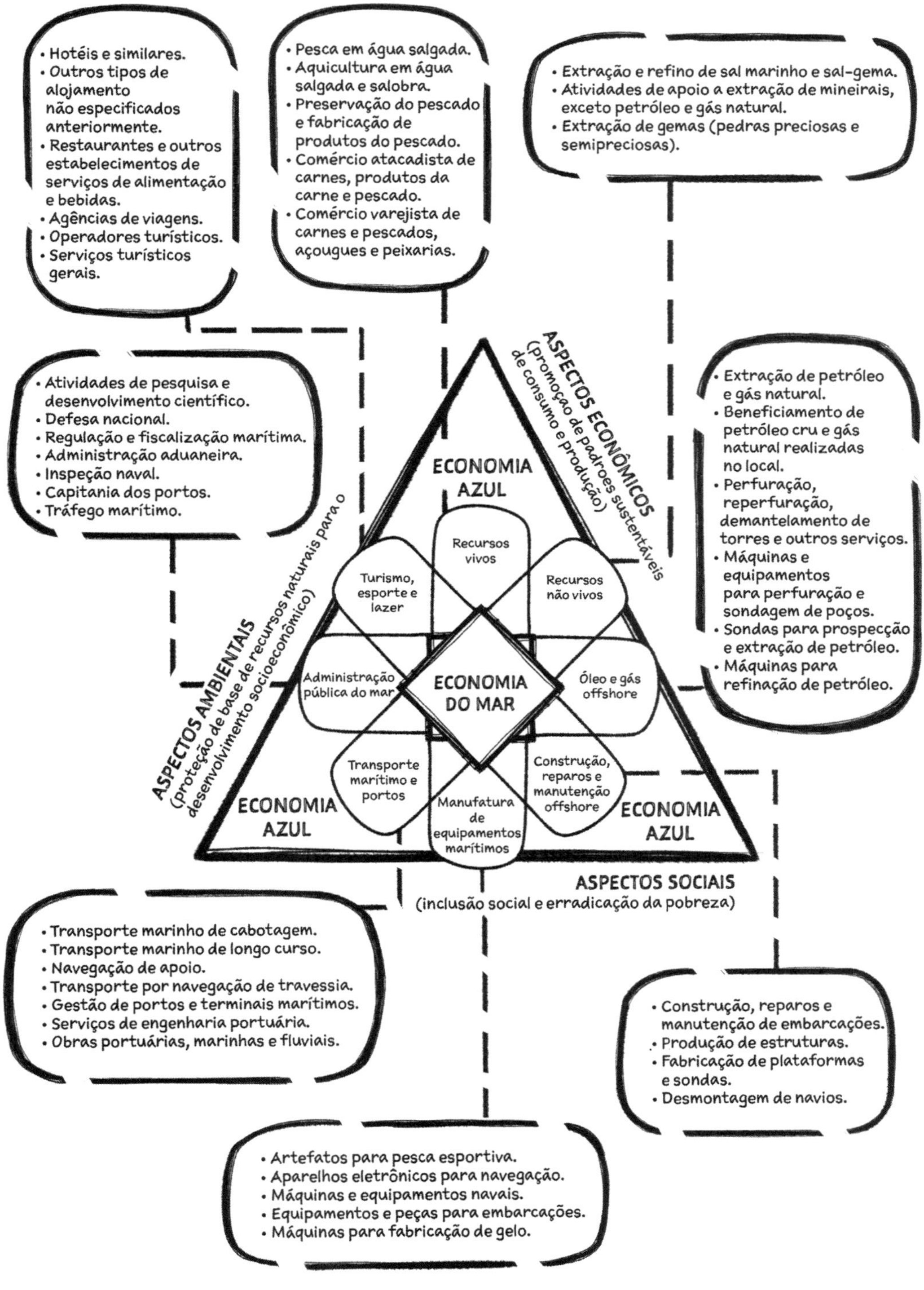

Figura 1.1 *Diagrama da convergência da economia do mar.*

É claro que economia do mar leva em consideração os aspectos ambientais, mas, para deixar mais explícito, alguns especialistas preferem o termo "economia azul", por este carregar em seu nome, de maneira mais intuitiva, as questões de sustentabilidade e preservação. Outros especialistas incluem na definição do termo economia azul: os lagos, rios e afluentes. Independentemente de emprego do melhor termo a ser utilizado, o importante é usar e cuidar ao mesmo tempo dos ativos oceânicos, por causa dos impactos na sociedade, ou seja, há uma interdependência muito grande entre desenvolvimento econômico e preservação do meio ambiente nesse contexto. Na lógica da economia azul, deve ser observado, então, o retorno econômico e social para todos os atores produtivos (indústria, comércio e serviço) e sociais ao mesmo tempo.

Para concluir, é possível dizer que a economia azul pode englobar três fatores: o social, com foco em redução da pobreza, melhores salários e condições dignas; os padrões de sustentabilidade de consumo, produção, comercialização, serviços e investimentos, que se referem aos aspectos econômicos; e os aspectos de proteção das bases de recursos naturais, que se voltam à preservação do meio ambiente. Essas três dimensões podem ser representadas por um tripé ou triângulo. Assim, como foi possível observar, há várias definições para a abordagem econômica que situa o mar como recurso ou meio, não havendo uma categorização única. O que podemos considerar com relação ao termo usado para economia azul, com o foco no desenvolvimento, é que, além de englobar a terminologia da economia do mar, pode também agregar questões ainda mais abrangentes, com destaque para os novos padrões e exigências de consumo, que levam em conta a sustentabilidade. Esta é uma questão de definir para cada situação o termo que represente melhor, para a sociedade, uma política pública efetiva e pragmática de desenvolvimento econômico, social e ambiental.

2 Literacia do oceano

Renato Dias Regazzi

Derivada do termo em inglês *literacy*, a palavra equivalente na língua portuguesa "literacia" significa a capacidade de um indivíduo de ler, entender, escrever, interpretar e explicar o que é lido e compreendido. É a habilidade de adquirir conhecimentos e desenvolver suas potencialidades por meio da escrita, leitura, oratória, e participar ativamente da sociedade de maneira positiva.

O termo "literacia do oceano" nasceu em 2004 nos Estados Unidos para suprir a necessidade de temas ligados ao oceano no ensino formal. Este conceito foi adaptado por muitos países ao redor do mundo, no qual é possível destacar Portugal, que, em 2017, criou o engenhoso programa "Escola Azul". Um exemplo extraordinário de informação, formação e multiplicação dos conceitos da "economia do mar" ou "economia azul", promovendo a formação e o fortalecimento da consciência marítima na população. Um belo exemplo reconhecido pela Organização das Nações Unidas para a Educação, a Ciência e a Cultura (Unesco) e que pode ser utilizado no Brasil de modo sistêmico.

A "literacia do oceano" pode ser considerada um tema estratégico global, que promove a aglutinação e convergência de setores e atores, em uma única voz, em prol do desenvolvimento sustentável do oceano, com preservação de seu ecossistema simultânea ao desenvolvimento econômico e social, de maneira justa e responsável.

A Unesco identifica sete perspectivas com relação ao tema "literacia do oceano, que servem de referência para todos que desejem incrementar o desenvolvimento sustentável do oceano, traduzido pela lógica do fomento por meio da "economia azul". A primeira perspectiva é a ciência, que significa compreender o oceano por meio de bancos de conhecimentos e pesquisas científicas; a segunda é a história ligada à vida humana e sua relação com o oceano; a terceira é a geografia, em que os desafios para a sustentabilidade do oceano assumem aspectos locais, nacionais e globais; e a quarta perspectiva é cultural, que pode ser interpretada como uma percepção singular associada a determinada comunidade.

Ainda com relação às perspectivas estabelecidas pela Unesco, há a quinta, que representa o gênero, interpretado como os aspectos culturais e sociais responsáveis por moldar o acesso aos recursos marinhos de maneira diferente entre homens e mulheres, sendo necessário seu entendimento e sua igualdade. Como sexta perspectiva, há o reconhecimento do valor do oceano, a valorização das pessoas que se relacionam com o mar, promovendo ações comuns e de cidadania. E, por último, a sustentabilidade, que é o cuidado com o oceano e seu ecossistema, é a visão do hoje e do futuro das atuais e novas gerações, que dependerão de decisões políticas e de quais valores são desejados pela sociedade, o que causa impacto, consideravelmente, nos padrões de consumo. A sustentabilidade representa a integração entre a economia, o meio ambiente e a sociedade.

A iniciativa de levar esses conceitos para escolas, universidades e empreendedores brasileiros promoverá grande transformação na sociedade, cujo resultado será a formação de cidadãos com consciência marítima, que olharão o oceano como fonte de oportunidades, trabalho e renda, e a preservação dos ecossistemas marítimos.

3 Relação entre economia azul, segurança hídrica e saneamento básico

Álvaro Sardinha

A economia azul tem sido interpretada como a economia do mar sustentável. Esta é, porém, uma visão limitada, dado que a economia azul inclui recursos e atividades relacionadas com todos os espaços aquáticos e marinhos, nomeadamente oceanos, mares, rios, lagos e águas subterrâneas.

Além disso, reconhecemos que hoje em dia vivemos em um mundo interligado, no qual há apenas um oceano e um planeta, em que partilhamos um futuro comum. Reconhecemos, ainda, que o clima não tem fronteiras, e que os problemas do oceano começam em terra.

Não há sistemas separados, motivo pelo qual economia azul – por seu foco e sua amplitude – é atualmente sinônimo de desenvolvimento sustentável, assentando seu equilíbrio na convergência entre os domínios social, ambiental e econômico.

Desenvolvimento sustentável

De acordo com a visão apresentada no relatório Brundtland de 1987,[1] o desenvolvimento sustentável é definido como aquele que atende às necessidades do presente, sem comprometer a capacidade das futuras gerações de preencher suas próprias necessidades.

Sublinha ainda que o simples crescimento (econômico) não basta. Uma grande atividade produtiva pode coexistir com a pobreza disseminada, o que constitui

[1] Refere-se ao documento *Our common future* (em tradução livre: "Nosso futuro comum") divulgado em 1987. Versão em inglês disponível em: <https://sustainabledevelopment.un.org/content/documents/5987our-common-future.pdf>. Acesso em: 20 de abr. de 2023.

um risco para o meio ambiente. Por isso, o desenvolvimento sustentável e a economia azul exigem que as sociedades atendam às necessidades humanas.

Atividades e facilitadores da economia azul

Do ponto de vista setorial e de maneira não exaustiva, a economia azul inclui várias atividades tradicionais, nomeadamente a pesca e transformação dos recursos vivos; os portos e a logística; o transporte marítimo; a construção e manutenção naval; e o turismo costeiro, marítimo e náutico. Inclui, também, atividades emergentes, como a biotecnologia azul; a energia das marés, correntes e ondas; a energia eólica offshore; a produção de água doce (dessalinização; fabricação de água reciclada); a mineração; e a vigilância marítima.

Devem ainda ser considerados facilitadores da economia azul os fatores que contribuem para a criação de um espaço de desenvolvimento sustentável, regenerativo e inclusivo. Destacam-se aqui: o conhecimento científico azul; a literacia do oceano; o saneamento básico; o ordenamento do espaço marítimo (*maritime spatial planning* - MSP); entre outros.

Saneamento básico: pilar da economia azul

Um oceano saudável é condição fundamental para o desenvolvimento da economia azul e para a partilha de seu valor pelas comunidades - 80% da poluição no oceano tem origem em terra; 80% do lixo no oceano compõe-se de plástico. É fundamental e urgente promover soluções efetivas e eficazes de saneamento básico.

O saneamento básico inclui quatro grandes áreas:

1. **Água potável:** tratamento e abastecimento de água potável.
2. **Esgoto:** coleta e tratamento de esgoto doméstico e industrial.
3. **Drenagem:** escoamento urbano das águas pluviais.
4. **Resíduos sólidos:** limpeza, coleta e destinação correta destes, incluindo o lixo.

As águas residuais urbanas (*waste water*) incluem três agrupamentos:

1. As águas residuais domésticas (esgoto doméstico -proveniente de banhos, da cozinha e de sanitários).
2. As águas residuais industriais (esgoto industrial).
3. As águas pluviais (esgoto pluvial). Em alguns casos, estas águas podem encontrar-se misturadas em sistemas de escoamento comuns.

Em condições ideais, os esgotos doméstico e industrial são encaminhados para estações de tratamento de águas residuais ou para instalações de fabricação de água reciclada; o esgoto pluvial é coletado e escoado até rios e córregos, ou entregue ao oceano e aos mares, devidamente tratado.

Segurança hídrica

A segurança hídrica (*water security*) considera quatro riscos:

1. Escassez de água (incluindo secas).
2. Excesso de água (incluindo inundações).
3. Poluição da água (impossibilitando a utilização).
4. Degradação dos ecossistemas de água doce.

Esses riscos são amplificados pelo acesso inadequado ao abastecimento de água potável e pelo saneamento básico deficiente ou inexistente.

Nos dias atuais, a segurança hídrica é ameaçada e pressionada por vários fatores, com destaque para as mudanças demográficas; o crescimento econômico; a poluição; as mudanças no uso da terra; a degradação dos ecossistemas; e as alterações climáticas.

É atualmente reconhecido que a segurança hídrica não pode depender apenas da infraestrutura como tal. É necessário adotar estratégias de desenvolvimento regional ascendentes (bottom-up), para fazer frente às disparidades econômicas e sociais.

Escassez hídrica

Com foco em um dos riscos associados à segurança hídrica - a escassez de água -, identificam-se como origens desta:

- o crescimento da população, com o aumento do consumo de água;
- as alterações climáticas, nomeadamente o aquecimento global e os eventos extremos - secas e inundações;
- a urbanização progressiva e o crescimento das cidades;
- o desenvolvimento do turismo, da agricultura irrigada e industrialização;
- a poluição da água;
- os desperdícios no consumo;
- a existência de fugas na infraestrutura de distribuição;

- a falta de tratamento de águas residuais e a consequente ausência de produção de água reciclada, o que impossibilita seu reúso. A escassez hídrica amplifica, ainda, os problemas sociais, a concentração de poluentes, e a propagação de doenças.

Sob o enfoque estatístico e global, de acordo com os dados da FAO Aquastat (sistema de informação global da FAO [Organização das Nações Unidas para a Alimentação e a Agricultura] sobre recursos hídricos e gestão agrícola da água), cerca de 80% das águas residuais não são tratadas, sendo lançadas diretamente no meio ambiente (rios, linhas de água, mares e oceanos). No Brasil (de acordo com dados de 2020), 49,2% das águas residuais não são tratadas. No que se refere ao consumo de água em Portugal, a agricultura irrigada é responsável por 70% da água disponível (no Brasil, 58%); a utilização industrial e a geração de energia são responsáveis por 19% (no Brasil, 16%); e os centros urbanos são responsáveis por 12% (no Brasil, 26%).

A economia azul como solução para a escassez hídrica

O desenvolvimento da economia azul pode contribuir para minimizar a escassez hídrica. A título de exemplo e de maneira limitada, apresentam-se a seguir quatro contributos possíveis e relevantes.

1. Aproveitar a sinergia de quatro literacias: a literacia do oceano constitui um suporte fundamental para o desenvolvimento da economia azul, ou seja, para o desenvolvimento sustentável. Tem, não somente, o objetivo de educar e de sensibilizar, mas também de influenciar e alterar comportamentos. Em um mundo interligado, faz sentido aproveitar a sinergia e a complementaridade das quatro literacias: a do oceano; a do clima; a da energia; e a da água, potenciando a valorização dos ecossistemas e a poupança no consumo.
2. Consumo de água na produção de energia elétrica: a produção de energia elétrica assenta principalmente em fontes hídricas (barragens); centrais térmicas (recursos fósseis, biomassa ou nuclear); e sistemas renováveis (solar e vento). Em centrais térmicas, exige elevado consumo de água (cerca de 8% dos recursos hídricos globais) e é responsável pela emissão de gases de efeito de estufa (cerca de 40% das emissões globais). No Brasil, a energia hídrica é responsável pela produção de 65% da eletricidade; a energia termoelétrica é responsável por 20% a 25%; e a energia eólica por 16%. A aposta em sistemas de produção de energia de fontes eólicas offshore e solar em planos aquáticos interiores – atividades que se enqua-

dram na economia azul – tem, assim, a capacidade de reduzir o consumo de recursos hídricos.

3. Fabricação de água doce: a fabricação de água doce por meio da dessalinização de água do mar ou de transição (salobra) é uma atividade emergente da economia azul, que permite compensar a escassez de água em grandes cidades costeiras e em ilhas. A título de exemplo, em janeiro de 2021, contabilizavam-se 2.309 centros de dessalinização em operação na União Europeia, produzindo cerca de 9,2 milhões de m^3/dia (3.358 milhões de metros cúbicos por ano) de água doce, cerca de 9% da capacidade instalada global. A fabricação de água reciclada proveniente do tratamento de águas residuais (esgotos domésticos e industriais) é já uma atividade tradicional em vários países, incluindo Estados Unidos, Austrália, Portugal e Namíbia. A água reciclada pode ser reutilizada na agricultura irrigada; na rega de espaços verdes; na indústria e utilização urbana de água não potável, entre outras aplicações, contribuindo para a poupança de água potável.
4. Algicultura retira pressão à agricultura: a aquicultura é considerada uma atividade tradicional na economia azul. Como referido previamente, a agricultura irrigada consome cerca de 70% dos recursos hídricos; no Brasil, consome 58%. A produção de algas em algicultura não consome recursos hídricos e complementa a atividade agrícola, reduzindo seu consumo de água. Constitui também importante fonte de alimentação e de matéria-prima para agricultura e indústria.

Conclusão

- O investimento em saneamento básico é condição fundamental para o desenvolvimento sustentável – o desenvolvimento da economia azul.
- A economia azul pode contribuir para minimizar a escassez hídrica – a complementação da economia verde.
- O investimento em segurança hídrica impulsiona o desenvolvimento sustentável – o desenvolvimento da economia azul.

Qualquer nação, território ou região que pretenda desenvolver a economia azul tem necessariamente de focar-se no desenvolvimento sustentável. Para tal, as prioridades são claras:

- impulsionar soluções e dignidade para as pessoas;
- promover um oceano saudável e ecossistemas vibrantes;
- investir em tecnologias regenerativas da sustentabilidade do planeta.

Por fim, respeitar essas prioridades, seguramente, conduzirá ao almejado crescimento econômico. Esse crescimento deve ser encarado, porém, como um ponto de chegada ou resultado; não como um foco ou ponto de partida. A próspera transformação dos países e territórios começa na educação, desenvolvimento e capacitação das pessoas - respeitando o meio ambiente e a biodiversidade.

4 *Mayday*! Revolução em curso

António Gonçalves

No princípio era o mar, cujo desígnio primordial era gerar a vida que povoaria o planeta em que a espécie *Homo sapiens* estava fadada a tornar-se hegemônica. Durante milhões de anos, a paulatina evolução biológica faria seu curso, muito antes de os primeiros seres vivos terem capacidade para viver em terra firme.

Posteriormente, a natureza abriu caminho ao povoamento do planeta por gigantescas criaturas de sangue-frio, cujo domínio se estenderia por 160 milhões de anos. Não resistiriam, contudo, à súbita maldição vinda dos céus; aviso que ficou para a posteridade!

Aberto o caminho para a afirmação dos mamíferos, a seleção natural prosseguiu sua ação no aprimorar da engenharia biológica que levou ao aparecimento dos primeiros seres humanos em África, há cerca de 300 mil anos. A necessidade de sobrevivência aliada à natural curiosidade o levaria a povoar todos os recantos do planeta.

No desejo de compreender seu lugar no Universo, cedo quis fazer vingar suas convicções, concebendo mitologias e todo tipo de deuses, que, devotadamente, o ser humano acreditou que zelariam por ele, resguardando-o dos ditames e dos efeitos de suas ações predatórias. Limitado pela geografia cuja vastidão ainda desconhecia, caiu no logro de batizar a casa comum de "Terra"; designação anacrônica que faria questão de manter mesmo depois de confirmar que mais de 70% de sua superfície é ocupada por um único oceano circum-navegável.

Por mera conveniência, ousou atribuir nome às diferentes partes desse oceano, como se tratasse de realidades herméticas. Ciente de que os continentes não passavam de gigantescas ilhas, equivocou-se ao considerar que, em terra firme, sua supremacia estaria para sempre salvaguardada.

A bordo de navios ainda ambientalmente sustentáveis, o oceano permitiu-lhe conhecer seus irmãos separados no nascimento e disseminados pelos demais continentes, com práticas sociais, culturais e religiosas contestadamente similares às suas em tudo.

Seria também com recurso ao oceano que operaria a miscigenação, os mais variados sincretismos e, sobretudo, todos os intercâmbios, que mais tarde apelidaria de "globalização". Ainda sem desequilíbrios à escala global, usufruiu os benefícios da economia azul até a revolução industrial, que foi, literalmente, um divisor de águas. Doravante nada voltaria a ser como dantes; para o melhor e para o pior.

De rumo solto, os sucessivos progressos alcançados contribuíram decisivamente para a vertiginosa melhoria de sua condição dominadora, mas não lhe pesaram na consciência as espécies extintas com sua ação. Sem escrúpulos, desventrou o planeta para mitigar a insaciável fome do novo sortilégio, contaminando tudo o que tocava como se de um vírus peçonhento se tratasse.

No último século, confirmou-se a existência da profetizada *Terrae Australis Incognitae* (vasto continente lendário que abrangia a atual Antártida), cujo equilíbrio iria também pôr em perigo sua ação. E de uma penada descobriria as insondáveis características do átomo, desafiando sem temor a continuidade de sua própria existência. Na tentativa de melhor compreender o processo como as estrelas criam os elementos químicos presentes em toda a matéria e em todas as formas de vida, continuou a agir como se estas fossem um mero reflexo de sua própria grandeza.

Em virtude de, na aparência, a revolução industrial ter se revelado um caminho de crescimento sustentado, considerou prematuramente que o novo paradigma não conheceria limites. Não querendo enxergar suas limitações, sucessivamente dissimuladas pelas sombras de sua arrogância, elevar-se-ia levianamente ao estatuto de *Homo deus* (deus humano).

Apesar do acumular crescente das evidências, relutou em assumir que o crescimento anteriormente inaugurado não era de todo sustentável. E, sobretudo, que a diferença entre sustentado e sustentável não era uma questão meramente acadêmica ou de semântica.

Sem estranheza, demorou a convencer-se da situação dramática em que os oceanos se encontravam, tendo inicialmente aventado a hipótese de se tratar de um fenômeno conjuntural ou até de uma conspiração de interesses ocultos à escala global.

Sem qualquer remorso, ignorou sua ação no desencadear da recente pandemia e de seus efeitos danosos, espectro que ainda por aí paira. Como os estudos científicos comprovam, as consequências de seu *modus vivendi* para os oceanos e para o planeta tornarão essa pandemia em uma mera nota de rodapé de sua desmesurada ambição.

Muito embora as situações dramáticas de sofrimento e miséria lhe tenham sido diariamente servidas em doses sucessivamente crescentes, ignorou todos os sinais e persistiu em uma atitude sonâmbula. Dando a impressão de estar deveras comprometido com a resolução do problema de fundo, todas suas ações revelar-se-iam mais uma *fuite en avant*,[1] de onde, de olhos vendados, continuou a dar seu melhor contributo.

Os efeitos crescentes causados pelas alterações climáticas foram, muito provavelmente, o derradeiro alerta e o testemunho inequívoco de que oceano está completamente saturado de sua presença.

In extremis, a quarta revolução industrial em curso veio dotá-lo do discernimento, do conhecimento e da tecnologia que lhe permitem alterar a abordagem. Diante do avolumar dos estudos científicos e da persistência dos que sempre apelidou de tolos, parece ter finalmente começado a reconhecer sua falta de humildade, ponderando inclusivamente alterar o rumo até agora trilhado.

A Conferência dos Oceanos das Nações Unidas, realizada em 2022, em Lisboa, permitiu – finalmente – vislumbrar a tão ambicionada luz ao fundo do túnel, embora esta possa ainda assumir dois significados muito distintos.

Com uma ingenuidade que contrasta com sua prepotência, colocou-se perante a mais pura manifestação do princípio da incerteza, beneficiando, contudo, da vantagem de (ainda) estar em suas mãos decidir qual luz encontrará no fim do trajeto: a da condenação ou a da absolvição. Os dados estão lançados.

Para se libertar da armadilha em que se colocou, tem agora plena consciência que urge cortar com as amarras do passado e encetar o caminho da sustentabilidade para garantir sua própria sobrevivência. Consciente de que a mudança de paradigma é inevitável e a única garantia de futuro para os oceanos e para toda a vida no planeta, falta-lhe somente compreender que o esforço em prol da sustentabilidade será divinamente recompensado. *Fiat lux*!

[1] Locução francesa que significa "fugir para a frente", "corrida cega".

5 Tendências para negócios (comércio e serviço): empreendedorismo azul

Renato Dias Regazzi

Os próximos anos podem ser marcados por uma recessão global, em consequência do grande endividamento da população e das empresas, que acumularam prejuízos no período da pandemia, além dos altos juros e da inflação generalizada que acometem vários países e retiram o poder de compra das pessoas, o que reduz o consumo.

O reflexo dessa potencial recessão, ainda ampliado por desastres naturais, aquecimento global e crises como a guerra entre Rússia e Ucrânia, já está promovendo escassez de recursos, sejam financeiros, energéticos, de alimentos e de produtos industrializados, além da falta de algumas mercadorias nas "prateleiras" do comércio. Todos esses setores tiveram suas cadeias produtivas rompidas.

Nesse sentido, as empresas e os profissionais deverão ter grande atenção a seus custos, ter foco na produtividade e na simplificação, além de trabalhar produtos, serviços e clientes que gerem maior retorno para o negócio, reduzindo consequentemente a variedade (*mix*) de produtos e serviços, tendo de investir em inovação, fidelização de cliente e nichos de mercado e mercados de proximidade (mudança geográfica de consumo - trabalho híbrido). Muitos especialistas analisam este momento como de transição, o que é marcado como um período de instabilidade e incertezas, como ocorrido em outros períodos na história, como nos tempos das grandes revoluções, guerras mundiais, catástrofes naturais, revoluções culturais, políticas, religiosas, artísticas, a exemplo do Renascimento, e tecnológicas, sendo um bom exemplo as quatro revoluções industriais.

No entanto, há algumas sinalizações que podem ajudar empresas e profissionais a se posicionarem nesse período de transição, visto que são potenciais tendências para cenários atuais e futuros, a exemplo do processo de descentralização de mercados e empresas, o crescimento das economias de proximidade ou vizinhança, o desenvolvimento sustentável (**ESG**, ***E**nvironmental [ambiental], **S**ocial [social]* & ***G**overnance [governança]*), regeneração da natureza, o fomento à economia azul (economia do mar), a utilização de tecnologias para processamento de dados para tomada de decisões, digitalização, inteligência artificial (IA) e demais tecnologias 4.0 (IOT, 5G, automação, nanotecnologia e Bluetech), e a volta da humanização no atendimento ao consumidor e nas relações empresariais, o que já se aponta como grande tendência pós-pandêmica.

Junto com as tendências correntes, como o processo de digitalização e automação nas operações e nas vendas por meio de "e-commerce" (online), as lojas físicas retomam suas posições, como era no período antes da pandemia, o que pode sinalizar uma "fadiga digital" do consumidor, além da necessidade e do desejo desses consumidores por experiências humanizadas e personalizadas (customizadas). Essas são características e oportunidades típicas das micro e pequenas empresas locais, que têm maior capacidade de relacionamento personalizado com sua vizinhança (exclusividade), em razão de seu tamanho e suas características. Essas últimas tendências podem parecer uma surpresa para muitas pessoas, visto que é uma volta revitalizada ao passado (reinvenção do local físico). Isso não tira a importância do digital, mas fortalece consideravelmente as estruturas físicas e de proximidade. É possível consolidar esse processo como "figital" (físico e digital ao mesmo tempo), sob a abordagem de "*omnichannel*" e "centrado" no cliente.

É possível concluir que o consumidor deseja cada vez mais comodidade, com personalização, "gourmetização", novas experiências, produtos locais e excelente atendimento, com um preço compatível a suas expectativas e poder de compra. Para isso, as empresas devem investir consideravelmente em sua gestão (planejamento, operação, coordenação, finanças, logística, compras, tecnologia, vendas e marketing) e no recrutamento, treinamento e na valorização de seus colaboradores, além de um modelo de negócios mais colaborativo, compartilhado (na lógica do cooperativismo), sempre preservando o meio ambiente. Cabe ressaltar como uma nova tendência, no caso da utilização das redes sociais para os negócios, a parceria e o investimento em "microinfluenciadores digitais" (10 mil a 100 mil em sua rede e com conteúdo de nicho), visto que há maior relacionamento, influência e engajamento com sua rede de seguidores.

Com relação às questões de sustentabilidade, que é uma crescente tendência de consumo, nasce o termo empreendedorismo azul como grande oportunidade de negócios, emprego e renda, sendo uma tendência global, sobretudo pela crescente exigência de promover o desenvolvimento econômico e social, preservando os ecossistemas ambientais existentes. Somado a isso, acrescenta-se o fato de a década atual ser considerada a "Década da Ciência Oceânica para o Desenvolvimento Sustentável (2021-2030)", pela ONU, em um esforço de promoção dos 17 objetivos de desenvolvimento sustentável (ODSs), por meio da utilização dos recursos marítimos, mas com forte consciência para a preservação do oceano, lagos, rios, que estão sendo muito impactados pelas atividades econômicas e pelos problemas sociais, o que remete ao fomento e crescimento de uma economia azul, em todo o planeta.

O oceano global, responsável por mais de 70% da superfície do planeta, é a nova fronteira para a busca do desenvolvimento econômico e social global de modo mais igualitária, por meio de um modelo econômico diferenciado, com foco nas águas, cuja prioridade é o desenvolvimento sustentável, por meio do fomento à economia azul. O empreendedorismo azul pode ser considerado, então, uma prática econômica que utiliza o recurso oceânico, de mares, rios, lagos e águas subterrâneas, como meio de produção, de serviços e de ampliação do comércio e turismo, preservando os ecossistemas desses meios, promovendo o desenvolvimento econômico e social de maneira inclusiva, e reduzindo o impacto humano no planeta.

6 Nova fronteira econômica: economia azul

Dulce Ângela Procópio

Há cerca de quatro anos concentrado em construir estratégias de fomento a economia do mar, um grupo formado por representantes das empresas instaladas em Itaguaí/RJ começou a se reunir com o objetivo de focar o mar como fator de crescimento econômico. Esse grupo, no qual havia instituições como a Federação do Comércio de Bens, Serviços e Turismo do Estado do Rio de Janeiro (Fecomércio), o Serviço Brasileiro de Apoio às Micro e Pequenas Empresas (Sebrae) e a Federação das Indústrias do Estado do Rio de Janeiro (Firjan), tinha, em Renato Dias Regazzi, assessor da Diretoria de Desenvolvimento do Sebrae Rio, o agregador e incentivador.

Veio a pandemia, e, com isso, as reuniões presenciais passaram a ser virtuais, agrupando representantes de outras empresas e universidades. O grupo tornou-se internacional, recebendo entidades portuguesas, em momento muito rico para esses representantes, das instituições, das empresas, academias do Brasil e de Portugal, que se juntaram, cada um com seu foco de interesse específico, para formar uma rede, com a certeza de que está no mar a nova fronteira econômica.

Assim surgiu o que chamo de "Grupo do Rio", que, de modo natural, liderado pelo presidente da Fecomércio e do Conselho Deliberativo do Sebrae, Antonio Florencio de Queiroz Junior, constituiu-se para levar seus trabalhos e suas ideias a Portugal, durante o Global Innovation Summit 2022, que teve o Oceano Atlântico como tema principal e aconteceu na cidade portuguesa de Estoril. Foram dias especiais de muita aprendizagem, e, sobretudo, de expansão de nossa rede, o que trouxe para o grupo a visão europeia da economia do mar como nova fronteira econômica.

O conceito de economia do mar tem sido tratado em diversos países. Embora não haja uma única definição estabelecida internacionalmente, vamos ficar com a visão de que a economia do mar é, de um lado, a soma das atividades econômicas dos setores ligados ao mar, e, de outro, dos ativos bens e serviços dos ecossistemas marinhos.

Certo é que já há consenso quanto ao fato de a economia do mar estar diretamente relacionada com o equilíbrio do planeta pelos reflexos das mudanças climáticas, pelo movimento das calotas polares, pelas alternâncias das marés, pela importância do oceano para a absorção de CO_2 e, ainda, pelo crescimento das atividades econômicas no mar e em terra para o mar, pelo mar e com o mar.

A época exige respeito por esse imenso mar que une povos e nações, enquanto desafia todos a mantê-lo sadio para evitar desastres ecológicos, oferecer condições de diminuição da fome, aumentar a oferta de proteína e muitos outros nutrientes, o que gera possibilidades de crescimento econômico efetivo.

A agenda é investir em **ESG**, sigla em inglês para ***Environmental*** (ambiental), ***Social*** (social) & ***Governance*** (governança). Investir em ESG é transformar a economia do mar em economia azul, gerando crescimento econômico equilibrado com qualidade de vida à população. A boa governança é essencial para estabelecer metas de gestão que consigam diminuir o risco de acidentes ambientais, com atenção absoluta ao que vem da terra pelos rios, além de ter atenção aos novos empreendimentos a serem instalados no mar ou que, na costa, tenham relação com o mar.

A atenção ao "S", *Social*, de ESG, é a garantia de que o mar será, de fato, agente de inclusão, integrando a diversidade representada. Para a dimensão ambiental, do "E", *Environmental*, de ESG, os desafios são enormes, tanto em atividades já estabelecidas quanto nas consideradas emergentes. Tais desafios incluem desde todo o cuidado para diminuir os impactos ambientais até a atenção aos resíduos sólidos; o plástico em particular.

O relatório *Economia dos Oceanos em 2030*,[1] elaborado pela Organização para a Cooperação e Desenvolvimento Econômico (OCDE), em 2011, considera as atividades já estabelecidas e as atividades emergentes no oceano. Como atividades já estabelecidas estão transporte marítimo, pesca e seus produtos transformados, turismos marítimo e costeiro, construção e reparo navais, exploração e produção de petróleo e gás offshore, dragagem e instalações e manutenções portuárias. Já as atividades emergentes, ou novas, caracterizam-se pela

[1] Refere-se ao documento *The Ocean Economy in 2030*. Versão em inglês disponível em: <https://www.oecd.org/environment/the-ocean-economy-in-2030-9789264251724-en.htm>. Acesso em: 25 de abr. de 2023.

inovação e pelo emprego de tecnologia de ponta, como energia eólica no mar, energia maremotriz, exploração de minerais no fundo do mar, incluindo exploração de novas jazidas de petróleo e gás em águas extremamente profundas, aquicultura, biotecnologia e controle e vigilância marítimas.

Para todas essas atividades, tanto as estabelecidas como as emergentes, é crucial investir em ESG.

A economia azul, como mencionado, compreende as atividades no mar, o próprio ecossistema marinho e, ainda, as atividades costeiras que têm no mar seu principal objeto (Figura 6.1).

Figura 6.1

Por toda a costa do estado do Rio de Janeiro, tais atividades estão presentes. Entre estas, figuram turismo, hotelaria e gastronomia; todos os trabalhos de apoio à exploração e produção de petróleo e gás, como a alimentação preparada em terra para suprir a demanda das plataformas; comércio da pesca e seus produtos transformados; transporte marítimo; esportes de mar; produção e comércio de roupas para praia; além de tantas outras atividades estabelecidas ao longo de nossa área costeira (Figura 6.2).

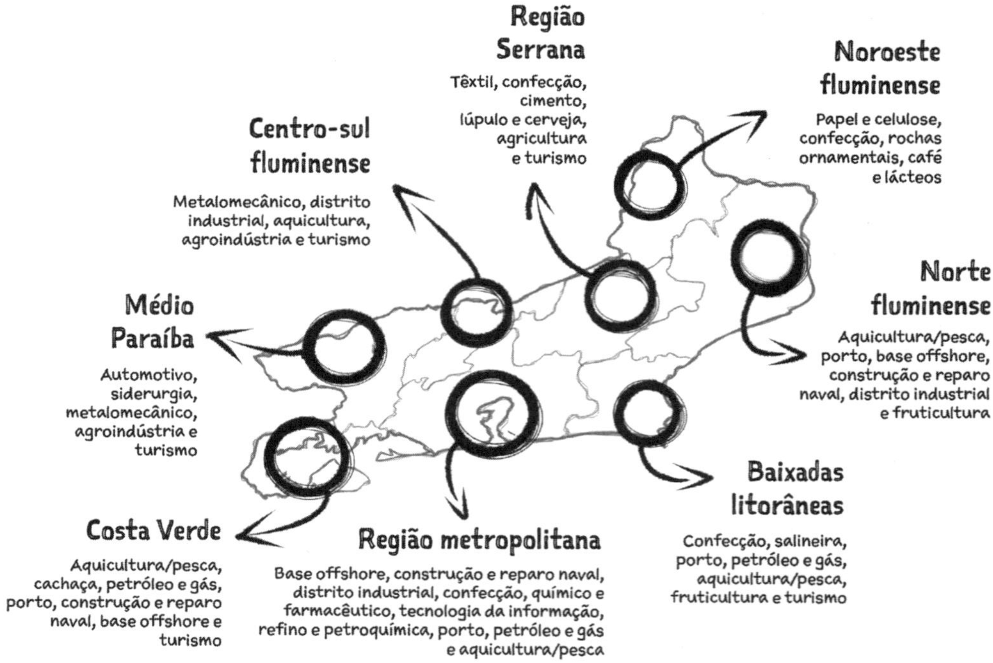

Figura 6.2 *Adaptada do mapa/imagem, referente às vocações econômicas do Rio de Janeiro, gentilmente cedido por Rogerio de Sousa Martins.*

Como é possível ver no mapa, o estado do Rio de Janeiro, de norte a sul, está marcado por atividades ligadas ao mar. De Porto do Açu, no norte do estado, ao intenso turismo em Paraty, no sul, há registros de pesca artesanal, de cultura de algas, hotelaria e gastronomia para atender ao turismo, e o apoio para a exploração e produção de petróleo e gás em alto-mar, em diversos pontos da costa fluminense. Esse cenário nos conduz a ressaltar o papel da capacitação, indispensável ao acesso às oportunidades profissionais, para satisfazer as demandas, gerando desenvolvimento local e melhorando a qualidade de vida da população. A título de exemplo, apenas o do Serviço Nacional de Aprendizagem Comercial (Senac) foi responsável, no período de janeiro de 2022 a janeiro de 2023, pela formação de mais de 6.600 alunos em cursos de gastronomia, o que nos faz concluir um crescente interesse por essa atividade e naturalmente, à medida que o mar vai sendo mais conhecido, é maior a quantidade de capacitações.

Com relação aos territórios do interior, aqueles que não estão na linha da costa, no estado do Rio de Janeiro, também têm relação estreita com o mar, seja na oferta de serviços diretamente associados a atividades ligadas ao mar, seja na demanda indireta de serviços, como os hospitalares, de lazer, além de, naturalmente, o transporte marítimo com os diversos carregamentos necessários à manutenção de suas empresas.

O estado do Rio de Janeiro, por ser localizado em estreita faixa territorial, propicia que suas regiões do interior e costeiras vivam em uma constante simbiose, na qual o mar exerce o papel preponderante. É do mar que chega a maior parte de produtos importados necessários ao desenvolvimento das cidades do interior. Além disso, no que diz respeito à gastronomia, são inúmeros os pratos que se utilizam de crustáceos, peixes, algas, ostras e muito mais, o que faz com que a culinária de produtos do mar ocupe um espaço especial, extremamente atraente, na culinária fluminense.

Por fim, cabe a todos nós cuidarmos de nosso oceano que é um só, único, sem fronteiras. Cuidar dele consiste em cuidar de nosso cotidiano, gerando menos lixo, com atenção aos descartes, tudo fazendo para alcançar o saneamento universal. É certo que apenas a educação poderá mudar o cenário: educação constante, na tenra idade, na adolescência, quando se podem fixar os bons hábitos na prática. Assim, as futuras gerações poderão ser muito melhores.

PARTE 2
DINÂMICA DA ECONOMIA DO MAR NO RIO DE JANEIRO E NO BRASIL

7 Economia do mar no Brasil: integração do comércio, serviço e produção local

Renato Dias Regazzi

No fim dos anos 1990 e durante a primeira década dos anos 2000, o Brasil pela primeira vez definiu, de modo sistematizado, as estratégias setor e território como política pública de desenvolvimento nacional. Por meio das vocações regionais, empoderaram-se os territórios produtivos e estabeleceram-se políticas públicas de desenvolvimento de polos competitivos ou arranjos produtivos locais em todo o Brasil, com apoio de importantes parceiros como o Serviço Brasileiro de Apoio às Micro e Pequenas Empresas (Sebrae), o Banco Nacional de Desenvolvimento Econômico e Social (BNDES), as universidades e o setor produtivo, com representantes da indústria, do comércio, do serviço e da agricultura. Foram inúmeras experiências bem-sucedidas, porém na segunda década dos anos 2000, essa abordagem foi deixada de lado como prioridade de política de desenvolvimento econômico e social; o que não ocorreu em outras nações, que continuaram aperfeiçoando seus instrumentos de fomento aos clusters, alavancando ainda mais seus territórios produtivos e suas economias.

Nos dias atuais, o tema setor e território traz à tona as discussões sobre desenvolvimento e geração de emprego e renda, sobretudo por meio do fomento às bases de fornecedores locais. Com o uso do poder de compras público e privado, são gerados os encadeamentos produtivos, com destaque para o desenvolvimento das micro e pequenas empresas: as maiores responsáveis pela criação de postos de trabalho no Brasil e no exterior. Por conseguinte, a abordagem setor e território foi amplamente atualizada, incorporando, sobretudo, as novas tecnologias digitais, de comercialização e de redes, e melhor entendimento sobre governança e modelos de liderança, que integram sistemas produtivos e comerciais com suas interdependências, cujo objetivo é promover convergências setoriais e adensar as cadeias produtivas nacionais, com foco no desenvolvimento local.

Nesse contexto, os modelos multissetoriais baseados em vocações e estratégias de desenvolvimento local e ancorados em determinadas temáticas – de preferência, com visão sistêmica e foco em cadeias produtivas convergentes e transversais competitivas – estão ganhando espaço no contexto de novos modelos de desenvolvimento, visto a crescente demanda da sociedade por mais oportunidades, empregos e renda para todos. Cabe destacar que o setor de serviço desponta como o maior gerador de empregos, seguido pelos setores de comércio, de indústria e do agrícola-pesqueiro.

Alguns temas como liderança transformadora empreendedora, convergência setorial, interconectividade, economia compartilhada e colaborativa, cidades inteligentes, economia do mar ou azul e economia circular passam a dominar as rodas de discussões e estudos sobre novos modelos de desenvolvimento e políticas públicas que possam criar empregos e promover a equidade social. Um bom exemplo da utilização desses temas é a abordagem territorial multissetorial e temática que vem ganhando força no mundo e recentemente no Brasil, que é a da "economia do mar", tema debatido nesta publicação, que é considerado como oportunidade estratégica das nações para o crescimento econômico e social, pela Organização para a Cooperação e Desenvolvimento Econômico (OCDE). Essa abordagem integra o comércio, os serviços e a indústria como elos complementares em um mesmo território. Nesta linha das economias marítimas de oportunidades, sustentabilidade e desenvolvimento, a Organização das Nações Unidas (ONU) definiu o período de 2021 a 2030 como a "Década da Ciência Oceânica para o Desenvolvimento Sustentável (2021-2030)", destacando a importância da exploração com a preservação dos oceanos.

Acoplado a isso, cogita-se, também, uma economia inclusiva. Significa que, além de se pensar em riqueza e renda, pretende-se, ainda, incluir parte da população que está fora da atividade econômica, tornando-a parte do sistema produtivo formal. Assim, resultados econômicos poderão repercutir nas comunidades carentes pela geração de renda e emprego, utilizando a lógica da convergência e compras locais, contribuindo no processo de inclusão social produtiva de grande parte da população em situação de vulnerabilidade, promovendo o desenvolvimento local inclusivo. Os setores ligados ao mar como o turismo no litoral, economia da praia, o comércio e os serviços relacionados com os recursos marítimos, podem ser grandes geradores de emprego e renda e de oportunidades empreendedoras.

Para concluir a abordagem do desenvolvimento econômico e social, por meio da exploração sustentável dos recursos marítimos e seus meios pode ser uma ótima alternativa para a geração de negócios emprego e renda para a população. O Brasil com seu imenso território e recursos marítimos deve aproveitar a oportunidade de planejar sua economia de modo mais colaborativo e sustentável, com a vantagem de sua posição geopolítica no Atlântico Sul para se tornar uma potência marítima global, usando e preservando os enormes recursos para o bem da sociedade e do planeta. "Mar à vista, vamos empreender o Brasil!"

8 A economia do mar é desconhecida por muitos brasileiros

Renato Dias Regazzi

O tema economia do mar ou economia azul é um dos mais importantes na atualidade, conforme discussões realizadas na Organização das Nações Unidas (ONU) e em importantes fóruns econômicos mundiais. No ano de 2022, Portugal foi o epicentro desse debate em eventos em Estoril e Lisboa, como o Global Innovation Summit, organizado pela rede Eureka, a Conferência dos Oceanos das Nações Unidas e outros paralelos, todos com o foco no desenvolvimento sustentável, com o oceano como tema de partida.

O Brasil esteve muito bem representado e contou com a participação de entidades empresariais, governos estaduais e municipais, universidades e entidades de fomento e tecnológicas. O destaque foi para a participação da Fecomércio, do Serviço Brasileiro de Apoio às Micro e Pequenas Empresas (Sebrae), do governo do Estado do Rio de Janeiro (representado pela Comissão Estadual de Desenvolvimento da Economia do Mar [Cedemar], Companhia de Desenvolvimento Industrial do Estado do Rio de Janeiro [Codin Rio] e Secretaria de Estado de Meio Ambiente e Sustentabilidade [Seas]), da prefeitura de Paraty, da empresa OceanPact, da Câmara de Comércio e Indústria do Estado do Rio de Janeiro (Caerj) e também de representantes de instituições universitárias, como a Universidade do Estado do Rio de Janeiro (Uerj), a Universidade Federal do Estado do Rio de Janeiro (Unirio), o Parque Tecnológico da Universidade Federal do Rio de Janeiro (UFRJ) e a Rede de Tecnologia e Inovação do Rio de Janeiro (Redetec), que, de forma conjunta, fizeram uma excelente apresentação no Global Innovation Summit 2022, demostrando as oportunidades da economia azul para o desenvolvimento do estado do Rio de Janeiro e apresentaram várias iniciativas em prol do fomento à economia do mar, como estratégia de desenvolvimento econômico e social dos territórios marítimos fluminenses (clusters). Este grupo de entidades também visitou inúmeras iniciativas portuguesas relacionadas com a economia azul (*blue economy*), orientadas pelas empresas portuguesas de consultoria Atlantic Hub e Beta-i, e pelos demais parceiros, promovendo a troca de conhecimentos entre ambas as nações, o que foi extraordinário.

Como é possível perceber, a estratégia de dinamização pela economia azul é uma ótima alternativa para o Brasil e existe um longo caminho para ser perseguido e consolidado. Em publicação recente no jornal *Valor*, foi relatado que no litoral do país o nível de desconhecimento da população com relação à economia do mar chega a 87%, ou seja, somente 13% da população que mora no litoral já ouviu falar sobre a economia do mar ou economia azul, apesar da relevância do tema para o Brasil e para o mundo. Com relação ao total no litoral e interior, de acordo com a pesquisa divulgada pela Fundação Grupo Boticário de Proteção à Natureza, em parceria com a Organização das Nações Unidas para a Educação, a Ciência e a Cultura (Unesco) e a Universidade Federal de São Paulo (Unifesp), o número de brasileiros que conhecem bem o significado de economia do mar ou economia azul é de apenas 1%.

É possível, então, perceber a grande relevância do recente movimento ocorrido com relação à visita a Portugal, liderada por instituições como a Fecomércio e o Sebrae, e também das ações de fomento a economia azul que já estão ocorrendo no Brasil, com destaque para o estado do Rio de Janeiro, que criou a Cedemar, vinculada ao governo estadual, com a participação da sociedade organizada. Também é destaque o trabalho da Assembleia Legislativa do Estado do Rio de Janeiro (Alerj), que atua por meio de projetos de leis de fomento à economia do mar no estado. Percebe-se que há um grande caminho a ser percorrido, mas o importante é que os primeiros passos já foram dados e de maneira extraordinária.

A Organização para a Cooperação e Desenvolvimento Econômico (OCDE), da qual o Brasil deseja ser membro, considera que um dos motores de desenvolvimento econômico e social para as próximas décadas será a dinamização dos clusters marítimos. Está, portanto, na hora de o Brasil aproveitar seus imensos recursos marítimos localizados no Atlântico Sul, correspondente à chamada "Amazônia Azul", em prol do desenvolvimento econômico e social de modo sustentável e justo para todos.

9 Tecnologia e inovação: o caminho para o "crescimento azul" do Brasil

André Gabriel Sochaczewski

Em 2015, as Nações Unidas apresentam, em sua Agenda 2030 para o Desenvolvimento Sustentável,[1] o 14º objetivo de desenvolvimento sustentável (ODS), o qual propõe que se deve: "Conservar e usar de forma sustentável os oceanos, mares e os recursos marinhos para o desenvolvimento sustentável." Por outro lado, no 9º ODS também estabelece que se deve: "Construir infraestruturas resilientes, promover a industrialização inclusiva e sustentável e fomentar a inovação."

Esses dois objetivos estabelecem um enorme desafio, pois a industrialização, propriamente dita, tornou-se a grande ameaça ao meio ambiente ao longo dos últimos séculos, principalmente, após a segunda revolução industrial, em meados do século XIX, com o advento da máquina a vapor, que se seguiu com a ampliação do emprego intensivo dos combustíveis fósseis.

Consequentemente, é nesse ambiente estratégico que emerge a chamada "quarta revolução industrial" (ou "indústria 4.0"), em que as novas tecnologias proporcionam oportunidades para a criação de novos mercados e a expansão de novas fronteiras para o desenvolvimento humano, como os oceanos e o espaço.

Vale observar que não é por mera coincidência que a própria ONU estabelece a atual (2021-2030) como a década da ciência dos oceanos para o desenvolvimento sustentável.[2]

Além disso, a conjuntura de crise econômica global pós-pandemia da covid-19, agravada pela guerra na Ucrânia, evidenciou a forte dependência energética

[1] Disponível em: <https://brasil.un.org/pt-br/sdgs>. Acesso em: 26 de abr. de 2023.

[2] Disponível em: <https://www.unesco.org/pt/articles/brasil-lancara-plano-nacional-da-decada-da-ciencia-oceanica-0>. Acesso em: 26 de abr. de 2023.

dos países europeus e catalisou a busca por soluções de energias mais limpas e de menor custo.

No que concerne à questão energética, o Brasil se apresenta como grande alternativa para prover tais fontes renováveis, dadas suas condições geopolíticas e geográficas.

Além dos fatores geopolíticos, a geografia brasileira de características singulares, que apresenta grande extensão territorial na faixa intertropical, recorte ímpar de seu litoral e proximidade da Linha do Equador, permite que energias renováveis como a solar, mas, também, aquelas disponíveis em sua faixa costeira, como a eólica e das marés, possam tornar o país como potencial exportador de energia, além de alavancar seu próprio desenvolvimento industrial.

É nessa grande faixa costeira brasileira de cerca de 8 mil quilômetros, onde se situam 17 de suas 27 unidades federativas (UFs) e 280 municípios defrontantes com o mar, nos quais reside a maior parte da população brasileira, quase 60% a menos de 200 quilômetros da costa, segundo dados do Instituto Brasileiro de Geografia e Estatística (IBGE).[3]

Desse modo, um país como o Brasil, com mais de 200 milhões de habitantes, não pode prescindir das oportunidades que o mar oferece para seu desenvolvimento. No litoral Norte, por exemplo, encontra-se uma das maiores variações de amplitude de maré do planeta, em que fluxos regulares de bilhões de litros de água se deslocam diariamente e podem gerar energia, seja para o uso doméstico, seja para o uso industrial, ou até mesmo para melhorar a qualidade de vida das pessoas, por exemplo, com a dessalinização da água, a qual é um recurso escasso que é essencial para a vida.

Ao longo do litoral brasileiro, encontram-se condições únicas para a geração de energia eólica offshore que também pode contribuir para a matriz energética brasileira, mas, também, com aplicações para dessalinização da água ou mesmo para a geração do chamado "hidrogênio verde", originada da eletrólise da água. Assim, uma vez bem dimensionadas e estruturadas, essas energias renováveis podem atender tanto ao mercado interno, quando ao externo.

A transição energética, pela qual o mundo vem se preparando, também é acompanhada de grande transição tecnológica. É a disponibilidade dessas novas tecnologias que permite explorar novos ambientes com segurança, como é o caso dos oceanos.

[3] Disponível em: <https://atlasescolar.ibge.gov.br/images/atlas/mapas_brasil/brasil_distribuicao_populacao.pdf>. Acesso em: 26 de abr. de 2023.

Os sistemas autônomos marítimos de superfície e submarinos vêm permitindo que o conhecimento humano chegue aonde antes não era possível nem a própria permanência humana. Os satélites permitem monitorar os grandes cardumes e as correntes marítimas. A biotecnologia marinha tem apontado para novas descobertas de medicamentos e soluções de melhoria para a saúde humana. A inteligência artificial (IA) tem viabilizado o processamento de um enorme volume de dados. A nanotecnologia pode proporcionar a redução de espaço a bordo de navios e estruturas no mar, bem como alavancar o desenvolvimento de novos materiais, mais leves e resistentes ao ambiente marinho.

Nesse contexto, a transição energética, principalmente, com foco no ambiente marinho, exige novas estruturas que ainda não se encontram plenamente desenvolvidas, como usinas de produção de hidrogênio no mar, sistemas autônomos (aéreos, de superfície e submarinos) para monitoramento e manutenção de parques eólicos offshore de grande extensão, usinas maremotrizes de dessalinização e muitas outras.

Essa indústria de energia offshore, que se apresenta cada vez mais proeminente, também alavanca a indústria naval, que demanda novas tecnologias para combustíveis menos poluentes, capacidade de transporte dessas novas modalidades de recursos energéticos, assim como a própria automação dos navios.

Para tal, também se faz necessária a otimização de recursos de comunicação e troca de informações ao longo de todas as rotas marítimas, na chamada "navegação aprimorada" (*enhanced navigation* ou *e-navigation*) proposta pela Organização Marítima Internacional (International Maritime Organization – IMO).

No Brasil, o emprego desse conceito de *e-navigation* demonstra-se de grande relevância, uma vez que o fluxo internacional de cargas por via marítima corresponde a 95% de todo o seu comércio exterior.[4]

Assim, será possível a troca de dados dos navios e suas cargas, desde o porto de partida até o destino final, envolvendo até 16 serviços marítimos, que incluem suas condições sanitárias, informações alfandegárias, bem como outros aspectos de interesse da segurança à navegação, meteorologia, ilícitos no mar, salvaguarda no mar etc.

Um aspecto adicional é o planejamento espacial marinho (PEM), que será cada vez mais relevante, conforme essas novas tecnologias permitirem a expansão

[4] O conceito de *e-navigation* está disponível em: <https://www.imo.org/en/OurWork/Safety/Pages/eNavigation.aspx>. Acesso em: 26 de abr. de 2023.

da atividade humana no mar, visando à garantia da sustentabilidade dos recursos e coexistência harmônica dessas atividades.[5]

Isso tudo demanda um sistema de grande magnitude que permita prover uma consciência situacional marítima, na qual todas essas atividades econômicas se desenvolvem no ambiente marítimo, de modo que possam prosseguir com segurança, em seu espectro mais amplo, e evitem as diversas formas de ilícitos no mar, passando por questões ambientais, comerciais, aquaviárias, navegabilidade, bem como de defesa nacional. Essa concepção passa pelo Sistema de Gerenciamento da Amazônia Azul (SisGAAz), um programa estratégico em desenvolvimento pela Marinha do Brasil (MB).[6]

Pode-se, portanto, argumentar que o conceito proposto pela União Europeia em sua estratégia para o crescimento azul (*blue growth*), de 2012,[7] é permeado pela inovação e a tecnologia, que se fazem presentes nas mais variadas atividades econômicas, que estão relacionadas diretamente ou indiretamente com o mar, também denominada "economia azul".

A Estratégia Federal de Desenvolvimento para o Brasil 2020-2031,[8] por sua vez, visa à atração de empresas e grandes centros de pesquisa e desenvolvimento (P&D) de classe internacional para os parques e clusters industriais nacionais. Do mesmo modo, a referida estratégia objetiva o desenvolvimento da indústria 4.0, bem como grandes empresas âncoras em inovação para motivar a expansão de startups, promovendo maior competitividade nacional e internacional.

Por fim, essas oportunidades para o desenvolvimento econômico e social do país por meio do mar estão cada vez evidentes. Todavia, também se torna cada vez mais eminente a elaboração de uma estratégia nacional, contemplando a transversalidade entre os diversos setores envolvidos, com a participação do governo, empresas e instituições acadêmicas, denominada "tríplice hélice", visando a um papel mais proeminente do Brasil nessa transição tecnológica.

[5] Disponível em: <https://unesdoc.unesco.org/ark:/48223/pf0000214417>. Acesso em: 26 de abr. de 2023.

[6] Disponível em: <https://www.marinha.mil.br/sisgaaz-protecao-e-monitoramento-das-aguas-jurisdicionais-brasileiras>. Acesso em: 26 de abr. de 2023.

[7] Disponível em: <https://eur-lex.europa.eu/LexUriServ/LexUriServ.do?uri=COM:2012:0494:FIN:EN:PDF>. Acesso em: 26 de abr. de 2023.

[8] Disponível em: <https://www.gov.br/economia/pt-br/assuntos/gestao/estrategia-federal-de-desenvolvimento>. Acesso em: 26 de abr. de 2023.

10 Momento de construirmos juntos

Mario Scangarelli

Uma oportunidade rara está ao alcance de nossas mãos. O Brasil tem todas as condições para se tornar um dos maiores expoentes da economia azul, centro do debate mundial. O país é detentor de uma área disponível invejável, tanto no mar, como em territórios de água doce. Sem qualquer incentivo, a economia do mar respondeu, em 2019, por 19% do produto interno bruto (PIB) nacional, o correspondente a cerca de 1,3 trilhão de reais. Imagine o ambiente de negócios que pode ser criado, com um marco regulatório seguro e ferramentas capazes de fomentar atividades marítimas sustentáveis.

A economia azul tem potencial para gerar renda e promover despoluição simultaneamente. Há uma infinidade de frentes de negócios com esse foco, e se faz necessário criar incentivos para esses empreendimentos. Para além de preservar as águas, os negócios construídos com o uso e/ou a exploração de recursos hídricos, podem e devem agregar inteligência e tecnologia, de modo a criar agendas positivas para toda a sociedade. A exploração assertiva de nosso potencial e a determinação de estratégias eficientes visando ao desenvolvimento de áreas costeiras e ribeirinhas devem ter estudos técnico-científicos como base. Afinal, é necessário conhecer profundamente cada região e suas vocações, definindo as atividades prioritárias e qualificando a mão de obra.

Portugal criou fundos para fomentar pesquisas sobre as riquezas do mar e para incentivar a implementação de novas empresas que apliquem as soluções tecnológicas desenvolvidas. As empresas portuguesas estão dentro das universidades, patrocinando os estudos e trazendo cases práticos, a fim de que os alunos busquem soluções inovadoras. Essa troca ajuda a acelerar os processos e garante o desenvolvimento de novos produtos. Tecnologia e inovação, como se sabe, são essenciais para desenvolver um ambiente propício ao business, seja para criar, seja para revitalizar negócios. É fundamental que, também no Brasil, seja possível reunir recursos públicos e privados para financiar estudos que ancorem a exploração dessa potencialidade.

O Brasil tem grandes centros universitários e institutos tecnológicos - alguns respeitados internacionalmente - que podem ser instrumentos de uma transformação. No entanto, é preciso criar mecanismos que facilitem a parceria entre empresas e universidades para coletar melhores resultados. Algumas iniciativas começam a surgir, como na Universidade do Estado do Rio de Janeiro (Uerj), que desenvolve um projeto de criação de vieiras, produzidas em cativeiro. O molusco é cultivado tanto para alimentação como para servir de insumo para o desenvolvimento de um medicamento para o tratamento do câncer. Se sua eficácia for comprovada, a iniciativa poderá ser replicada Brasil afora, salvando vidas e gerando emprego e desenvolvimento. Esse é apenas um exemplo do precioso tesouro que essas águas escondem.

Não somente o setor acadêmico é importante, deve-se, também, dialogar com os diversos setores da sociedade envolvidos no impulsionamento dessa cadeia produtiva, mantendo e criando fóruns de debates, compartilhando saberes e propostas. Associações e câmaras de comércio, poder público, especialistas, pesquisadores, todos devem colaborar para a construção de regulações, a fim de que seja possível empreender com segurança. Nem sempre é necessário um grande esforço, alguns setores, como o de turismo, precisam de pouco para crescer. Basta fornecer condições diretas e rápidas para empreender e garantir acesso a dinheiro barato. A Baía de Guanabara é um exemplo do que poderia ser o centro de um investimento coletivo. Um trabalho de despoluição de suas águas teria a capacidade de produzir uma quantidade gigantesca de negócios e empregos relacionados com transporte, esporte, lazer, gastronomia, turismo e tantos outros. Se forem criados de maneira integrada e cooperativa, os resultados virão muito mais rapidamente e o esforço será menor. Essa é uma oportunidade real de fazer diferente.

Há outro ponto fundamental que, por exigir um prazo mais longo, não pode ser negligenciado agora. Negócios são feitos de pessoas. Quem são as pessoas que farão parte da economia azul? É prioritário investir no ensino e na formação de profissionais qualificados, com ampla consciência dos conceitos de preservação, conservação e sustentabilidade. É preciso incentivar a qualificação e o treinamento para trabalhadores de nível superior, pois o desenvolvimento de cadeias produtivas gera negócios mais sofisticados e empregos de alta complexidade e maior remuneração. As escolas de níveis médio, técnico e superior precisam estar preparadas para dar aos estudantes o máximo de informações atualizadas neste setor em franco desenvolvimento.

A humanidade está intrinsecamente ligada aos rios, lagos e oceanos. É das águas que são extraídos alimentos, medicamentos, energia, entre outros recursos. Todos somos responsáveis por proteger esses recursos, pois são estes que sustentam a vida na Terra e, ainda, giram a economia, criam empregos, servem como via de transporte e de comunicação, e desempenham um importante papel na segurança nacional. A economia azul brasileira deve ser impulsionada pelo esforço conjunto e cooperativo, de maneira a desenvolver todo esse potencial e contribuir para a sustentabilidade global. Somente a sinergia entre os diversos segmentos será capaz de promover o ganho de eficiência na criação de novos negócios sustentáveis. Pensando coletivamente, encontraremos as melhores soluções coordenadas para desenvolver a economia azul por aqui e as instituições, público e privada, têm papel estratégico na capacitação e no fortalecimento desta nova economia que resultará em geração de emprego e renda aos brasileiros.

11 Programa Universidade do Mar: rumo a uma economia azul sustentável

Marcos Bastos • Monica Dias Corrêa da Silva

O ano de 2021 teve um caráter especial e desafiador: as Nações Unidas declararam o início da década internacional dos oceanos, com a definição dos 17 objetivos de desenvolvimento sustentável (ODSs) a serem alcançados até 2030. Esse movimento inovador é, em grande parte, fruto da contribuição, em 2019, das mais de cinquenta principais instituições internacionais de reconhecido protagonismo na temática dos oceanos. No fim de 2019, essas instituições apresentaram suas observações, no intuito de contribuir para o desenvolvimento das prioridades científicas da década. Esse esforço global culminou em um primeiro documento denominado "plano de implementação", que foi exaustivamente por parte dos estados-membros, da Comissão Oceanográfica Intergovernamental (COI) da Organização das Nações Unidas para a Educação, a Ciência e a Cultura (Unesco) e dos membros da Organização das Nações Unidas - Oceanos, alcançando sua versão final em 2020 (IOC, 2019).

A Universidade do Estado Rio de Janeiro (Uerj) é a única das instituições de ensino superior do estado do Rio de Janeiro que forma profissionais oceanógrafos, por meio de seu curso de bacharelado em oceanografia e, também, por seu programa de pós-graduação. Vale ressaltar que, dentre todas as unidades federativas costeiras, é no estado do Rio de Janeiro que ocorrem os eventos oceanográficos de maior significância. Diante desse cenário, a Uerj vêm investindo recursos e envidando esforços, visando colaborar para o aumento do conhecimento sobre a conservação e os usos do oceano, contribuindo, como consequência, para políticas públicas destinadas à economia do mar (Bastos, 2021). Um exemplo desse compromisso institucional foi a viabilização da construção do navio oceanográfico (NO) "Prof. Luiz Carlos" (Figura 11.1).

Figura 11.1 *Navio oceanográfico "Prof. Luiz Carlos".*
Fonte: acervo de Marcos Bastos.

Em sintonia com esse compromisso institucional e com a agenda global dos oceanos, foi instituído pela reitoria da Uerj, em 2022, o programa de extensão Universidade do Mar (Unimar), por meio de um ato executivo de decisão administrativa (AEDA nº 015/2022). Vinculado à pró-reitoria de extensão e cultura (PR-3) e sob a coordenação da faculdade de oceanografia da Uerj, esse programa tem como objetivo a preservação e recuperação dos serviços ecossistêmicos nas áreas costeiras e oceânicas fluminenses, por meio do fortalecimento das soluções baseadas na natureza e do desenvolvimento socioeconômico do mar do estado do Rio de Janeiro em consonância com os pressupostos da economia azul.

A Unimar, que está inserida nas políticas públicas do estado do Rio de Janeiro, faz parte da Comissão Estadual de Desenvolvimento da Economia do Mar (Cedemar) ligada à Secretaria de Desenvolvimento Econômico, Energia e Relações Internacionais (Sedeeri).

Afinal, o que é economia azul

Atualmente são encontradas na literatura algumas definições sobre economia azul, a maioria muito similar entre si. De acordo com o economista Gunter Pauli, um dos primeiros a utilizar o termo "*blue economy*", a economia azul tem seu cerne no equilíbrio e reforça a importância de se prover um investimento responsável que aproveite os recursos naturais sem prejuízo dos ecossistemas. Em seu livro *Blue Economy*, Gunter apresenta cem ideias inovadoras que beneficiam o meio ambiente e buscam satisfazer necessidades básicas do ser humano (Pauli, 2010).

O Banco Mundial define economia azul como o "uso sustentável dos recursos oceânicos para o crescimento econômico, melhores meios de subsistência e empregos, preservando a saúde dos ecossistemas dos oceanos".[1]

Uma definição considerada bem ampla provém da União Europeia (UE), que, por meio de sua Política Marítima Integrada (PMI), fornece uma abordagem holística de todas as políticas dos membros da UE relacionadas com o mar. A PMI considera que a economia azul abrange "domínios tão diversos como a pesca e a aquicultura; os transportes e portos; o ambiente marinho; a investigação marinha; as energias offshore; a construção naval; a vigilância marítima; o turismo azul; e o desenvolvimento das regiões costeiras".

A coordenação do programa Universidade do Mar participou da Conferência dos Oceanos das Nações Unidas, em Lisboa, em 2022. Nesse importante encontro, foi possível concluir que o futuro dos oceanos está associado à diminuição de desigualdade, ao incentivo à educação, à socialização de recursos e conhecimento. No contexto, o rumo a uma verdadeira economia do mar sustentável está diretamente ligado à condução de uma agenda que abarque discussões, temas, responsabilidades e encaminhamentos globais da conferência, como mudanças climáticas, insegurança alimentar, diminuição da biodiversidade, desigualdade econômica e conflitos (Figura 11.2).

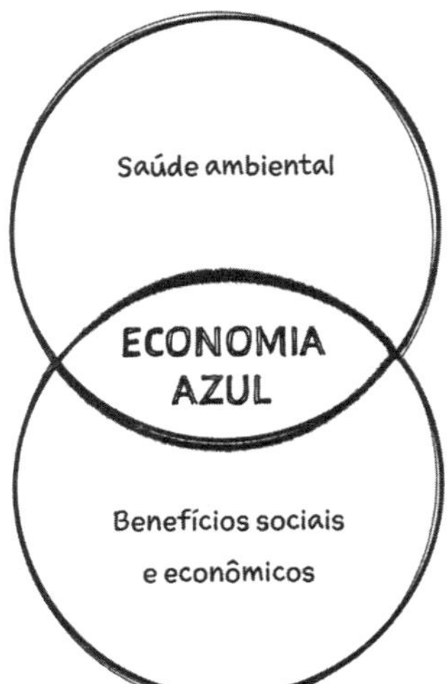

Figura 11.2 *Economia azul sustentável.*

[1]Tradução livre de *The "blue economy" concept seeks to promote economic growth, social inclusion, and preservation or improvement of livelihoods while at the same time ensuring environmental sustainability*. Disponível em: <https://sustainabledevelopment.un.org/content/documents/2446blueeconomy.pdf>. Acesso em: 02 de maio de 2023.

Referências bibliográficas

BASTOS, Marcos P. Artigos. *In*: REGAZZI, Renato Dias. *Economia do mar: uma estratégia para o desenvolvimento econômico e social*. Rio de Janeiro: Sebrae, 2021. 215 p.

INTERGOVERNMENTAL OCEANOGRAPHIC COMMISSION (IOC). *A ciência que precisamos para o oceano que queremos: década das Nações Unidas da ciência oceânica para o desenvolvimento sustentável (2021-2030)*. Disponível em: <https://oceandecade.org/>. Acesso em: 26 de abr. de 2023.

PAULI, Gunter. *Blue economy: 10 years, 100 innovations, 100 million jobs*. Taos: Paradigm Publications, 2010.

UNIVERSIDADE DO ESTADO DO RIO DE JANEIRO (Uerj). *AEDA 015 (Ato Executivo de Decisão Administrativa nº 015)*. Institui o Programa Universidade do Mar (Unimar). Rio de Janeiro: Uerj, 2022.

12 Panorama da economia do mar do estado do Rio de Janeiro

Thauan Santos • Joilson de Assis Cabral • Paulo Vitor dos Santos Lima

Ao longo da última década, é possível afirmar que a economia do mar é entendida como um vetor de desenvolvimento tanto nacional quanto regional. Para tal, sua quantificação se demonstra essencial, seja para alcançar as metas estabelecidas pelos 17 objetivos de desenvolvimento sustentável (ODSs), seja para apontar a relevância do oceano para a economia e indicar potenciais setores para seu desenvolvimento (OECD, 2019; Santos e Carvalho, 2020).

De acordo com dados do Instituto Brasileiro de Geografia e Estatística (IBGE), o estado do Rio de Janeiro (ERJ) em 2019 representou 11% do produto interno bruto (PIB) brasileiro, sendo a segunda maior economia do Brasil. Cerca de 74,5% do valor adicionado bruto (VAB) fluminense são advindos de serviços, e 25,1% da indústria. Os resultados pioneiros sobre economia do mar atestam que o ERJ foi a unidade federativa que mais empregou no setor, representando cerca de 41% do emprego nacional do mar em 2014 (Carvalho, 2018). Cabral *et al.* (2021) apontaram para uma queda absoluta no emprego entre 2009 e 2019, entretanto a economia do mar aumentou sua relevância relativa na maioria dos municípios.

O ERJ é, portanto, relevante para o país como sua segunda maior economia, porém é o mais importante quando se refere à economia do mar, principalmente pelo caráter turístico, portuário e de extração de petróleo. Nesse sentido, pode ser entendida como um possível vetor de desenvolvimento regional.

Nessa análise, será feita uma breve contextualização da economia do mar com base no mercado de trabalho de formal. Os dados do emprego formal são extraídos da Relação Anual de Informações Sociais (Rais) de 2020, filtrando para todos os empregados ativos em 31/12. No escopo desta avaliação, consideram-se economia do mar os seguintes setores: segurança e defesa; petróleo e gás (O&G)

e energia; turismo; pesquisa, meio ambiente e saneamento; navegação e atividades portuárias; construção naval; pesca e aquicultura; e extração mineral. De acordo com os dados da Rais de 2020, a economia do mar representou 8,8% dos empregos formais do ERJ e 15,1 % da massa salarial do estado fluminense (Figura 12.1).

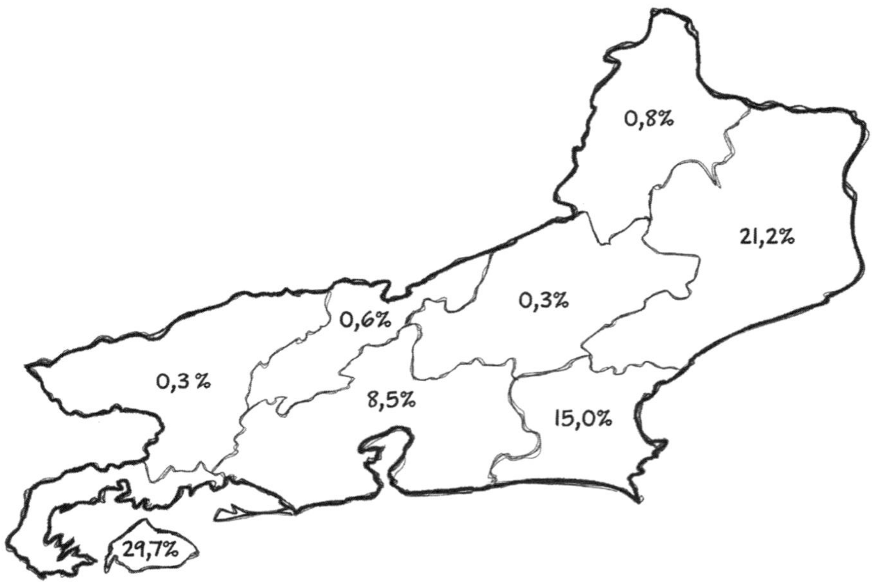

Figura 12.1 *Emprego da economia do mar relativo ao emprego total das regiões de governo.*
Fonte: dados da Relação Anual de Informações Sociais (Rais) de 2020.

Embora grande parte da atividade econômica do ERJ concentre-se na região metropolitana, a Figura 12.1 evidencia que a economia do mar se mostra importante em todas as regiões litorâneas do ERJ, com destaque para a região da Costa Verde - onde a economia do mar representa 29,7% de seu emprego formal -, seguida da região norte fluminense - com cerca de 21,2%. O destaque da Costa Verde se dá em razão do complexo turístico e de construção naval da área, enquanto no norte fluminense se destacam a extração de petróleo offshore e as atividades portuárias. Percebe-se, portanto, apesar de sua baixa participação na região metropolitana do ERJ, a economia do mar se torna importante para o interior litorâneo.

Tabela 12.1 Empregos formais da economia do mar do estado do Rio de Janeiro

Setor	Empregos	Total (%)
Construção naval	13.646	0,36
Extração mineral	3.302	0,09
Navegação e atividades portuárias	25.892	0,69
O&G e energia	43.050	1,14
Pesca e aquicultura	3.591	0,10
Pesquisa, meio ambiente e saneamento	51.127	1,36
Segurança e defesa	86.194	2,29
Turismo	106.266	2,82
Total em economia do mar	**333.068**	**8,85**

Fonte: dados da Relação Anual de Informações Sociais (Rais) de 2020. O&G = petróleo e gás.

Conforme dados da Tabela 12.1, os principais setores da economia do mar no ERJ são os de serviço, a saber: turismo (2,82%); segurança e defesa (2,29%); e pesquisa, meio ambiente e saneamento (1,36%). O fato de o setor de turismo ser o maior empregador do ERJ reflete a estrutura da economia do mar já observada no mundo todo, dado que este é um setor de alta rotatividade. Na parte industrial, o ERJ se destaca na extração de petróleo offshore, que constitui a principal atividade econômica do mar industrial do estado.

A Tabela 12.2 resume a remuneração média dos empregos formais em 2020 dos setores do mar. O turismo é o setor com menor remuneração média, sendo o que mais emprega no estado. O&G e energia se apresenta como o setor mais bem remunerado. Isso se deve ao caráter industrial e extrativo, que é intensivo em capital, porém é um setor que gera empregos de alta qualificação. As atividades portuárias do ERJ são importantes para o país em decorrência do escoamento dos minerais e se apresenta também com um alto nível de remuneração média embora empregue menos que o setor extrativo de petróleo e energia elétrica.

Tabela 12.2 Remuneração média da economia do mar do estado do Rio de Janeiro

Setor	Remuneração média (R$)
Construção naval	3.311,12
Extração mineral	2.169,41
Navegação e atividades portuárias	8.847,25
O&G e energia	13.688,06
Pesca e aquicultura	1.974,02
Pesquisa, meio ambiente e saneamento	4.747,36
Segurança e defesa	7.317,49
Turismo	1.620,61

Fonte: dados da Relação Anual de Informações Sociais (Rais) de 2020. O&G = petróleo e gás.

Conclui-se, então, que a economia do mar no ERJ se mostra relevante na área de serviços relativos ao mar, porém com certo destaque para a indústria extrativa por causa do petróleo offshore. Além disso, por mais que, em níveis absolutos, o emprego possa estar concentrado na região metropolitana (como é esperado em decorrência da distribuição espacial geral da economia do estado), a importância relativa da economia do mar é alta nas regiões administrativas do interior litorâneo, sendo possíveis pivôs de desenvolvimento regional para o planejamento regional do ERJ.

Referências bibliográficas

CABRAL, Joilson A.; CABRAL, Maria Viviana F.; LIMA, Paulo Vitor S. Economia do mar: estratégia de desenvolvimento para a economia do estado do Rio de Janeiro? *In:* SANTOS, Thauan (Org.). *Economia do mar e poder marítimo.* Rio de Janeiro: Alpheratz, 2021.

CARVALHO, Andréa B. *Economia do mar: conceito, valor e importância para o Brasil.* 2018. 200 f. Tese (Doutorado em Economia do Desenvolvimento) - Programa de Pós-graduação em Economia do Desenvolvimento, Universidade Católica do Rio Grande de Sul, Porto Alegre. Disponível em: <https://tede2.pucrs.br/tede2/bitstream/tede/7915/2/ANDREA_BENTO%20_CARVALHO_TES.pdf>. Acesso em: 28 de abr. de 2023.

ORGANISATION FOR ECONOMIC CO-OPERATION AND DEVELOPMENT (OECD). *Rethinking Innovation for a Sustainable Ocean Economy.* Paris: OCDE Publishing, 2019.

SANTOS, Thauan; CARVALHO, Andréa B. "Blue is the new green: the economy of the sea as a (regional) development policy". *Global Journal of Human-Social Science: E Economics*, 2020, v. 20, n. 2, p. 7-21. Disponível em: <https://globaljournals.org/GJHSS_Volume20/2-Blue-is-the-New-Green.pdf>. Acesso em: 28 de abr. de 2023.

13 Financiamento para a economia do mar

Henrique da Silva

A economia do mar é essencial para o bem-estar e prosperidade da humanidade. É uma fonte fundamental de alimentos, energia, minerais, saúde, lazer e transporte, dos quais dependem centenas de milhões de pessoas. De acordo com estudo da Organização para a Cooperação e Desenvolvimento Econômico (OECD, 2016), o contexto das indústrias marítimas tradicionais sofrerá mudanças significativas nas próximas décadas, parcialmente impulsionadas pelo crescimento econômico global e consequente aumento da demanda.

O Brasil tem em seu extenso litoral mais uma fonte de riqueza com enorme potencial de gerar, para sua população, oportunidade de trabalho e bem-estar. No entanto, para que esse potencial seja plenamente desenvolvido, é imperioso que empresas e indivíduos tenham acesso principalmente aos recursos tecnológicos e financeiros necessários para tal.

O tipo, o volume, as características dos recursos, assim como a capacidade de acesso a estes variam de modo significativo, a depender do tipo de organização e do ambiente econômico. A economia do mar, com sua diversidade de atividades, estágio de desenvolvimento e ambiente, oferece oportunidades para empresas de todos os portes, assim como diferentes necessidades.

A OECD (2016) categorizou as empresas que atuam na economia do mar em estabelecidas e emergentes. Dentre as estabelecidas, há as atividades de alimentos, transporte, turismo, que deverão ser potencializadas em todo o mundo com aumento da demanda. Nas atividades emergentes, que estão desenvolvendo e aplicando uma série de inovações científicas e tecnológicas para explorar os recursos do oceano de maneira mais segura e sustentável.

Tabela 13.1 Indústrias oceânicas estabelecidas e emergentes

Estabelecidas	Emergentes
Pesca de captura	Aquicultura marinha
Processamento de frutos do mar	Petróleo e gás em águas profundas e ultraprofundas
Transporte marítimo	Energia eólica offshore
Portos	Energia renovável oceânica
Construção e reparo naval	Mineração marinha e no fundo do mar
Petróleo e gás offshore (águas rasas)	Segurança e vigilância marítima
Fabricação e construção marítima	Biotecnologia marinha
Turismo marítimo e costeiro	Produtos e serviços marítimos de alta tecnologia
Serviços empresariais marítimos	Outras
P&D marítimo e educação	-
Dragagem	-

Fonte: dados da Organização para a Cooperação e Desenvolvimento Econômico (OECD, 2016). P&D = pesquisa e desenvolvimento.

Essas tarefas são, muitas vezes, desempenhadas por clusters da economia do mar, atuando como agentes de transferência de tecnologia intersetorial e estimuladores de sinergias de inovação, principalmente entre pequenas e médias empresas (PMEs).

Algumas dessas classificações não condizem exatamente com a realidade nacional, por se encontrarem em estágio diferente, como é o caso da exploração de petróleo e gás em águas profundas e ultraprofundas, já estabelecidas, embora ainda com grande potencial de crescimento. Há, também, aquelas atividades indicadas como estabelecidas, porém com enorme potencial de serem desenvolvidas em novas regiões costeiras brasileiras.

Desenvolvimento da economia do mar: acesso ao crédito

No caso das micro, pequenas e médias empresas (MPMEs), conforme mencionado, uma das questões cruciais para que estas tenham participação relevante nas atividades da economia do mar é o acesso a recursos financeiros. No entanto, como é sabido, as MPMEs são as que encontram maiores dificuldades, em razão das restrições que sofrem para conseguir crédito junto às instituições financeiras em geral, ficando impossibilitadas de investir ou expandir.

As restrições de crédito decorrem, principalmente, da dificuldade que as instituições financeiras têm para avaliar o risco de crédito, uma vez que a informação, quando disponível, tem grau de confiabilidade limitado, resultando em racionamento de crédito. Além disso, há a usual falta de ativos para oferecer em garantias, de forma a mitigar o risco para o banco, e o baixo valor das operações de crédito demandadas, tornando economicamente inviável a utilização de mecanismos sofisticados para a análise de risco.

Um estudo do Serviço Brasileiro de Apoio às Micro e Pequenas Empresas (Sebrae) de 2018 entrevistou 6 mil MPMEs, com o objetivo de identificar os principais obstáculos desse segmento na obtenção de crédito. A taxa de juros excessivamente elevada foi tida como o principal obstáculo, de acordo com 47% das MPMEs entrevistadas. A falta de garantias e a falta de avalista também são restrições importantes para as MPMEs, com 19% e 17% das respostas, respectivamente.

Em razão do potencial e da relevância do impacto da atuação das MPMEs, em especial para a dinâmica da economia, pois respondem pela maior parte do emprego formal no país, o apoio do Banco Nacional de Desenvolvimento Econômico e Social (BNDES) vem se expandindo ao longo dos últimos anos. Enquanto na década de 1990, as MPMEs representavam 15% dos desembolsos do BNDES, em 2018, essa participação passou a ser de quase metade do crédito concedido (Barboza, 2019).

Para concessão de financiamento, como o BNDES não conta com agências que deem capilaridade à instituição, seu apoio às MPMEs ocorre predominantemente por meio do sistema financeiro nacional, de forma a viabilizar o acesso das empresas a seus recursos.

Uma pesquisa feita pela BNDES Participações S.A. (BNDESPAR), em 2017, com gestores de *venture capital* de seu portfólio, buscou verificar percepções relacionadas com o universo de MPMEs. A pesquisa tinha o objetivo de entender a demanda por crédito de pequenas empresas inovadoras. Cinco gestores, que administram um conjunto de 104 empresas investidas, responderam a um breve questionário. A dificuldade das pequenas empresas de obter crédito, sobretudo de longo prazo e em condições adequadas, foi a principal característica destacada nessa pesquisa.

Os gestores consultados pela BNDESPAR também apontaram algumas questões qualitativas sobre o acesso a crédito das empresas de suas carteiras: (i) três dos gestores responderam que os bancos comerciais têm pouco interesse em oferecer crédito para empresas com até 70 milhões de reais de faturamento; (ii) quatro dos gestores responderam que é ruim a capacidade de análise de crédito para empresas com até 70 milhões de reais de faturamento por parte dos bancos comerciais; e (iii) os cinco gestores afirmaram que é muito alto o custo das linhas de crédito oferecidas pelos bancos comerciais para empresas com até 70 milhões de reais de faturamento.

As MPMEs formam um grupo de empresas muito heterogêneo, envolvendo empresas com receita operacional bruta (ROB) anual de até 300 milhões de reais no critério do BNDES. Variam quanto a setor, número de empregados, região de localização e tecnologias empregadas na produção. O BNDES busca reconhecer essa diversidade oferecendo um amplo portfólio de produtos, que inclui produtos de crédito, de garantias e de participação acionária, como será descrito a seguir.

Instrumentos de crédito

Os principais instrumentos de crédito utilizados pelas MPMEs são BNDES Finame, Cartão BNDES, BNDES Giro, BNDES Automático, BNDES MPME Inovadora e BNDES Microcrédito.

Instrumentos de garantia

Sistemas de garantia são esquemas construídos para confrontar os problemas relacionados com a restrição de acesso a crédito e, por conseguinte, viabilizar acesso a um universo maior de tomadores e a melhores condições, que possibilitem inclusão financeira.

O BNDES atua na concessão de garantias para acesso a crédito por parte de MPMEs há mais de vinte anos, por meio da gestão de dois fundos garantidores: o Fundo de Garantia para a Promoção da Competitividade (FGPC) e o Fundo Garantidor para Investimentos (FGI), tanto no âmbito do crédito livre, quanto no do repasse do BNDES.

Instrumentos de participação acionária

Desde 1995, por meio da BNDESPAR, o BNDES apoia programas para a estruturação de fundos de capital de risco destinados à realização de investimentos em MPMEs, subscrevendo quotas de fundos. O BNDES foi um dos precursores desse instrumento no país, atuando tanto em fundos de empresas nascentes (*seed capital*), quanto em fundos de empresas emergentes (*venture capital*). Ao fim do terceiro trimestre de 2018, os fundos investidos pela BNDESPAR contavam, em seus respectivos portfólios, com 115 PMEs de base tecnológica. A BNDESPAR tem atualmente cerca de 1,06 bilhão de reais em capital comprometido em 19 fundos de *seed capital* e *venture capital.*

Apoio ao empreendedorismo

No âmbito do apoio do BNDES ao empreendedorismo, cabe citar o projeto BNDES Garagem, que referenda um novo meio de atuação da instituição, complementar e sinérgica às formas tradicionais de apoio. De acordo com um estudo realizado em conjunto pela Associação Brasileira de Startups (Abstartups) e pela Accenture em 2018, que envolveu mais de mil empreendedores em todos os estados brasileiros, os principais desafios das startups para os próximos três anos seriam: (i) atração de clientes; (ii) funding; e (iii) aspectos relacionados com a estruturação do negócio (precificação, modelo de venda, tecnologia, operações, experiência do usuário etc.).

Quanto às soluções não financeiras, destaca-se a disponibilização pelo Sebrae de serviços de educação financeira por meio do Canal MPME.

Efetividade 2022 da área de operações e canais digitais (Adig)

A dificuldade de acesso a crédito por parte de MPMEs é reconhecida mundialmente como um problema que exige atuação por meio de política pública, mesmo em cenários econômicos considerados de normalidade. Isso ocorre em razão de assimetria informacional, ausência de histórico de crédito, maior percepção de risco e custo transacional, dificuldade na oferta de garantias, entre outros fatores. O Banco Mundial (2015) estima que entre 55% e 68% das pequenas e médias empresas em países em desenvolvimento não tenham acesso a crédito ou tenham acesso inferior à sua capacidade, o que gera uma lacuna de crédito entre 0,9 trilhão e 1,1 trilhão de dólares.

A atuação do BNDES na execução de políticas públicas voltadas à promoção do acesso a crédito por meio de concessão de garantias tem histórico relevante, envolvendo a estruturação e gestão de fundos garantidores de crédito para MPMEs. Essa trajetória começou em 1998 com a estruturação e o início da operação do FGPC, passando por importante evolução com a criação do FGI em 2009.

Referências bibliográficas

BARBOZA, Ricardo de M. *et al.* "O BNDES e as micro, pequenas e médias empresas". *Textos para Discussão*, n. 146, setembro de 2019. Disponível em: <https://www.bndes.gov.br/wps/portal/site/home/conhecimento/publicacoes/periodicos/td-bndes-micro-pequenas-e-medias-empresas>. Acesso em: 03 de maio de 2023.

BANCO NACIONAL DE DESENVOLVIMENTO ECONÔMICO E SOCIAL (BNDES). "Crédito e garantia: uma análise de custo-efetividade da atuação anticíclica do BNDES na crise da Covid-19". *Relatório de Avaliação de Efetividade*. v. 4, n. 12, 2022.

ORGANISATION FOR ECONOMIC CO-OPERATION AND DEVELOPMENT (OECD). *The ocean economy in 2030.* Paris: OECD Publishing, 2016. Disponível em: <http://dx.doi.org/10.1787/9789264251724-en>. Acesso em: 03 de maio de 2023.

SERVIÇO BRASILEIRO DE APOIO ÀS MICRO E PEQUENAS EMPRESAS (SEBRAE) (Org.). *Anuário do trabalho nos pequenos negócios.* Sebrae; Departamento Intersindical de Estatística e Estudos Socioeconômicos. São Paulo: Dieese, 2016.

SERVIÇO BRASILEIRO DE APOIO ÀS MICRO E PEQUENAS EMPRESAS (SEBRAE). "Coletâneas de linha de crédito". *Linhas de crédito oferecidas pelas instituições financeiras e destinadas aos pequenos negócios.* Sebrae Nacional - Unidade de Capitalização e Serviços Financeiros, 01 de setembro de 2022.

SERVIÇO BRASILEIRO DE APOIO ÀS MICRO E PEQUENAS EMPRESAS (SEBRAE). *Financiamento de empresas no Brasil.* Comunicação oral apresentada no 46º Encontro Nacional de Economia da ANPEC, 13 de dezembro de 2018, Rio de Janeiro.

14 A caminho da metrópole azul

Ana Larronda Asti

Chegar ao Rio de Janeiro por terra, por mar ou pelo ar e avistar a Baía de Guanabara é se reconectar com o que há de mais profundo em nossas almas, é se sentir parte de algo maior que nossa própria existência, que de efêmera se torna grandiosa, sem fim. Como dizia o poeta Tom Jobim:

> [...] *Minha alma canta*
> *Vejo o Rio de Janeiro*
> *Estou morrendo de saudades*
> *Rio, seu mar*
> *Praia sem fim*
> *Rio, você foi feito pra mim*
> *Cristo Redentor*
> *Braços abertos sobre a Guanabara* [...]
>
> (Jobim, 1995)

No centro nervoso de uma metrópole de mais de 13 milhões de habitantes, encontra-se uma baía que no último século vem absorvendo as consequências de um processo de urbanização intenso e desordenado. No entanto, nem sempre foi assim.

Com aproximadamente 12 mil anos (Colomb e Houlbert, "La geologie" *apud* Lamego Filho, 1964), essa velha senhora se formou durante o Holoceno, período geológico em que, pela primeira vez, a temperatura média do planeta Terra se consolidou e permitiu o surgimento do mundo moderno tal como conhecemos. Com a temperatura estável, a Terra se equilibrou, o nível do mar se estabilizou, passamos a ter estações previsíveis durante o ano, e o clima se tornou confiável.

Essa estabilidade permitiu que a espécie humana formasse suas primeiras civilizações, que passaram a ser agricultores e domesticaram a produção dos grãos.

Há 10 mil anos, o planeta se tornara propício à vida humana, fornecendo alimento, ar puro e água para beber. A raça humana pôde prosperar, e a Baía de Guanabara se tornou um ambiente perfeito para a multiplicação da vida, transformando-se em palco de uma biodiversidade até então intocada. Foi com a chegada das primeiras caravelas portuguesas que a baía começou a ter sua história registrada. Em 1502, Américo Vespúcio descreveu: "Digo que é terra muito amena, e temperada, e sã, porque daquele tempo que andamos por ela, que foram dez meses, não só nenhum de nós morreu, mas poucos adoeceram." (Multirio, s. d.).

Nascia há 520 anos a imagem do Rio de Janeiro como uma terra paradisíaca e receptiva, berço de um novo mundo exuberante, rico em fauna e flora como nunca testemunhado pelo Velho Mundo. Com a fundação de São Sebastião do Rio de Janeiro, a Baía de Guanabara se consagrou um porto seguro de referência global, marcando o Rio de Janeiro como a cidade que representa até hoje no imaginário coletivo a perfeita conexão da vida humana com o meio ambiente e sua beleza cênica.

Entretanto, nos últimos 50 anos, nossa baía começou a padecer, assim como todo o ecossistema planetário. Pela primeira vez na história da Terra, a raça humana alcançou escala para alterar o ecossistema do planeta. Nunca antes mudanças no clima haviam sido provocadas pelos seres humanos. Entramos em um novo período, o Antropoceno,[1] a era geológica marcada pelo impacto da espécie humana no planeta.

O entendimento de que efetivamente entramos em uma nova era geológica ainda é fruto de muito debate na comunidade científica, entretanto os motivos que embasam este entendimento são unanimidade. De acordo com o artigo da revista *Nature* (Elhcham *et al.*, 2020) intitulado "Global human-made mass exceeds all living biomass" (em tradução livre: A massa global produzida pelo ser humano excede toda a biomassa viva), o que marca a virada para o Antropoceno estaria no fato de que a humanidade se tornou a força dominante que molda o planeta.

Em 2020, alcançamos o estágio em que toda a massa produzida e construída pelo ser humano superou toda a biomassa existente no planeta. Como exemplo, todo o peso do plástico existente na Terra já supera em duas vezes a massa de toda a fauna do planeta, terrestre e aquática. Chamada de "massa antropogênica", foi

[1] O termo "antropoceno" recebeu a atenção do mundo quando uns dos vencedores do prêmio Nobel de química de 1995, o holandês Paul Crutzen, tornou-o popular em 2000.

a partir da Segunda Guerra Mundial que sua produção se acelerou. O progresso tecnológico, o grande crescimento populacional, assim como a aceleração da produção e do consumo marcam este período, levando a um uso sem precedentes dos recursos naturais, assim como à expansão da produção agrícola, dos centros urbanos e do transporte mundial, que geram mudanças permanentes no ecossistema planetário.

A aceleração do avanço populacional responsável pela formação das grandes metrópoles mundiais se intensificou ao redor da Baía de Guanabara em meados do século XIX, quando a população saltou de 50 mil habitantes para 500 mil, chegando a 1 milhão no início do século XX.

Com a consolidação do modelo de desenvolvimento econômico industrial na década de 1950, intensificou-se ainda mais o êxodo rural. Os centros urbanos passaram a abrigar uma leva cada vez maior de trabalhadores que, na falta de áreas urbanizadas, passaram a ocupar áreas de risco e insalubres, mais sujeitas a acidentes e desprovidas de serviços básicos, como saneamento, coleta de lixo e acesso a água potável.

Quase na virada do século, quando o Rio de Janeiro sediava a Rio-92, a primeira Conferência das Nações Unidas sobre Meio Ambiente e Desenvolvimento, sua população metropolitana, em 1992, já era de 9,9 milhões, de acordo com estimativas do Instituto Brasileiro de Geografia e Estatística (IBGE),[2] com mais de 5,5 milhões de pessoas vivendo apenas na cidade do Rio de Janeiro, e aproximadamente 20% destas em aglomerados subnormais.

O Censo de 2010 já apontava mais de 1,4 milhão de habitantes vivendo em mais de mil favelas no município do Rio de Janeiro,[3] áreas vulneráveis a eventos extremos, com encostas instáveis, sujeitas a deslizamentos e inundações, assim como com baixíssimo acesso a serviços públicos básicos.

Atualmente, formada por 22 municípios (Instituto Rio Metrópole, s. d.) e seus mais de 13 milhões de habitantes, a região metropolitana do Rio de Janeiro está entre as vinte maiores do mundo, segundo dados da City Mayors Foundation.[4] O rápido crescimento populacional das últimas décadas não veio acompanhado dos investimentos necessários para a adequada urbanização da região, o que gerou um grande abismo no que se refere à oferta de serviços públicos

[2] Disponível em: <https://ftp.ibge.gov.br/Estimativas_de_Populacao/Estimativas_1992/estimativa_populacao_1992.pdf>. Acesso em: 02 de maio de 2023.

[3] Disponível em: <https://www.data.rio/pages/rio-em-sntese-2>. Acesso em: 02 de maio de 2023.

[4] Disponível em: <http://www.citymayors.com/statistics/urban_2020_1.html>. Acesso em: 02 de maio de 2023.

essenciais, em especial mobilidade urbana, gerenciamento de resíduos sólidos e saneamento.

A carência de um planejamento urbano capaz de pensar de maneira integrada os municípios da região metropolitana, ao lado da ausência de diálogo entre os municípios, mostrou-se um dos grandes gargalos para a urbanização adequada da região nas últimas décadas. Desafio que começou a ser vencido em 2014, com a criação da governança da região metropolitana por meio do Decreto Estadual nº 44.905/2014.

No entanto, foi apenas em 2018 que a ausência de um planejamento urbano integrado foi superada, quando o estado do Rio de Janeiro publicou seu Plano Estratégico de Desenvolvimento Urbano Integrado da Região Metropolitana, o "Modelar a Metrópole", financiado pelo Banco Mundial e organizado em seis grandes programas estratégicos, a saber: (1) Equilibrar Metrópole; (2) Habitar Metrópole; (3) Metrópole Inteligente; (4) Metrópole Sustentável; (5) Governar a Metrópole; e (6) Baía Reinventada.

Os seis programas apresentam propostas de ações que buscam soluções conjuntas aos desafios econômicos, sociais e ambientais da metrópole, totalizando 122 ações e 197 subações em todo o plano. Vale ressaltar que a participação multissetorial e a escuta ativa marcaram a construção dos programas, reunindo atores dos setores público e empresarial, sociedade civil, academia e organizações de classe.

Como centralidade da metrópole, a Baía de Guanabara ganhou um capítulo especial no "Modelar a Metrópole", composto de vinte ações estratégicas com uma previsão de investimentos de 3 bilhões de reais. O Programa Baía Reinventada (PBR)[5] assim se refere à Baía de Guanabara:

> O Plano Estratégico de Desenvolvimento Urbano Integrado da RMRJ considera a Baía de Guanabara o coração da metrópole, um espaço simbólico associado aos primórdios da cidade de São Sebastião do Rio de Janeiro e municípios vizinhos, meio de acesso para as embarcações utilizadas por vários séculos, que implantaram na região um amplo e importante acervo de patrimônio histórico.
>
> Promover a recuperação e a preservação ambiental da Baía de Guanabara é considerado ponto essencial para o desenvolvimento de toda a Região Metropolitana, uma forma de demonstrar o compromisso com a população local, mas também, um importante meio de divulgação e da valorização da cidade no plano nacional e no cenário global.

[5] Disponível em: <https://www.modelarametropole.com.br/wp-content/uploads/2018/09/Produto-18_Tomo-2-1.pdf>. Acesso em: 03 de maio de 2023.

Das vinte ações previstas no PBR, a ação a ser priorizada refere-se à implantação de um cinturão interceptor das linhas de drenagem contaminadas com esgoto domiciliar, atuando diretamente sobre a poluição hídrica. Nesse sentido, esta ação foi priorizada no edital de concessão da prestação dos serviços de abastecimento de água e esgotamento sanitário da região metropolitana realizado em 2021.

O edital prevê que o cinturão sanitário do entorno da Baía de Guanabara seja instalado pelas novas concessionárias como solução de transição para o sistema de esgotamento sanitário por meio de redes com separador absoluto, tornando-se, então, o primeiro passo para, no curto prazo, já alcançar a balneabilidade da baía, viabilizando, assim, as ações seguintes previstas no programa.

Dentre as demais ações planejadas no PBR, vale ressaltar a implantação das orlas de Duque de Caxias, do Parque do Aterro de Gramacho e de Itaoca (em São Gonçalo); a criação de terminais pesqueiros públicos com foco na pesca artesanal; a revitalização do sistema insular da Baía de Guanabara; a implantação das linhas de transporte aquaviário; a promoção do turismo histórico e cultural; a criação de um parque ambiental na Bacia do Rio Guapimirim; a restauração florestal desde a conexão dos fragmentos de Mata Atlântica da região; e a implantação de um centro de pesquisa e inovação tecnológica em energia offshore.

O sucesso de toda essa operação depende de alcançarmos a balneabilidade da baía, no primeiro momento por meio do cinturão interceptor, e, em seguida, com a universalização do saneamento básico da região metropolitana. Desafio que se intensifica com a contínua expansão da área urbana nas regiões de pressão populacional e da falta de um sistema metropolitano integrado de gestão de resíduos sólidos urbanos.

A criação do Instituto Rio Metrópole foi ação decisiva para a viabilização da concessão do saneamento e certamente assim será para as demais políticas que ainda precisam ser implantadas, pois permite por lei a gestão conjunta de serviços básicos até então tratados de maneira desconectada por município. A Lei Complementar nº 184, de 27 de dezembro de 2018, que dispõe sobre a organização e a gestão da região metropolitana, estabelece também seus serviços de interesse comum. Pela primeira vez, tornou-se possível um olhar integrado entre os municípios da região para temas estratégicos como saneamento e gestão de resíduos sólidos. Dentre as funções públicas metropolitanas, é possível destacar do art. 3º da Lei Complementar nº 184/2018:[6]

[6] Disponível em: <https://gov-rj.jusbrasil.com.br/legislacao/661847132/lei-complementar-184-18-rio-de-janeiro-rj>. Acesso em: 02 de maio de 2023.

Art. 3º - Consideram-se de interesse metropolitano ou comum as funções públicas e os serviços que atendam a mais de um município, assim como aqueles que, embora restritos ao território de um deles, sejam, de algum modo, dependentes, concorrentes, confluentes ou integrados entre si, notadamente:

I - o ordenamento territorial metropolitano sob a ótica do uso, em todos os seus aspectos;

II - o saneamento básico, assim definido pela legislação federal, incluindo a captação, o tratamento e a distribuição de água potável, a coleta, o tratamento e a destinação do esgotamento sanitário, gerenciamento de resíduos sólidos e drenagem e manejo das águas pluviais urbanas, sendo que:

a) quanto ao gerenciamento de resíduos sólidos, os interesses metropolitanos, desde que não colidam com competências do ente municipal, referem-se às atividades de manejo, de infraestrutura e de viabilização de instalações operacionais de transbordo, centro de triagem, tratamento e destinação final ambientalmente adequada dos resíduos sólidos, tal como especificado pelo Conselho Deliberativo da Região Metropolitana;

b) quanto à drenagem e manejo das águas pluviais urbanas, o interesse metropolitano limita-se a macrodrenagem, a infraestrutura e instalações operacionais de macrodrenagem de águas pluviais;

c) quanto ao reconhecimento do sistema de tempo seco como medida estratégica ao sistema de tratamento de esgotos.

III - a mobilidade urbana metropolitana: os serviços referentes à circulação no sistema viário e os transportes públicos de grande capacidade, independentemente do modal, bem como das vias e da infraestrutura de mobilidade urbana, de cargas e passageiros, que tenham caráter metropolitano e que atendam, prioritariamente, a pessoa com deficiência, privilegiando-se o transporte aquaviário;

IV - as intervenções necessárias ao enfrentamento dos efeitos adversos da mudança do clima que tenham impacto metropolitano, incluindo as medidas de prevenção, mitigação e adaptação;

[...]

VI - a sustentabilidade das Baías da Guanabara e de Sepetiba;

[...]

VIII - aproveitamento, proteção e utilização racional e integrada dos recursos hídricos, incluindo o transporte aquaviário, bem como o controle da poluição e a preservação ambiental, com vistas ao desenvolvimento sustentável;

[...]

Á água foi escolhida como meio para iniciar a mudança, com o saneamento e a oferta universalizada. A entrada do saneamento básico em territórios pouco urbanizados constitui não apenas um grande desafio, mas também uma grande oportunidade para conectar outras demandas da metrópole com base nas obras de infraestrutura que serão realizadas. Por exemplo, já está em andamento, pelo Instituto Rio Metrópole, a produção do Plano Metropolitano de Gestão Integrada de Resíduos Sólidos; próxima grande etapa a ser empreendida no processo de desenvolvimento metropolitano.

Se o desafio do saneamento apresenta um futuro promissor desde a concessão dos serviços, o desafio dos resíduos sólidos urbanos e da crescente expansão populacional ainda carecem de ações impulsionadoras de mudanças concretas. Entretanto, se esse caminho for acertado, toda a região das baías de Guanabara e de Sepetiba terá ganhos ainda incalculados, os quais o mundo já conecta por meio do modelo de desenvolvimento sustentável baseado na economia azul.

As mudanças climáticas reforçaram, por todo o globo terrestre, a urgência em se voltar o desenvolvimento humano para a economia azul. O oceano cobre mais de 70% da superfície do planeta e constitui mais de 95% de nossa biosfera. A vida presente no oceano é o que permite a vida humana no planeta, gerando oxigênio, reciclando nutrientes, absorvendo dióxido de carbono, responsável pela regulação do clima e da temperatura global. Segundo as Nações Unidas, a economia azul endossa os mesmos princípios de baixo carbono, eficiência de recursos e inclusão social, e responde pelo mesmo conceito definido pela agência das Nações Unidas especializada na proposta ambiental, a United Nations Environment Programme (Unep), durante a Rio+20, para a economia verde: "Melhorar o bem-estar humano e a equidade social, enquanto reduz os riscos ambientais e a escassez ecológica."[7]

Cunhado pelo economista belga Gunter Pauli em seu livro *The Blue Economy* (Pauli, 2010), o conceito da economia azul conecta o meio ambiente no centro de um novo modelo econômico, baseado em cadeias produtivas circulares, condenando o modelo atual de se usar e descartar os recursos naturais, cada vez mais escassos e caros de serem acessados. Um importante salto de qualidade para a recuperação dos ecossistemas marinhos e costeiros, que gera trabalho e renda, em uma visão integrada de todas as suas potencialidades. Como assim se posicionou o Banco Mundial sobre o tema (National Geographic, s. d.), o

[7] Tradução livre de [...] *improved human well-being and social equity, while significantly reducing environmental risks and ecological scarcities* [...]. Disponível em: <https://wedocs.unep.org/bitstream/handle/20.500.11822/11129/unep_swio_sm1_inf11_blue_economy.pdf?sequence=1&amp%3BisAllowed=>. Acesso em: 02 de maio de 2023.

conceito de economia azul envolve o: "[...] uso sustentável dos recursos oceânicos para o crescimento econômico, a melhoria dos meios de subsistência e do emprego, preservando a saúde do ecossistema".[8]

A economia azul se baseia na manutenção do capital natural do qual sua prosperidade depende, por meio da restauração, proteção e manutenção da diversidade, produtividade e resiliência dos ecossistemas marinhos. Caracteriza-se por uma economia pautada em inovação e tecnologia, tendo como um dos seus principais desafios a produção de energia renovável por meio do desenvolvimento de tecnologias limpas, assim como a manutenção do fluxo circular dos materiais, garantindo estabilidade econômica e social dentro dos limites planetários.[9]

Durante a Conferência dos Oceanos, das Nações Unidas, em 2017, o Brasil assumiu o compromisso de implantar o planejamento espacial marinho (PEM) até 2030. O PEM visa organizar a gestão da economia azul no Brasil de acordo com as potencialidades e prioridades de cada região, tornando-se ferramenta fundamental para organizar a governança, reduzir conflitos e potencializar a geração de emprego e renda, conservando o meio ambiente com segurança jurídica a todos os atores envolvidos.

Trata-se do desenvolvimento dos setores da economia do mar sob a óptica da sustentabilidade, valorizando a cadeia produtiva da pesca e da alimentação, o turismo e o esporte, a produção de energia renovável, o transporte aquaviário e o comércio, o setor naval e de portos, a educação e a pesquisa, a biotecnologia marinha e a aquicultura, entre outros. Todo esse modelo econômico visa contribuir com as futuras gerações, garantindo segurança alimentar, erradicação da pobreza, qualidade de vida, geração de emprego e renda, inclusão e saúde.

Com base nessa visão, a Organização para a Cooperação e o Desenvolvimento Econômico (OCDE) apresentou no Pavilhão da Água, durante a 26ª Conferência das Partes sobre Mudanças Climáticas da ONU (COP26), em 2021, seu programa de cidades para a economia azul, ou simplesmente "cidades azuis". Segundo a OCDE, o valor conservador estimado da economia azul global estaria em torno de 1,5 trilhão de dólares por ano, sendo responsável por 3 bilhões de empregos em todo o globo terrestre.[10] No Brasil, trata-se de uma economia que chega

[8] Tradução livre de *The "blue economy" concept seeks to promote economic growth, social inclusion, and preservation or improvement of livelihoods while at the same time ensuring environmental sustainability*. Disponível em: <https://sustainabledevelopment.un.org/content/documents/2446blueeconomy.pdf>. Acesso em: 02 de maio de 2023.

[9] Para mais informações, acesse: <https://ocean.panda.org/>.

[10] Dados extraídos de: <https://www.oecd.org/water/regional/Flyer_OECD%20Blue%20Cities%20Project.pdf>. Acesso em: 02 de maio de 2023.

a 19% do produto interno bruto (PIB),[11] com valor agregado de 1,74 trilhão de reais em 2022.[12] Somente no estado do Rio de Janeiro representa 44% do PIB, que afeta diretamente a vida de mais de 10,4 milhões de fluminenses,[13] tendo gerado mais de 119 mil empregos diretos em 2019.[14] A opção da OCDE por trabalhar a transformação pela economia azul no nível das cidades se dá em função das competências dos municípios na gestão de resíduos, do uso do solo e no planejamento espacial, o que afeta diretamente a segurança e a qualidade hídrica, que, por sua vez, influencia a economia azul. Conectar o tema com as cidades também permite organizar os investimentos em infraestrutura hídrica no nível local, respondendo aos riscos associados à água, como inundações, deslizamentos e secas, o que afeta diretamente a capacidade das cidades de realizarem atividades econômicas azuis.

Nesse programa, a OCDE propõe uma abordagem para as cidades com base na prova de riscos, organizada nestes quatro pilares:[15]

1. **Resiliência** aos eventos extremos potencializados pela mudança climática.
2. **Inclusão**, promovendo oportunidades e protegendo os mais vulneráveis aos riscos relacionados com a água.
3. **Sustentabilidade** ambiental, preservando os ecossistemas naturais.
4. **Circularidade**, para limitar a emissão de gases de efeito estufa e a redução da extração de recursos naturais, estabelecendo cadeias produtivas fechadas e atuando sobre a poluição e a recuperação de recursos de águas residuais.

A governança da água se torna fator preponderante para o sucesso da formação das "cidades azuis" e passa a ser trabalhada no nível local, na escala da bacia de cada cidade. De acordo com a OCDE, a governança da água deve ser entendida em suas diferentes dimensões, nos níveis municipal, metropolitano e da bacia

[11] Dados extraídos de: <https://www.marinha.mil.br/agenciadenoticias/planejamento-espacial-marinho-um-mar-de-oportunidades-para-o-brasil>. Acesso em: 02 de maio de 2023.

[12] Dados extraídos de: <https://www.agenciainfra.com/blog/economia-azul-vale-r-174-trilhao-ou-19-do-pib/>. Acesso em: 02 de maio de 2023.

[13] Dados extraídos de: <https://www.cnnbrasil.com.br/business/rj-tera-orgao-estadual-para-organizar-e-planejar-a-economia-do-mar/>. Acesso em: 02 de maio de 2023.

[14] Dados extraídos de: <https://inteligenciademercado.rj.sebrae.com.br/produtos/Economia-do-Mar>. Acesso em: 02 de maio de 2023.

[15] Para mais informações, consulte: ORGANISATION FOR ECONOMIC CO-OPERATION AND DEVELOPMENT (OECD). *Cities for a Blue Economy: A RISC-proof approach to building a blue economy in cities*. Disponível em: <https://www.oecd.org/water/regional/Flyer_OECD%20Blue%20Cities%20Project.pdf>. Acesso em: 02 de maio de 2023.

hidrográfica. Ao abordamos a metrópole do Rio de Janeiro, tratamos de mais de uma bacia hidrográfica estadual e de diversas sub-bacias. Além da própria governança entre os municípios que se encontra estabelecida no âmbito do Instituto Rio Metrópole, que, por si só, já tem competência legal para tratar dos temas inerentes as cidades.

Todo o avanço dos últimos anos, do ponto de vista da organização de governanças locais, e dos investimentos em curso para o saneamento básico, abre espaço para um novo momento extremamente positivo no que se refere à potencialização da economia azul no estado do Rio de Janeiro. Nosso grande desafio reside na mudança do modelo econômico, que ainda separa o desenvolvimento socioeconômico da preservação ambiental dos recursos naturais.

A Agenda 2030 para o Desenvolvimento Sustentável, das Nações Unidas, é a grande meta compartilhada pela humanidade, e a Rio2030 é a ferramenta para nos integrarmos e nos engajarmos em direção a esta. Nossa metrópole azul, por si só, já abraça seus 17 objetivos do desenvolvimento sustentável (ODSs), uma política pública capaz de dialogar com a agenda global e compartilhar seus resultados em 2030.

Nesse contexto, para finalizar, ficam os seguintes questionamentos para reflexão dos leitores:

- Pode o desenvolvimento socioeconômico da região metropolitana se dar com base na centralidade da Baía de Guanabara para o estabelecimento de uma metrópole azul?
- Que riquezas e valores a economia azul pode gerar nos níveis social, econômico e ambiental no Rio de Janeiro, e como medir seu potencial?
- Estamos a caminho de uma metrópole azul?

Referências bibliográficas

ELHACHAM, Emily; BEN-URI, Liad; GROZOVSKI, Jonathan, *et al.* Global human-made mass exceeds all living biomass. *Nature*, 2020, n. 588, p. 442-444. Disponível em: <https://doi.org/10.1038/s41586-020-3010-5>. Acesso em: 02 de maio de 2023.

FÓRUM NACIONAL DE ENTIDADES METROPOLITANAS (Fnem). *Região Metropolitana do Rio de Janeiro (RJ)*. Fnem, s. d. Disponível em: <https://fnembrasil.org/regiao-metropolitana-do-rio-de-janeiro-rj/>. Acesso em: 03 de maio de 2023.

INSTITUTO RIO METRÓPOLE (IRM). *A construção da região metropolitana.* IRM, s. d. Disponível em: <http://www.irm.rj.gov.br/formacao.html#:~:text=Originalmente%20formada%20pelos%20munic%C3%ADpios%20do,e%20S%C3%A3o%20Jo%C3%A3o%20de%20Meriti>. Acesso em: 03 de maio de 2023.

JOBIM, Antônio C. "Samba do avião". *In:* JOBIM, Antônio C. *Antonio Carlos Jobim: Composer.* New York: Warner Bros Records, 1995. Faixa 10. CD de áudio.

LAMEGO FILHO, Alberto R. "O homem e a Guanabara". Rio de Janeiro: Biblioteca Geográfica Brasileira, IBGE, 1964. *In:* PINHEIRO, Eliane C. de F. "A Baía de Guanabara, um olhar sobre a história". *Museu do Amanhã.* Rio de Janeiro: Museu do Amanhã, 2015. p. 44. Disponível em: <https://museudoamanha.org.br/livro/07-a-baia-de-guanabara-um-olhar-sobre-a-historia.html>. Acesso em: 02 de maio de 2023.

MULTIRIO. *A Baía de Guanabara: suas histórias.* MultiRio, s. d. Disponível em: <http://multirio.rio.rj.gov.br/index.php/historia-do-brasil/rio-de-janeiro/48-a-geografia-do-rio-antes-de-ser-o-rio/2394-a-baia-de-guanabara-suas-historias>. Acesso em: 03 de maio de 2023.

NATIONAL GEOGRAPHIC. *O que é a economia azul e por que ela é tão importante?* National Geographic, s. d. Disponível em: <https://www.nationalgeographicbrasil.com/meio-ambiente/o-que-e-a-economia-azul-e-por-que-ela-e-tao-importante>. Acesso em: 03 de maio de 2023.

PAULI, Gunter. *Blue economy: 10 years, 100 innovations, 100 million jobs.* Taos: Paradigm Publications, 2010.

15 Governança ambiental, social e corporativa na economia do mar

Joelma Gonçalves Ribeiro • Juliana dos Santos Prata Batista

Importância do compliance ambiental

O termo "compliance", derivado de "comply", verbo em inglês que significa cumprir ao/obedecer ao/observar o que foi imposto, surgiu na década de 1970 e ganhou maior relevância após os escândalos de Wall Street em 2002, quando as instituições financeiras passaram a adotar medidas mais consistentes para gerir os riscos econômicos.

A prática do compliance, em geral, consiste em garantir o cumprimento e a adequação das atividades realizadas pelas empresas às normas impostas por setor. Dentre seus objetivos, pode-se destacar a diminuição dos riscos do negócio, impedir ganhos pessoais por meios artificiais de mercado, evitar conflito de interesses entre os participantes da organização e propagar os valores, e a cultura organizacional da atividade empresária por meio da inserção de princípios de integridade e condutas éticas.

Dada a necessidade de aumentar a probidade no cumprimento das funções inerentes à máquina estatal com vistas ao melhor desenvolvimento da população e principalmente ao recrudescimento da globalização e à livre circulação de capitais, foram criados mecanismos internos para combate à corrupção a partir dos anos de 1990; ocasião em que a governança pública e o compliance ganharam destaque na busca por resultados satisfatórios.

No ambiente corporativo, o compliance foi adotado principalmente nas áreas tributária, trabalhista, cível, administrativa e criminal, que foram consideradas suficientes para proteger a imagem e o legado das empresas. No entanto, tal cenário teve mudanças significativas com o advento da exigência de conformidade com a área ambiental, que incluiu no corporativismo a ideia de que o lucro financeiro e a proteção ambiental podem e devem se alinhar.

Além disso, o compliance visa garantir que a empresa e seus colaboradores ajam com ética, transparência e responsabilidade social em conformidade com as normas do setor.

Na área ambiental, o compliance é responsável por analisar as vulnerabilidades existentes na área de atuação da empresa, viabilizando a previsão de possíveis violações ao meio ambiente e evitando, por conseguinte, danos ambientais e processos administrativos impulsionados pelos órgãos de fiscalização ambiental.

Tal análise é feita por meio da observância às normas jurídicas constitucionais, infraconstitucionais, legais e infralegais da área ambiental que devem ser consideradas nas atividades realizadas pelos poderes público e privado.

Nesse sentido, o compliance ambiental é de extrema relevância, à medida que a sociedade pós-moderna incorpora práticas mais sustentáveis ao seu cotidiano, justamente pela presença da pluralidade e dinamicidade das relações.

No âmbito da atividade empreendedora, o compliance ambiental abrange três aspectos da integridade comportamental:

1. A internalização de normas e processo de conformação das operações às normas jurídicas, éticas e técnico- científicas de sustentabilidade.
2. A aplicação e execução de normas e processos já internalizados.
3. O emprego de sistema de solução de conflitos entre normas e processos também internalizados.

Em razão da competência concorrente prevista no art. 24, incisos VI e VIII, da Constituição da República Federativa do Brasil de 1988, a internalização de normas e processos deve observar a subsidiariedade dos entes federativos, sob pena de criar conflitos no plano municipal, estadual e federal.

Assim, uma empresa que adote o sistema de compliance ambiental passa a ter a segurança ambiental e dos padrões ético-morais em conformidade com o que se espera na sociedade pós-moderna, concretizando o conceito de desenvolvimento sustentável pela implementação de processos e práticas que garantam equilíbrio entre os atributos econômicos, sociais e ambientais no desenvolvimento da atividade empresária.

Environmental, Social and Corporate Governance

Para alcançar a conformidade ambiental analisada, grandes investidores utilizam-se do compliance ambiental, que se atém e observa os critérios estabelecidos no ESG.

A sigla **ESG** (***E****nvironmental* [ambiental], ***S****ocial* [social] & ***G****overnance* [governança]) significa governança ambiental, social e corporativa, e é uma abordagem cujo objetivo é avaliar até que ponto uma corporação trabalha em prol de objetivos sociais, bem como implica na tomada de decisões quanto a aplicação de recursos financeiros e incentivo à adoção de medidas sustentáveis no âmbito social, ambiental e de governança.

Inicialmente, destaca-se que os critérios ambientais (***E****nvironmental*) observam o impacto positivo ou negativo que uma atividade econômica pode ter no meio ambiente, por exemplo, mudanças climáticas, aquecimento global, liberação de CO_2 na atmosfera, gestão de resíduos e recursos hídricos, fontes de energia utilizadas e de consumo, conservação de recursos naturais, impactos na fauna e flora, dentre outros.

No que tange aos critérios sociais (***S****ocial*), estes observam principalmente a relação da empresa com a sociedade, ou seja, com seus consumidores e colaboradores, de modo que podem ser aqui incluídos preocupação com direitos humanos e do consumidor, proteção de dados, direitos trabalhistas, direitos das minorias, responsabilização pela cadeia de fornecimento, trabalho infantil, trabalho escravo e integração com a comunidade local.

Por sua vez, os critérios de governança (***G****overnance*) dizem respeito à preocupação com a gestão do processo de decisão e proteção aos direitos e interesses das partes envolvidas (stakeholders).

De acordo com esse critério, devem ser observadas a estrutura dos processos e mecanismos de controle da operação da empresa em respeito aos princípios éticos, a distribuição equilibrada de direitos e responsabilidades entre todas as partes interessadas, como: processos de contabilidade fiscal, remuneração executiva, código de conduta e valores corporativos, processos de gestão e responsabilização, programas de integridade, prevenção de atos irregulares de corrupção, fraude, conluio, práticas coercitivas e prevenção de práticas anticompetitivas.

A sustentabilidade, alcançada por meio da implementação dos critérios ESG, garante o surgimento de oportunidades para as empresas com relação ao investimento e financiamento e à construção da imagem empresarial perante os consumidores, uma vez que demonstra o comprometimento com a sustentabilidade.

Isso ocorre porque a existência do lucro na sociedade pós-moderna não garante por si só a eficiência da atividade empreendedora, que deve necessariamente procurar a viabilidade econômica e financeira, buscando, por meio do conceito de sustentabilidade, envolver os aspectos ambientais, sociais e econômicos dentro da corporação.

Como resultado de assumir princípios, comportamentos e metas de sustentabilidade, as empresas tendem a deixar seus objetivos mais claros e adotar uma gestão socialmente consciente, contribuindo para um crescimento sólido e sustentável e evitando o fechamento de negócios.

Economia do mar no Brasil

O Brasil tem jurisdição sobre uma área oceânica de 5,7 milhões de quilômetros quadrados, que passou a ser denominado pela Marinha do Brasil (MB) como "Amazônia Azul". Tal denominação considerou a importância estratégica do espaço marítimo, suas riquezas e necessidade de garantir sua preservação e proteção.

A Amazônia Azul é, portanto, um conceito de natureza político-estratégica que compreende o Mar Territorial, a Zona Econômica Exclusiva (ZEE), a Plataforma Continental, as hidrovias e as demais águas interiores brasileiras.

Em tais áreas marítimas, encontram-se as reservas do pré-sal, do qual se retiram 95% do petróleo brasileiro, 80% do gás natural e 45% do pescado produzido no Brasil. Além disso, por tais rotas marítimas se escoa mais de 95% do comércio exterior brasileiro de acordo com dados da MB.

Por conta da importância, a Lei nº 13.187, de 11 de novembro de 2015, instituiu o "Dia da Amazônia Azul", a ser comemorado, anualmente, no dia 16 de novembro; semelhante à data da primeira convocação da Convenção das Nações Unidas sobre o Direito do Mar (CNUDM).

Segundo informações datadas de 2015 do Ministério do Meio Ambiente do Brasil, uma das características marcantes da zona costeira brasileira é a presença de concentração industrial que se desenvolve nas regiões metropolitanas.

De acordo com estudiosos da área, os indicadores setoriais comumente utilizados para avaliar as atividades econômicas dos oceanos são: produto interno bruto, valor adicionado bruto e emprego. No mundo todo, a economia do mar é reconhecida, e os estados buscam cada vez mais adotar critérios que auxiliem no desenvolvimento econômico sustentável do mar.

Da análise do Decreto Presidencial nº 5.300/2004, verifica-se que a zona costeira brasileira é considerada patrimônio nacional e corresponde ao espaço geográfico de interação do ar, do mar e da terra, incluindo seus recursos, renováveis ou não, bem como abrange uma faixa marinha que compreende a totalidade do mar territorial e uma faixa terrestre, que corresponde ao espaço compreendido pelos limites dos municípios que sofrem influência direta dos fenômenos que ocorrem na zona costeira.

Além disso, de acordo com o Ministério do Meio Ambiente e Mudança de Clima, a porção territorial brasileira voltada ao Oceano Atlântico compreende uma faixa de 8.698 quilômetros, englobando toda a faixa litorânea, e dos 26 estados federativos e o Distrito Federal, 17 estão localizados no litoral, totalizando 280 municípios, 13 capitais e aproximadamente 34 milhões de habitantes.

No ano de 2010, os 17 estados litorâneos brasileiros apresentaram, respectivamente, produto interno bruto (PIB) de 2 trilhões de reais e população aproximada de 149 milhões de pessoas.

A participação total desses estados no PIB nacional é de 78,36%. Tais valores expressam a relevância dessas regiões, uma vez que dentre os 17 estados litorâneos, os maiores contribuintes do PIB para a economia nacional consistem em São Paulo (33%) e Rio de Janeiro (10,8%). Além disso, os estados litorâneos empregaram 34 milhões de pessoas (71,4% do emprego nacional) no ano de 2010, com relevância para o estado de São Paulo (26,5%).

Ocorre que o Brasil não tem dados e estatísticas específicas para a contabilização e contribuição econômica dos recursos oferecidos pela economia marítima, uma vez que não distingue as indústrias marinhas e não marinhas, impossibilitando a estimativa do PIB do Mar.

Governança dos oceanos

Com o aumento dos interesses dos estados nos recursos marinhos aumentam também os desafios de regulação e a necessidade de ação coletiva institucionalizada para regular e controlar de forma efetiva a governança dos oceanos.

O oceano global é o sistema de suporte de vida no planeta Terra e engloba o alto-mar, que representa o somatório de todos os mares e oceanos que estão interligados à escala mundial.

Nos dias atuais, a governança dos oceanos é um tema que ainda está longe de gerar consensos. No entanto, a CNUDM se dispôs a determinar sua configuração espacial e regulamentar os diversos componentes do ano. Ainda assim, há diversas lacunas no que tange à proteção e sustentabilidade dos oceanos.

Apesar de o oceano ser uma peça única, é constituído por múltiplos e complexos componentes regulados de maneira autônoma, mas que interagem entre si. Desse modo, a governança dos oceanos parte da premissa de que os oceanos têm um regime que permite a construção de soluções políticas, nacionais, regionais e globais, como meio de governar o uso dos oceanos de forma sustentável.

De acordo com a definição desse processo (*apud* Campos, 2020) pela Comissão para a Governança Global:

> A governança é a soma das muitas formas que indivíduos e instituições, públicas e privadas, gerem os seus assuntos comuns. Trata-se de umprocesso contínuo através do qual podem ser acomodados interesses contraditórios ou diversos e em que podem ser tomadas medidas de cooperação. Inclui instituições formais e regimes habilitados a impor o cumprimento, bem como acordos informais que as pessoas e instituições ouconcordaram ou consideraram ser do seu interesse. A nível global, a governação tem sido vista principalmente como relações intergovernamentais, mas deve agora ser entendida como envolvendo também organizações não governamentais (ONG), movimentos de cidadãos,empresas multinacionais e o mercado de capitais global.

Certo é que a medida que o progresso tecnológico avança, o conceito de limite de explorabilidade também se desenvolve, tornando o critério da profundidade divergente do da explorabilidade.

Pode-se observar, portanto, que a capacidade tecnológica em confronto com adimensão limitada dos recursos pode culminar no processo de redução dos bens comuns globais.

A procura de recursos é um fato real, sendo uma ação essencial para a sobrevivência dos estados, uma vez que a configuração e o elenco para os mecanismos de governança globais variaram substancialmente ao longo do tempo.

Nos dias atuais, nossa civilização representa um momento único, no qual o futuro do oceano global dependerá das atitudes e condutas que tomarmos. É com base nas tomada de decisões, muitas vezes de execução imediata, que será possível reverter os efeitos negativos que recaíram sobre os oceanos, seja por meio de um governo mundial, seja por meio do controle das organizações internacionais.

Amparado na ideia de que os recursos naturais são limitados e de que a economia do mar deve se atentar ao desenvolvimento sustentável e aos critérios de sustentabilidade, passou-se a buscar meios de proteger e preservar os oceanos, que são fonte de grande parte da economia global.

É necessário que se discuta acerca do compliance ambiental e dos critérios do ESG, que visam justamente adequar a conduta das empresas às normas ambientais,sociais e de governança das atividades empresárias.

A governança dos oceanos, apesar de não ter um consenso, vigora como estratégia global para impor limites ao desenvolvimento tecnológico sem prejudicar a atividade econômica.

É por esse motivo que o tema se encontra em voga e abre margem para diversas discussões. No entanto, é certo que se torna necessário conhecer as referências dos desafios apresentados à governança global dos oceanos de maneira inequívoca e aprofundada, colocando-as em práticas com vistas para um desenvolvimento sustentável.

Referências bibliográficas

BARROS-PLATIAU, Ana Flávia; BARROS, Jorge G. do C.; MAZZEGA, Pierre *et al.* Correndo para o mar no Antropoceno: a complexidade da governança dos oceanos e a estratégia brasileira de gestão dos recursos marinhos. *Revista de Direito Internacional*, 2015, v. 12, n. 1, p. 149-168. Disponível em: <https://www.publicacoes.uniceub.br/rdi/article/view/3292>. Acesso em: 04 de maio de 2023.

CAMPOS, Aldino S. de. Os desafios da governança global do oceano. *Relações Internacionais*, 2020, n. 66, p. 111-126. Disponível em: <https://ipri.unl.pt/images/publicacoes/revista_ri/pdf/ri66/RI_66_art07_ASC.pdf>. Acesso em: 04 de maio de 2023.

______. *Governança dos oceanos: o desafio global para o século XXI*. Faculdade de Ciências Sociais e Humanas. Lisboa: Universidade Nova de Lisboa, 2021

CARVALHO, Andréa B. *Economia do mar: conceito, valor e importância para o Brasil*. 2018. 200 f. Tese (Doutorado em Economia do Desenvolvimento) – Programa de Pós-graduação em Economia do Desenvolvimento, Universidade Católica do Rio Grande de Sul, Porto Alegre. Disponível em: <https://tede2.pucrs.br/tede2/bitstream/tede/7915/2/ANDREA_BENTO%20_CARVALHO_TES.pdf>. Acesso em: 28 de abr. de 2023.

MINISTÉRIO DO MEIO AMBIENTE (MMA). *Zona costeira e marinha*. MMA, s. d. Disponível em: <https://antigo.mma.gov.br/biodiversidade/biodiversidade-aquatica/zona-costeira-e-marinha.html>. Acesso em: 06 de out. de 2022.

SION, Alexandre O.; FRANÇA, Lucyléa G. (coords.). *ESG: novas tendências do direito ambiental*. Rio de Janeiro: Synergia, 2021.

16 Pesca e aquicultura fluminense: cenário atual e perspectivas

Ricardo Ganem

Pesca marinha no estado do Rio de Janeiro

O estado do Rio de Janeiro (ERJ), apesar de sua pequena dimensão territorial, tem um litoral generoso e dotado de infinitas particularidades que viabilizam sua grandiosidade nos aspectos pesqueiros e aquícolas. Esta vocação inerente ao setor produtivo da pesca advém de uma multiplicidade de fatores geográficos, relacionados com as íntimas relações com os segmentos sociais e particularidades culturais que permeiam o território. Da Ponta da Trindade em Paraty até a Barra do Rio Itabapoana no município de São Francisco do Itabapoana, o ERJ é dotado de uma diversidade que permite um aspecto vocacional direcionado às múltiplas artes da pesca extrativa com foco na subsistência e comercialização que talvez nenhum outro estado brasileiro tenha.

É importante entender que a proximidade dos grandes centros consumidores atribui ao ERJ uma real vocação para esta atividade, ressaltando que, desde os primórdios, tinham os povos originários, inclusive os que aqui habitavam, as práticas e artes voltadas para a pesca e coleta/captura de crustáceos e moluscos, facilmente comprovado com a presença de sambaquis na região de Guaratiba e nas baixadas litorâneas do ERJ. Ao longo de décadas, as práticas pesqueiras em nosso litoral foram se aprimorando e se adequando às restrições legais, principalmente os chamados "engessamentos" territoriais impostos pelos diplomas que criaram unidades de conservação e outras áreas sujeitas a regime especial de uso.

Apesar de o "homem das águas" ser respeitoso e cordial com os ecossistemas – haja vista o fato de seu modo de vida e consequentemente seu sustento estarem pautados no respeito às espécies, priorizando as épocas reprodutivas e particularidades de cada espécie –, muitos conflitos foram iniciados, chegando à esfera judicial na ocasião do cerceamento de práticas centenárias que, da noite para o dia, foram vedadas em totalidade. Apesar de terem sido criadas em uma "escola" preservacionista e terem como marco divisor a gestão e o manejo de unidades de conservação da natureza por mais de vinte anos, é de se observar que certos conflitos de gestão territorial com a pesca podiam ser mais bem geridos, não eram acatadas determinadas inflexibilidades envoltas no setor produtivo da pesca e da aquicultura marinha por conta unicamente de aspectos voltados aos patrimônios biótico e cênico, e o elemento "humano" não poderia estar apartado e segregado de maneira abrupta em casos notórios e que à frente do órgão de gestão pesqueira e aquícola pude validar como infundados.

O setor pesqueiro artesanal no ERJ abriga, segundo estimativas, cerca de 30 mil pescadores, destes 25 mil voltados para as águas marinhas, estuarinas, lagunares. Além disso, afeta e constitui em muitos municípios uma fonte de emprego e renda protagonista, ou seja, atua realmente como um dos pilares da economia local, como no caso de Quissamã, Carapebus, Paraty e São Francisco do Itabapoana. Vale ressaltar que os dados hoje existentes não retratam em totalidade todo o universo da pesca e da coleta de organismos aquáticos, pois simplesmente não havia até a presente data um monitoramento pesqueiro e aquícola que inventariasse a cadeia produtiva em sua totalidade, o que é atualmente realizado de modo amostral e por força de condicionantes de licenciamento ambiental, e que tem na Fundação Instituto de Pesca do Estado do Rio de Janeiro (Fiperj) o "chancelador" dos dados coletados.

Com a devida dedicação que o setor carece, este cenário tende a ser mudado, uma vez que o governo estadual atual tem acostada a previsibilidade orçamentária para o exercício de 2023 de recursos da ordem de 10 milhões. Por meio da Secretaria de Estado de Agricultura, Pecuária, Pesca e Abastecimento (Seappa)/Fiperj, em parceria com as representações instituídas do setor, como o Sindicato dos Armadores de Pesca do Estado do Rio de Janeiro (Saperj) e a Federação dos Pescadores do Estado do Rio de Janeiro (Feperj), essa verba será empregada na concepção e execução de um programa de monitoramento pesqueiro, a título de censo quantitativo e qualitativo de toda cadeia produtiva, que afeta, inclusive, as águas interiores, as quais englobam represas, rios, lagoas e outras tipologias.

Todos devem, então, estar se perguntando: o quão esta ação é importante? Simples, primeiramente pelo óbvio dever de ter o próprio ERJ a premissa ordinária de executar um monitoramento que identifique o real tamanho das descargas pesqueiras e, com isso, amplie a atuação de seu órgão executivo

(Fiperj) nas ações de assistência técnica e assistência pesqueira e aquícola, e, como consequência, incremente a execução de políticas públicas voltadas ao setor, inclusive, permitindo o acesso de créditos diversos nos quesitos custeio e investimento. Em seguida, há a possibilidade de realmente se dimensionar o "tamanho" financeiro do setor, pois a pesca e a aquicultura não constam como protagonistas nas receitas, pelo simples fato de que não se sabe sobre estas em sua totalidade.

Por exemplo: a Baía de Guanabara, encravada no seio da malha metropolitana e que há décadas é ultrajada com múltiplos "acidentes ambientais", tem hoje gestão pesqueira pautada em dados estatísticos providos por instituições que a executam em virtude de termos de ajustamento de conduta (TACs) ou condicionantes de licenciamento do Instituto Estadual do Ambiente/Instituto Brasileiro do Meio Ambiente e dos Recursos Naturais Renováveis (Inea/Ibama), e, mesmo com tantos dessabores ao longo dos anos e com informações que não retratam a cadeia em sua totalidade, os municípios de São Gonçalo, Niterói, Itaboraí e Magé têm dados pesqueiros muito significativos e relevantes para todo o setor. De acordo com dados da Coordenadoria de Pesca subordinada à Diretoria de Pesquisa e Produção da Fiperj. Entre janeiro de 2021 e setembro de 2022, a produção pesqueira acumulada registrada nessa área foi de quase 12 mil toneladas, provenientes de 723 unidades produtivas (UPs) (compostas de pescadores desembarcados, currais de pesca e embarcações,), que realizaram 20.068 viagens de pesca.

Cumpre destacar que os números são pífios se comparados aos relatos recebidos de diversas colônias de pescadores, associações e coletivos envoltos na atividade, bem como relatos da diretoria da Feperj, os números do Projeto de Monitoramento da Atividade Pesqueira (PMAP) são expressivos, ressaltando a qualidade do trabalho executado, porém acostam cerca de 1.500 pescadores, 48 marisqueiros e 120 caranguejeiros na área direta e no entorno da Baía de Guanabara; esses dados, porém, não refletem a complexidade e a totalidade do setor nesta espacialização utilizada como exemplo. Na última reunião executada no grupo de trabalho (GT) diretamente envolvido na instalação e operacionalização do Terminal Pesqueiro do Caju (antigo Estaleiro Caneco), alguns membros externaram que a pesca industrial e a pesca artesanal envolvam aproximadamente 10 mil pessoas diretamente e há ainda mais de 70 pontos de descargas pesqueiras segundo relatos que não são monitorados.

É ponto pacífico em todo este cenário o fato de que: a pesca e a aquicultura marinha podem vir a ser uma ferramenta consistente para alavancar a economia de várias regiões, seja com o produto propriamente dito, seja como os setores indiretamente ligados a esta, como turismo, hotelaria, gastronomia e outros.

Um exemplo é a região da Costa Verde, que tem nichos temáticos de turismo com especificidade voltada ao consumo de vieiras, ostras e mexilhões.

Águas interiores e o desafio da pesca fluminense

Apesar de a definição legal de "águas interiores" estar afeta às regiões marinhas abrigadas, como a Baía de Sepetiba e outras, é interessante fazer uma divisão, na medida em que o intuito dessa contextualização é versar sobre o ponto de vista prático e gerencial. Isso porque é claro a todos os leitores que a execução e concepção de políticas pesqueiras, por exemplo, o médio curso do Paraíba do Sul, estão, por total, desconectadas operacional, social e ambientalmente do gerenciamento da Baía de Guanabara. Por conseguinte, o aspecto jurídico e a previsibilidade em diplomas legais não serão temporariamente abordados, e o foco será a execução prática e finalística.

Então, a propósito, qual é a situação da pesca em rios e reservatórios fluminenses? A resposta não é das melhores, ou seja, não há dados consubstanciados de modo qualitativo e quantitativo para elaborar um documento preciso sobre a pesca interior. A maioria das informações é pontual e conexada a um tipo de consulta, além de estar intimamente ligada aos licenciamentos de pequenas centrais hidrelétricas (PCHs), centrais geradoras hidrelétricas (CGHs) e usinas hidrelétricas de energia (UHEs) que permeiam o território fluminense. Além disso, colônias e associações executam, de maneira "artesanal", certa "estatística pesqueira", por interesse próprio, é óbvio, e por força da necessidade de emissão de extrato de produção pesqueira emitido pela Fiperj, o qual funciona como um "contracheque" do pescador e, assim, permite mensurar para concessão e crédito em bancos e cooperativas. Essa iniciativa, porém, não é capaz de retratar, em nível macro, a grandeza da cadeia produtiva da pesca em nossos rios.

Em alguns municípios fluminenses como Italva, São Fidélis, Itaperuna e Itatiaia, existe um viés organizacional maior por parte do setor produtivo, principalmente pelo já exposto. No ERJ, há, porém, rincões territoriais em que a pesca é consolidada e não figura em tabulações e outras. Além disso, quando é informada, tem aspecto minoritário e inverídico, pois o setor externo abertamente o disparate numérico. Caso emblemático é a região lindeira à UHE Ilha dos Pombos, na divisa de Sapucaia com Carmo, tendo Além Paraíba (em Minas Gerais) como margem oposta, onde há, minimamente, dez peixarias e outros tantos restaurantes/pesqueiros dedicados exclusivamente a consumo e venda de peixe de água doce, com especial destaque para os peixes dourado, piabanha, cascudo, curimba, lambari e outros. Em outras palavras, como poderia existir tal nicho econômico se não houvesse uma pesca artesanal realmente consolidada e com uma grande necessidade de mão de obra especializada? A conta não fecha, ou seja, tem peixe, tem pescador, tem consumidor, portanto, há de ser implantada uma gestão eficaz e proativa em favor do pescador regional.

A propósito, isso foi ampliado de forma eficaz nos últimos dois anos por parte da Seappa/Fiperj, tendo números expressivos e bem consolidados, citando os mais de 45 instrumentos normativos lavrados nos anos de 2021/2022, bem os mais de cinquenta termos de cooperação técnica e acordos de cooperação técnica assinados com múltiplas prefeituras, organizações civis e outras.

Hoje, à luz da cadeia produtiva, tendo como norte os anseios e expectativas recebidos pelo setor, há um grande temor com a instalação e operação de unidades de geração hidrelétrica; não são poucos os relatos de pescadores e aquicultores com a escassez hídrica provocada por derivação ou desvio do corpo hídrico, baixas nos volumes na época de estiagem e gerando mortandade como o recém-ocorrido na UHE Funil (nos municípios fluminenses de Resende e Itatiaia), bem como a diminuição das populações e a vulnerabilidade de certas espécies que são mais sensíveis às alterações antrópicas.

Com isso, há a necessidade explícita de se executar de maneira qualitativa e quantitativa o programa de monitoramento pesqueiro em águas interiores, e, assim, ter condições técnicas e jurídicas na concepção de políticas públicas voltadas ao pescador de águas interiores. Ressaltam-se, ainda, o conhecimento pleno do potencial pesqueiro, associado a estudos ictiológicos que identifiquem, por meio de práticas conservacionistas, a necessidade de repovoamento com espécies-chave para o equilíbrio ecossistêmico; a garantia da perenidade da qualidade dos corpos hídricos com ações que assegurem condições para cultivos e a pesca; e, por último e não menos importante, a garantia do uso racional em virtude da pouca disponibilidade do aquífero em épocas de estiagem e estresse hídrico.

Aquicultura: o Rio de Janeiro na superação das dificuldades

O segmento aquícola no ERJ padeceu por décadas quanto a seu desenvolvimento pelo simples e óbvio motivo da falta de normatização e adequação dos diplomas legais que regem a temática. Não resta dúvida de que a aquicultura, com especial destaque para a psicultura, é íntima dependente dos diplomas ambientais, seja pela utilização de recursos hídricos, seja pelo aspecto locacional, haja vista que a instalação de estruturas aquícolas estava majoritariamente atrelada à faixa marginal de proteção (FMP), portanto, em inobservância ao código florestal vigente. Além disso, há o eterno "conflito técnico" sobre a utilização de espécies não nativas e demais liturgias científicas conceituais como autóctone e alóctone, bem como a presença consolidada de espécie em rios, águas jurisdicionais e o perigo para o ecossistema.

Ao superar o dilema técnico-científico sem desmerecer ou declinar de sua observância legal, pude observar e me indignar ao assumir a presidência da Fiperj, no início de 2021, com os entraves legais e até a repulsa com que a aquicultura era tratada no ERJ. Pasmem, cheguei ao ponto de acreditar que a psicultura não era o "melhor caminho" e que era praticamente impossível estimular a aquicultura marinha e continental no ERJ.

Iniciei uma relação institucional com os órgãos ambientais (Inea e Ibama) e pude perceber que as vedações legais aconteciam por puro desconhecimento do quadro técnico dos órgãos licenciadores no segmento aquícola, frisando que jamais ocorreu uma tentativa de flexibilização dos diplomas legais e sim de ações que visavam dar ciência sobe as novas técnicas de cultivo e as observâncias de parâmetros e índices desejados e sua íntima correlação com os demais segmentos do universo agropecuário, portanto, fizemos chegar ao conhecimento do excelente e notável quadro técnico do Inea informações que imprimiram segurança técnica e jurídica para a tomada de decisão e assim viabilizar o setor aquícola no estado.

Tomada essa iniciativa, foi instaurado no âmbito da Fiperj/Inea em ato consensual com o presidente Phillipe Campello a instauração do GT Conjunto homologado pela Portaria Conjunta Fiperj/INEA nº 14, de 23 de setembro de 2021, com o objetivo de propor e revisar diplomas legais para a regularização ambiental da aquicultura fluminense, representando, de maneira inédita, o esforço conjunto dos órgãos especializados para o alcance da sustentabilidade e legalidade da atividade.

Foram iniciadas discussões técnicas sobre as alterações do novo Sistema Estadual de Licenciamento e demais Procedimentos de Controle Ambiental (Selca), estabelecido pelo Decreto nº 46.890, de 23 de dezembro de 2019, e os novos enquadramentos de atividades (NOP INEA nº 46/2021), bem como propostas para o aperfeiçoamento da aplicabilidade dos diplomas legais, com vistas à redução do impacto regulatório e à promoção da aquicultura ambientalmente correta, economicamente viável e socialmente justa, no ERJ.

Findada a fase técnica, foi elaborada uma propositura de revisão das normas vigentes com êxito consagrado durante reunião do conselho diretor do Inea, realizada em 25 de maio do presente ano, e, assim, as novas regras atendem a reivindicações da cadeia produtiva da aquicultura fluminense, diminuindo custos e dando mais celeridade aos processos, o que permite aos produtores melhores condições de adequação às normas para poderem exercer suas atividades com mais eficiência e de acordo com a legislação ambiental.

Com isso, viabilizou o êxito na revisão dos critérios para licenciamento ambiental de atividades como piscicultura continental, piscicultura marinha, ranicultura, carciniculturas marinha e de água doce, com base na realidade do setor produtivo fluminense e no controle ambiental. Com a atualização da norma, passam a ser consideradas as novas tecnologias para produção de organismos aquáticos e sistemas de produção que não eram atendidos pelo regulamento antigo, além de possibilitar a inexigibilidade de licenciamento ambiental para a aquicultura familiar.

Em outras palavras, um salto histórico e inédito na aquicultura fluminense que esperava há décadas por esta ação gerencial do poder público e, assim, poder realmente instituir uma política aquícola pautada na tecnicidade e não menos importante na legalidade já outorgada.

Os reflexos positivos das ações em favor da aquicultura já eram aclamados desde o fim de 2021 e por muitas vezes tive resposta de vários piscicultores, ranicultores e carcinucultores que externaram frases de efeito como "Voltei a acreditar na psicultura" ou "Já vou comprar alevinos e iniciar meu cultivo, pois vejo viabilidade agora".

Realmente é gratificante recebermos a informação de que os cultivos no ERJ voltaram a crescer, pois recentemente o IBGE divulgou os números da Pesquisa da Pecuária Municipal (PPM) e desde 2014 o IBGE passou a coletar sistematicamente informações da produção de peixes, camarões e moluscos cultivados, bem como o preço médio pago aos aquicultores. Desde que incluiu definitivamente a aquicultura na PPM, e, por conseguinte, recebemos a grata notícia de que, no ano de 2021, a psicultura fluminense teve acréscimo de 15,88% e a carcinicultura, acréscimo de 27% – índices elevadíssimos perto dos outros estados com grande destaque nacional, ou seja, reflexo de uma governança efetiva em prol da cadeia produtiva aquícola e pautado no respeito ao produtor e à eficácia no órgão executor estadual, no caso, a Fiperj.

Pesca e aquicultura 4.0: sonho e realidade

As perspectivas para o biênio 2022-2023 são as melhores para o setor da pesca e aquicultura, pois as ações já prognosticadas para pesca, com a materialidade de um programa de monitoramento pesqueiro de 100% de suas águas e realizadas diretamente pelo órgão responsável (Fiperj), trarão um diferencial no aspecto qualitativo e quantitativo dos dados. Além disso, a execução de múltiplos planos de trabalho, já lavrados por meio de termos de cooperação técnica com colônia de pescadores e prefeituras, permitirá um salto dantesco nas ações de extensão pesqueira em favor do segmento, sem esquecer a instalação e operação conjunta do polo pesqueiro no antigo Estaleiro Caneco em parceria com a Secretaria de Desenvolvimento Econômico, que revolucionará o aspecto de desembarque, processamento e estocagem do pescado, além de dignificar o ofício do pescador com instalações eficientes e que atendam o segmento.

Na aquicultura, o cenário não é menos positivo, por sinal tende a ser excelente, pois, por meio de recursos especialmente destinados pelo governo do estado, a Seappa/Fiperj está revitalizando as unidades de aquicultura de Guaratiba e Cordeiro, bem como já se encontra em fase de instalação de mais três unidades de pesquisa e produção aquícola nos municípios de Paraíba do Sul, Itaguaí e Miracema.

A cereja do bolo, para finalizar o cenário positivo, consiste nos fatos de que já se tem a aprovação quanto à concepção técnico-locacional do primeiro parque aquícola do ERJ, a ser instalado no município de Itaocara, em uma unidade da Pesagro Rio, com o objetivo de estabelecer e consolidar a parceria entre Fiperj/Pesagro/Feperj e Seappa, e com uma estimativa de produção que, sozinha, irá superar toda a atual produção fluminense e, assim, permitir um amplo desenvolvimento econômico, em especial para as regiões norte e noroeste fluminenses, gerando emprego, renda, alimentos, pesquisa e desenvolvimento sustentável perene.

17 Gastronomia do mar

Cezar Marques

É fato que a memória gastronômica brasileira é composta de diversas influências e referências, principalmente de origens indígena e africana, pelas iguarias que aqui chegaram trazidas pelos colonizadores portugueses e também por alguns outros visitantes europeus. Dentro dessa temática, no que se refere ao estado do Rio de Janeiro, é preciso compreender o desenvolvimento de sua capital e a trajetória de vida de seus habitantes. Nesse sentido, torna-se fundamental reconhecer seu território gastronômico, de acordo com a identidade da cidade, junto a seus simbolismos, seu cotidiano, suas particularidades e, ainda, seu processo cultural. Em sua beleza e grandiosidade, a cidade do Rio de Janeiro é considerada o mais importante destino turístico internacional da América Latina, por sua pluralidade l, seu repleto vigor e sua alta potência. Além de ser uma das mais belas cidades do mundo, tem a enorme capacidade de lançar modismos e novos comportamentos. E sua gastronomia não fica atrás: de tão diversificada, consegue gerar desdobramentos por outras regiões do estado.

A costa brasileira, banhada pelo Oceano Atlântico, é composta de praias encantadoras. O estado do Rio de Janeiro, em sua extensão, apresenta seu litoral formado pelas baías de Guanabara e de Sepetiba, além do próprio Oceano Atlântico. Do litoral sul, seguindo para o estado de São Paulo, está a região da Costa Verde, na qual a Mata Atlântica se faz presente com toda a sua exuberância. Nessa área, destaca-se a cidade de Paraty, com restaurantes que têm por base uma culinária internacional e ao mesmo tempo utilizam ingredientes locais, como a banana-da-terra, frutos do mar e pescados da Baía da Ilha Grande. Na Região dos Lagos, é possível destacar a cultura da pesca artesanal, muito presente nos municípios da região. A culinária ali predominante tem pratos típicos com referência à cozinha lusitana, mas também tem pratos de pescado, como a caldeirada de frutos do mar e o camarão na moranga.

A fartura do pescado possibilitou que região consolidasse sua vocação para pratos com siri, lagosta, garoupa, robalo e, principalmente, camarão entre os ingredientes. Para o turismo internacional, as cidades de Cabo Frio, Macaé e Rio das Ostras, que tiveram um crescimento bastante representativo ao longo dos anos, são destinos sempre muito procurados. E a principal rota consolidada para o visitante estrangeiro fica situada em uma península oceânica, que conquistou em definitivo seus visitantes: a Armação dos Búzios, com reconhecimento e prestígio no mapa turístico brasileiro. Destacam-se, ainda, outros municípios como Angra dos Reis, Niterói, Arraial do Cabo, São Pedro da Aldeia, apenas para citar alguns que contam com abundância de recursos naturais, paisagem deslumbrante e cultivam a atividade pesqueira local. Com isso, são regiões consideradas importantes roteiros turísticos, que têm como uma de suas atrações a culinária regional de pescado com iguarias do mar.

Torna-se de grande importância a construção de uma identidade local, contextualizada em uma referência regional, com base em uma gastronomia que aproveita os recursos naturais existentes em seu território, sobretudo, os provenientes dos mares. A legitimidade desse processo se dá desde o início da cadeia produtiva do pescado, quando o pescador exerce seu ofício para sua sobrevivência, passa pelos distribuidores do pequeno comércio local e culmina no momento de o prato ser servido à mesa para degustação. Um rito que expressa valores afetivos e elementos de contínua socialização.

O desenvolvimento regional passa também pelo contexto político, social e econômico, que norteia os avanços daquela localidade. Isso envolve a retirada de recursos pesqueiros do ambiente natural, no âmbito do sustento familiar e seu possível desdobramento para a sustentabilidade local.

Em especial por oferecer um balneário vocacionado para a praia e o entretenimento, o estado do Rio de Janeiro será sempre considerado um importante destino turístico nacional e internacional. E a gastronomia de pescado ocupa uma posição de reconhecimento absoluto nesse processo. Assim, aprendizagem técnica, saberes populares e trajetórias variadas fazem a construção dessa história.

Busca-se, portanto, identificar e refletir sobre a gastronomia do mar, o foco do consumo de pescado como alimentação saudável e de alto valor nutritivo, com iguarias benéficas para a saúde e qualidade de vida. Nesse sentido, a culinária de pescado regional tem como finalidade despertar, ainda mais, o espírito gastronômico no território e (res)significar a região como importante polo gastronômico, uma região dedicada aos apreciadores e amantes da boa mesa. Nesse caminho, será viável o desenvolvimento da qualificação profissional para atender a geração de emprego e renda na população local e estimular o turismo regional, oferecendo diversas oportunidades para sua diversão e experiências concretas na vida urbana contemporânea.

Mais que difundir um discurso sobre a culinária dos mares e oceanos, é importante que sua materialidade, em sua riqueza, seja exposta, seja percebida e sentida ao longo das práticas, vivências e atividades. A proposta deverá sempre remeter e transformar a cidade em uma via que movimente o turismo e dê opções ao morador local, contribuindo para o desenvolvimento territorial sustentável. O incremento da cadeia produtiva de pescado permite um ambiente de atividade econômica dos mares e provoca a aqui chamada "gastronomia do mar", no âmbito local, nas regiões que têm o privilégio para a exploração do pescado e expressa o reconhecimento daquele território como um polo para concentração e geração de produto da diversidade da vida social, cultural e pessoal. Isso significa dizer que a cidade deve ser pensada, tratada e vivida como um bem público comum, com um espaço gastronômico de lazer e entretenimento de qualidade. Mudar e valorizar o território é agir em seu cotidiano. É romper com a banalização do consumo como paradigma de civilidade.

Por isso, a gastronomia do mar não pode ser compreendida apenas pelo ato de se alimentar mas também por possibilitar um espaço de atividade para a expressão da pluralidade de vivências culturais, afetivas e existenciais, que efetivem mudanças nas práticas sociais de apropriação e uso da cidade. A gastronomia, por si só, integra o morador da cidade, o turista, a sociedade e o conjunto da cidade e os bairros próximos. Constituir-se como acontecimento do espaço e não exclusivamente como evento no tempo. A gastronomia do mar deve contribuir com o desenvolvimento regional e, em sua essência, ter a pretensão de ser uma realização para legados culturais. Na qualidade de constructos simbólicos e materiais, os legados culturais se revelam como investimentos duradouros para práticas inovadoras de sociabilidade. É um patrimônio público para a cidade e a sociedade como um todo. Esse processo será decisivo para mobilizar investimentos e empreendimentos para um projeto a longo prazo, em cidades que busquem se consolidar como um grande potencial econômico no estado do Rio de Janeiro. E, dessa forma, também contribuir para a inflexão das condições socioeconômicas atuais no município.

18 O espetacular carnaval brasileiro como fomento à economia azul: a literacia oceânica

Renato Dias Regazzi

O desfile, em 2023, do grupo especial das escolas de samba de São Paulo ficará marcado pela extraordinária ideia e criatividade em homenagear a cidade fluminense de Paraty, que é tombada como patrimônio histórico, cultural e gastronômico mundial. A escola de samba Acadêmicos do Tatuapé, com seu enredo, sua música e suas fantasias, mostrou em seu desfile todo o potencial de Paraty com relação à economia azul. Essa iniciativa é um exemplo do potencial criativo para formar a cultura marítima ou oceânica na população e prospectar as atividades econômicas de uma localidade, fomentando a história, o turismo, a pesca, a aquicultura, o comércio, a gastronomia e a cultura singular de uma região.

A escola de samba Acadêmicos do Tatuapé fez um desfile histórico e ficou entre as quatro vencedoras do grupo especial, com um samba-enredo cativante que contava as histórias e riquezas de Paraty, como destaque para a diversidade, a sustentabilidade, a biodiversidade, as riquezas naturais de seus mares e suas montanhas, enfatizando a preservação do oceano e da Mata Atlântica, portadora de riquezas de uma beleza singular.

Por meio de fantasias confeccionadas pela comunidade da Acadêmicos de Tatuapé, com emprego da reciclagem e do reaproveitamento, a escola de samba deu aula de economia azul, apresentando em suas alas e seus carros alegóricos os detalhes da cultura local (caiçara), ressaltando o cuidado com o meio ambiente, história e riquezas locais, em uma apresentação que marcou e marcará todos que tiverem a oportunidade de assistir a esse fenomenal espetáculo desenvolvido por seus presidentes, intérpretes, carnavalescos, diretores de carnaval e pelas comunidades de Tatuapé e Paraty. O título do samba-enredo apresentado foi: "Tatuapé canta Paraty! Do caminho do ouro a economia azul.

Patrimônio mundial, cultura e biodiversidade. Paraty cidade criativa da gastronomia".

Essa ideia nasceu de lideranças transformadoras empreendedoras que perceberam a oportunidade de contar a história de uma localidade por meio do fomento à economia azul, à convergência setorial e à cultura local, valorizando o mar e a sustentabilidade para o desenvolvimento educacional, cultural, social e econômico de uma localidade, por meio das potencialidades geradas pelos recursos marítimos de maneira sustentável e convergente, uma verdadeira "literacia do oceano".

Além do destaque ao excelente trabalho das lideranças da escola de samba, também é fundamental destacar a liderança do gestor público de Paraty e de sua equipe, ressaltando o papel do prefeito de Paraty, Luciano Vidal, que, ao participar da missão técnica organizada pela Federação do Comércio de Bens, Serviços e Turismo do Estado do Rio de Janeiro (Fecomércio), pelo Serviço Brasileiro de Apoio às Micro e Pequenas Empresas (Sebrae) e pela Beta-i, em Portugal, no evento *Global Innovation Summit* 2022, percebeu a importância do fomento a economia azul para o desenvolvimento econômico, social e ambiental de Paraty. Dessa maneira, essa admirável e singular iniciativa foi possível. Cabe ressaltar que a economia azul é uma nova abordagem econômica que utiliza o oceano como recurso ou meio, de modo sustentável, desenvolvendo toda a potencialidade de um território marítimo em setores como turismo, pesca, aquicultura, náutico, comércio e logística, energia, naval, dentre outros, tudo isso de forma integrada e convergente, visando à geração de emprego e renda locais, contribuindo para o desenvolvimento econômico e social de um território.

O resultado dessa iniciativa de informação, educação e fomento à economia azul de uma localidade, como a cidade de Paraty, por meio do samba-enredo e do desfile de uma escola de samba no maior evento do carnaval do estado mais rico do país, é um marketing territorial excepcional e sem precedentes. Além de contribuir para o desenvolvimento da economia azul no Brasil, dada a modo genial, simples e singular de descrever essa economia, essa ação promove também o desenvolvimento e o desejo de conhecer Paraty e suas riquezas, causando impacto positivo no turismo, na geração de empregos e nos negócios locais, com destaque para as micro e pequenas empresas do setor de turismo, pesca, gastronomia, comercio local, setor náutico e sustentabilidade.

A cidade de Paraty passa, por conseguinte, a se posicionar ainda mais nos cenários nacional e internacional. Isso é evidenciado mais ainda e principalmente agora que é exemplo da economia azul, constituindo um modelo admirável a ser seguido por localidades que tenham o mar como recurso ou meio e que desejem gerar desenvolvimento econômico, social e ambiental, com a utilização de negócios, inovações e empregos em setores que possam ser impactados pelas riquezas do oceano, de maneira sustentável.

O que o carnaval brasileiro promoveu, com a parceria de Paraty com a escola de samba Acadêmicos de Tatuapé, foi um feito extraordinário, desenvolvendo um meio novo e singular de promover a "literacia do oceano", na década do oceano definida pela ONU. Isso foi uma excepcional inovação ao fomento a economia azul e sua literacia.[1]

Por fim, o desfile de carnaval na cidade de São Paulo, promovido pela prefeitura de Paraty e pela escola de samba Acadêmicos de Tatuapé, sobre o tema da "economia azul", conseguiram realizar com grande sucesso, um feito extraordinário para a literacia oceânica global.

Se, como apresentado no *Capítulo 2: Literacia do oceano*, o tema da "Escola Azul" é estratégico para o desenvolvimento da literacia oceânica e fomento à economia azul, e fez de Portugal um case de sucesso internacional, agora o carnaval brasileiro, com suas escolas de samba, assistido por milhões de pessoas em todo o mundo, também pode fazer parte desse esforço de fomento à cultura e ao desenvolvimento econômico e social, por meio da divulgação de informações e conhecimentos sobre os recursos e territórios marítimos, de maneira sustentável. Fica lançada, então, a "Escola de Samba Azul".

Parabéns a Paraty e à escola de samba Acadêmicos de Tatuapé, pela contribuição e pelo feito em prol do fomento à economia azul![2]

[1] No *Capítulo 2: Literacia do oceano, é possível ver* a definição e as implicações do termo "literacia" no desenvolvimento sustentável.

[2] Para assistir ao desfile, acesse: <https://www.youtube.com/watch?v=_XntSq4chdc&authuser=0>. Para conhecer a letra completa do samba-enredo, acesse: <https://www.youtube.com/watch?v=X5Psjx7M1kg&t=20s>, compositores: Fabiano Tennor/Henrique Silva/Kuka Monteiro/Magoo, e intérprete: Celsinho Mody.

PARTE 3

DINAMIZAÇÃO DA ECONOMIA AZUL PORTUGAL

19 Da economia do mar para a economia azul: da EXPO'98 à Conferência dos Oceanos das Nações Unidas

António Gonçalves

Poucas vezes um povo partindo de tão pouco alcançou o direito tão claro a ser tido por grande.

– Eduardo Lourenço

Na intenção de seguir o trabalho desenvolvido por Portugal em mais de duas décadas, o Brasil encontra hoje neste país-irmão um parceiro que é referência na economia do mar e na economia azul, com a vantagem de se comunicar no mesmo idioma. Por conseguinte, têm-se multiplicado as visitas das autoridades brasileiras a Portugal, nomeadamente do estado do Rio de Janeiro, com o propósito de identificar as políticas e os instrumentos que melhor se adaptam a sua realidade, visando dinamizar sua economia azul.

Portugal é um país que nos primórdios deveu ao mar sua existência e de permeio ficou a dever-lhe a expansão e a independência. Não é certamente por acaso que os oito países lusófonos são todos costeiros, e cinco deles são ilhas ou têm uma forte componente arquipelágica. Atualmente, é pelo mar que Portugal exerce boa parte de sua influência internacional. Em conjunto, os aspectos referidos conferiram credibilidade ao lema *Portugal é Mar* adotado pela Estrutura de Missão para a Extensão da Plataforma Continental (EMEPC), processo iniciado há 25 anos e ainda não formalmente concluído.

Reconhecido como verdadeiro desígnio nacional e fator de identidade, no último quarto de século Portugal percorreu, de modo persistente e consistente, um caminho com o objetivo de valorizar o mar e sua posição geoestratégica, sendo internacionalmente reconhecido como referência em áreas como o conhecimento e a sustentabilidade.

Ao perceber que, para colher, é necessário plantar e perseverar, em 1997, Portugal aprovava a Convenção das Nações Unidas sobre o Direito do Mar (CNUDM), prosseguindo, daí em diante, uma estratégia para valorizar o mar, desde cedo identificado como recurso nacional primário. O Brasil ratificou a CNUDM em 1988.

A EXPO'98 - Os Oceanos: um Patrimônio para o Futuro - constituiu o ponto de partida para afirmação da estratégia de longo prazo, que, um quarto de século mais tarde, teria como corolário a realização da Conferência dos Oceanos das Nações Unidas no mesmo local em Lisboa; eventos em que o Brasil também esteve representado. Decorrente da proposta portuguesa aprovada por unanimidade pela Comissão Oceanográfica Intergovernamental (COI), da Organização das Nações Unidas para a Educação, a Ciência e a Cultura (Unesco), em 1998, também se realizou em Lisboa a Conferência Internacional sobre os Oceanos, sendo criada a Comissão Mundial Independente sobre os Oceanos (Cmio), presidida pelo então presidente da república portuguesa, doutor Mário Soares, a convite da Organização das Nações Unidas (ONU). O relatório da CMIO, *O Oceano, o Nosso Futuro*, reuniu pela primeira vez todas as questões sobre os oceanos, traçando uma análise exaustiva dos aspectos ambientais, econômicos e sociais, sob o ponto de vista do desenvolvimento sustentável. Coroando os esforços da diplomacia portuguesa, a Unesco elegeria 1998 como o Ano Internacional dos Oceanos.

A EXPO'98 foi um instrumento crucial para sensibilizar o público para os aspectos prementes dos oceanos e elucidar sobre as questões identificadas nos estudos científicos. Visou à mudança de comportamentos, reaproximar os portugueses do mar, promover a literacia oceânica, dotar Lisboa de um oceanário de referência mundial, permitir a extensão da cidade para leste e deixar como legado diversas infraestruturas, a par da descontaminação dos solos e do Rio Tejo na região intervencionada, em uma extensão de 5 quilômetros.

Em 2003, foi criada a Comissão Estratégica dos Oceanos, cujo trabalho seria coroado pelo relatório *Um desígnio nacional para o século XXI*, que norteou a primeira Estratégia Nacional para o Mar 2006-2016; atualizada, em 2013, para 2013-2020, e, em 2021, para 2021-2030, a última com o respectivo plano de ação. Em face da transversalidade de competências, era instituída, em 2003, a Comissão Interministerial para os Assuntos do Mar, e promulgada a primeira legislação alusiva, como as Orientações Estratégicas para o Sector Marítimo-Portuário (2006), o Plano Estratégico Nacional para a Pesca 2007-2013 e o Plano de Ação para o Litoral 2007-2013.

Concluídos os trabalhos preparatórios que se desenrolaram ao longo de oito anos sob a liderança do Instituto Hidrográfico, da Marinha, criada, em 2005, a EMEPC. A CNUDM previa que os estados costeiros tivessem 200 milhas de plataforma continental a contar da sua linha de costa, que poderia ser alargada até as 350 milhas desde que conhecidas as características geológicas e hidrográficas do fundo submarino. No sentido de fundamentar a pretensão portuguesa, foi feita uma aposta forte no conhecimento e para o efeito adquiridos dois navios hidrográficos para a marinha (NRP "D. Carlos I" e NRP "Gago Coutinho"), que devidamente equipados efetuaram mais de 1.100 dias de exploração. A proposta portuguesa foi formalmente apresentada nas Nações Unidas em 2009 e prossegue seus trâmites, tendo em 2017 sido entregue uma adenda. Quando esta for aprovada, Portugal passará a ter 3% de território terrestre e 97% de território marítimo com 3,6 milhões de quilômetros quadrados.

Em 2006, a União Europeia sediou, em Lisboa, a Agência Europeia de Segurança Marítima (Emsa), responsável pela assistência técnica e operacional no domínio da segurança marítima e da poluição. O selo Comprovativo de Compra em Lota (CCL) foi criado pela Docapesca em 2008, com o objetivo de valorizar qualitativa e quantitativamente o pescado transacionado nas lotas do continente português, contribuindo para sua sustentabilidade e rentabilidade por meio da identificação e diferenciação junto do consumidor.

O estudo *Hypercluster da economia do mar*, da Sociedade de Avaliação Estratégica e Risco Lda. (SaeR), foi publicado em 2010, instrumento que visava duplicar o produto diretamente resultante da economia do mar, dos 4% a 5% para 10% a 12% do produto interno bruto (PIB). Nesse pressuposto, no mesmo ano era criada a Associação Fórum Empresarial da Economia do Mar (Afeam).

Em 2013, era criada a conta satélite do mar (CSM), instrumento pioneiro no mundo. Elogiada pela Organização para a Cooperação e Desenvolvimento Econômico (OCDE) e pela Comissão Europeia, seria adotada por diversos países. Tem como principal objetivo medir a relevância da economia do mar; apoiar a decisão em matéria de coordenação de políticas públicas para o mar; e monitorizar a Estratégia Nacional para o Mar (ENM), na componente econômica. Neste ano, a Unesco definiu a dieta mediterrânea em Portugal como patrimônio cultural imaterial da humanidade, reconhecendo a presença deste modelo cultural, histórico e de saúde.

Promulgada em 2014, a lei de bases de ordenamento e gestão do espaço marítimo foi igualmente pioneira em todo o mundo. Elenca os princípios orientadores da economia azul, inviabilizando para a partida as atividades que obstêm ao bom estado do meio marinho e das zonas costeiras.

Portugal organizou a Semana Azul (*Blue Week*) em 2015 fundamentada em três vertentes: o pilar político, que reuniu os ministros de todo o mundo responsáveis pelo mar; o pilar empresarial, que foi constituído pelo *Blue* Business *Forum*; e o pilar de reflexão estratégica, que consistiu na terceira edição do World Ocean Summit, organizado pela revista *The Economist*. Foi também criado o Fórum Oceano – Cluster do Mar Português –, para promover o desenvolvimento da economia do mar, resultante da fusão da Oceano XXI – Associação para o Conhecimento e Economia do Mar (2009) – com a Afeam (2010). Nesse ano, as Nações Unidas aprovaram a Agenda 2030 para o Desenvolvimento Sustentável, que definiu os 17 objetivos de desenvolvimento sustentável (ODSs) para os domínios social, econômico e ambiental (SEA), com o intuito de promover paz, justiça e instituições eficazes, que foram incorporados na legislação portuguesa.

Portugal criou o Fundo Azul em 2016, um mecanismo de incentivo financeiro destinado a: potencializar o desenvolvimento da economia do mar; apoiar a investigação científica e tecnológica; incentivar a proteção e monitorização do meio marinho; e incrementar a segurança marítima.

Em 2017, seria criado o Plano de Ação Litoral, instrumento plurianual para atuação na gestão integrada da zona costeira de Portugal Continental. No mesmo ano, realizava-se em Nova York a primeira Conferência Mundial dos Oceanos das Nações Unidas. Presidida pela Suécia e por Fiji, a Conferência foi dedicada à implementação do 14º objetivo de desenvolvimento sustentável, com foco na conservação e no uso sustentável dos oceanos, mares e recursos marítimos.

Portugal integrou o Painel de Alto Nível para uma Economia Sustentável do Oceano criado em 2018, iniciativa de 14 chefes de estado e de governo empenhados em encontrar soluções pragmáticas para a saúde e riqueza dos oceanos, em linha com os ODSs das Nações Unidas. Sua Gestão Integrada do Oceano (2020) contém linhas de ação para reforçar a governação global dos oceanos, com o objetivo de encontrar o equilíbrio entre a produção e a proteção. Conta hoje com 16 países, e o Chile é o único representante da América do Sul.

Em 2019, era publicado o estudo *Economia do mar em Portugal* da Ernst & Young, que sistematizou uma visão atualizada sobre as principais fileiras da economia do mar nacional e seu posicionamento no contexto europeu.

O LEME – Barómetro PwC da Economia do Mar – cumpriu em 2020 uma década de publicação de índices sobre Portugal. É um projeto de longo prazo de compilação de dados para acompanhar a evolução da economia do mar, possibilitando a análise das tendências e o impacto das escolhas efetuadas pelos agentes econômicos. O LEME com os índices sobre o Brasil vai na quinta edição. No respectivo ano, era também criado o programa operacional MAR 2020, que operacionalizou em Portugal o Fundo Europeu dos Assuntos Marítimos, das Pescas e da Aquicultura (Feampa), disponibilizando apoios financeiros para facilitar e potenciar um melhor aproveitamento das potencialidades do mar. Tem como principal objetivo implementar a política comum das pescas, fomentar o desenvolvimento sustentável das zonas costeiras e promover a execução da Política Marítima Integrada (PMI).

Sob a proposta da COI/Unesco, as Nações Unidas aprovaram em 2021 a criação da "Década da Ciência Oceânica para o Desenvolvimento Sustentável (2021-2030)", ou década dos oceanos.

A segunda Conferência Mundial dos Oceanos das Nações Unidas realizou-se em Lisboa, em 2022. Presidida por Portugal e pelo Quênia, aprovou resoluções para proteger 30% dos oceanos até 2030; aprovar o tratado para proteção do alto-mar; discutir o fim dos subsídios à pesca lesiva para a biodiversidade; combater a poluição dos oceanos; e desenvolver a economia do mar de forma sustentável. Nessa ocasião, esteve em Lisboa a missão técnica do estado do Rio de Janeiro.

Em resultado do trabalho desenvolvido ao longo de duas décadas pelos diferentes governos, em estreita parceria com os diversos atores públicos e do setor privado, o World Travel Awards considerou Portugal o melhor destino da Europa em quatro anos consecutivos, elegendo igualmente Lisboa como o melhor porto da Europa no mesmo período (2017-2020). Como reflexo das políticas de sustentabilidade que vêm sendo adotadas, recentemente ocorreu o nascimento de um golfinho em pleno Rio Tejo, em Lisboa.

Por conseguinte, os princípios orientadores da atual Estratégia Nacional para o Mar 2021-2030 estão alinhados com a Agenda 2030 para o Desenvolvimento Sustentável das Nações Unidas e com as principais linhas de ação política da União Europeia, como o Pacto Ecológico Europeu, a Política Marítima Integrada (PMI), a Política Comum de Pescas (PCP), a Estratégia de Biodiversidade 2030, a Estratégia "do Prado ao Prato" e a Missão Estrela-do-Mar.

Esta síntese cronológica comentada, com os principais marcos e seu contributo para afirmação da economia do mar e transição para a economia azul em Portugal ao longo dos últimos 25 anos, constitui um roteiro estratégico que, com as devidas adaptações, poderá ser implementado no Brasil de acordo com a realidade de cada região. Nessa fase, apenas conseguimos antecipar mar agitado e muito trabalho pela proa, que será recompensado na justa medida em que for sendo materializado pelos diferentes atores, públicos e privados, envolvidos em cada fase do processo. Para este projeto verdadeiramente estratégico, o Brasil já tem seu lema: *Amazônia Azul.*

20 Economia azul, inovação e competitividade em regiões costeiras: projeto Inovsea

Álvaro Sardinha

Neste século, o oceano vai ser a força econômica que ofertará vastas oportunidades de emprego, inovação e investimento. Haja vista que o século XXI já é conhecido como o "século azul", dado o potencial de crescimento da economia do mar e as vantagens competitivas que pode oferecer.

São identificadas oportunidades nos setores tradicionais já estabelecidos, incluindo a pesca, a aquicultura e as indústrias de processamento; o transporte marítimo de carga e de passageiros; as instalações portuárias e a logística; as infraestruturas e obras marítimas; a construção naval e reparação; o fabrico de estruturas marítimas; o turismo de cruzeiros, o turismo costeiro, a náutica de recreio, o desporto e a cultura; e o ensino, a formação e a investigação científica.

São também vastas as oportunidades nos setores emergentes, incluindo as energias renováveis do oceano (eólica, de ondas e marés); a biotecnologia marinha (biocombustíveis, recursos genéticos, farmacêuticos); a mineração em águas profundas; a defesa das áreas marítimas, a segurança de pessoas e de bens, e a vigilância marítima, entre outras.

Em paralelo, porém, com as oportunidades, há também muitas ameaças. Sublinham-se, neste caso, a sobrepesca e a perda de biodiversidade, expressa pela redução de espécies e destruição de hábitats; o deficiente ordenamento das zonas costeiras; a poluição por plástico e outros contaminantes; e o impacto das alterações climáticas.

É tempo da "nova" economia azul, a qual adiciona sustentabilidade à "velha" economia do mar. A economia azul junta o mar e seus atuais e futuros usos, as regiões, a indústria e as pessoas, alinhando interesses e conciliando expectativas, contribuindo para o desenvolvimento sustentável das comunidades. O futuro passa, inquestionavelmente, por perceber e aproveitar o mar - com sabedoria, respeito e proveito. Conhecer, cuidar e utilizar o oceano de maneira inteligente são os pilares da relação que importa desenvolver.

Desenvolver a economia azul: pilares do plano de ação

Um plano de ação promove uma mudança, com o objetivo de alcançar resultados quantitativos e tangíveis (*outputs*); e qualitativos, nomeadamente na alteração de comportamentos (*outcomes*). Como se apresenta, um plano de ação pode, porém, ser considerado uma mera afirmação escrita, uma vontade ou declaração de intenções. Para que se revele um sucesso na prática, ou seja, para que promova o alcance dos objetivos estabelecidos, necessita de servir, de ajudar, inspirar, motivar e captar a energia (*drive*) dos verdadeiros agentes da mudança - as pessoas.

1. **Pessoas:** ao nos referirmos a pessoas, são todas as pessoas. Sem exceção. Temos apenas um planeta, um oceano, uma humanidade, pelos quais nossas ações e seus impactos estão interligados. Apenas um oceano - um futuro comum. Sob essa perspectiva, o desenvolvimento da economia azul precisa das ideias, do talento e da motivação de todos, jovens e menos jovens, estudantes, empreendedores, gestores, empregados, colaboradores, governação, entre outros. De fato, em uma era de relativa abundância de capital e de escassez de ideias, de automatização e de robotização, são as pessoas que fazem a diferença.
2. **Pragmatismo:** um bom plano de ação deve ser pragmático, criando as condições para que tudo ocorra efetivamente. A ação não deve ficar no papel, devendo inspirar as pessoas a agirem, por sua livre vontade e em seu próprio interesse.
3. **Comunicação estratégica:** o que não se comunica não existe. O plano de ação desenvolvido deve ser comunicado aos respectivos públicos-alvo, na perspectiva de envolver todos seus atores, nas fases de concepção e de implementação. O plano de ação deve ser entendido como pertença e responsabilidade de todos e não apenas de alguns. A comunicação estratégica deve ter uma visão e uma missão, uma identidade inspiradora e mobilizadora que, além de comunicação, estabeleça a conexão *drive*-ação.
4. **Identidade:** um plano de ação é uma obra viva e, tal como as pessoas e as organizações, tem uma identidade que se afirma em sua visão ("seu porquê") e em sua missão ("seu como").

A visão do plano de ação deve ser clara e mobilizadora: um oceano saudável e próspero. Esse é o denominador comum a todas as ações, a garantia de que a sustentabilidade está presente em cada medida ou projeto e que ninguém é excluído. De fato, assegurar a sustentabilidade do planeta e da humanidade é responsabilidade de todos. Sem esquecer que, cada ação preconizada, deve contribuir para a sustentabilidade ambiental, econômica e social.

A missão do plano de ação define como se pretende seguir na direção da visão estabelecida e deve também ser clara e mobilizadora: aproximar pessoas e oceano, promovendo o porquê, com propósito, paixão, motivação e inspiração.

Por fim, o plano de ação define o quê, o conjunto de iniciativas associadas e sua implementação, os responsáveis e os prazos, o agir, o fazer acontecer, o medir e o avaliar. O compasso do percurso estabelecido não precisa ser acelerado, mas a implementação deve ser efetiva.

Caso de estudo: projeto Inovsea

O projeto Inovsea nasceu em 2021, com o objetivo e a ambição de promover a inovação e a competitividade da economia azul, nas regiões costeiras do Alto Minho e do Baixo Mondego (em Portugal), visando à valorização sustentável do potencial econômico dos recursos do mar de ambas as regiões. Trata-se de um projeto apoiado no âmbito do Sistema de Apoio às Ações Coletivas (Siac) do Programa Operacional Competitividade e Internacionalização (Compete 2020) e desenvolvido em copromoção pela Associação Empresarial de Viana do Castelo (AEVC) e pela Associação Comercial e Industrial da Figueira da Foz (Aciff).

O projeto Inovsea tem como foco cinco fileiras da economia azul nas duas regiões, nomeadamente: **(1)** pesca, aquicultura, transformação e comercialização de seus produtos; **(2)** construção, manutenção e reparação naval; **(3)** portos, transporte e logística; **(4)** recreio, desporto e turismo; e **(5)** novos usos e recursos do mar. O projeto tem como objetivos estratégicos dinamizar o respectivo tecido empresarial; aumentar a geração de valor acrescentado e o emprego qualificado; incrementar a capacidade de inovação; promover o desenvolvimento de atividades emergentes; e apoiar a internacionalização e captação de investimento.

A inovação, o conhecimento e as redes de cooperação são as peças centrais do projeto Inovsea. Nesse contexto, é potencializada a interligação das empresas a centros de conhecimento e de ciência, por meio da definição de um ecossistema de inovação que apoie e agilize o crescimento da economia do mar. Esse ecossistema de inovação é constituído por um segmento científico que inclui entidades de ensino, universidades e instituições de investigação; e por um segmento institucional que inclui associações, clusters, fundações, municípios e entidades públicas. É, ainda, promovida a aproximação a entidades com recursos e competências específicas, nomeadamente incubadoras, centros tecnológicos, redes de empresas e de internacionalização, fontes de capital e hábitats de captação de talento. O networking no seio do ecossistema de inovação foi dinamizado pela realização de quatro jornadas de inovação e transferência de conhecimento nos temas: inovar, cooperar, competir e exportar. Complementarmente, foi desenvolvido um ciclo de webinars de capacitação em novas áreas do conhecimento, críticas para a competitividade das pequenas e médias empresas (PMEs), tais como a transformação digital; a sustentabilidade e economia circular; a internacionalização; e a literacia financeira.

Estratégia e plano de ação Inovsea

O projeto Inovsea preconiza, entre outras atividades, a definição de uma estratégia para as regiões costeiras, a qual inclui um plano de ação para a economia azul, para apoiar o posicionamento estratégico de cada uma das fileiras e para antecipar oportunidades de negócio e de cooperação.

O plano de ação tem como pano de fundo a análise ao conjunto de iniciativas relevantes, em desenvolvimento no âmbito da economia azul, estando alinhado com a Estratégia Nacional para o Mar 2021-2030 (Portugal) e iniciativas internacionais, nomeadamente das Nações Unidas e da União Europeia.

O plano de ação Inovsea inclui uma análise prospetiva transversal, um banco de conhecimento fundamental comum a todas as fileiras da economia do mar preconizadas. Este conhecimento constitui o sistema operativo azul, a plataforma e linguagem que todos os atores deverão ter em conta, para que possam visionar e maximizar os objetivos de cada medida de ação apresentada.

Evolui em seguida para uma análise prospetiva especializada, de cada uma das cinco fileiras da economia azul, quanto à sua relevância e dinâmica recente, de seu posicionamento no contexto nacional e europeu, das prioridades de políticas que se lhes aplicam e de seus desafios e perspectivas para o futuro. O plano de ação Inovsea apresenta ainda 16 medidas de ação concretas, transversais e estruturantes. Essas medidas desenvolvem-se posteriormente em medidas específicas para cada uma das fileiras preconizadas, abrindo caminho para o desenho de projetos e programas de implementação.

Algumas medidas têm objetivos de criação de resultados a curto e médio prazos, exigindo menor investimento e tempo de preparação, com foco em iniciativas geradoras de valor e de emprego. Outras medidas têm objetivos estruturais, fomentando a criação de resultados sustentáveis a médio e longo prazos, com foco no investimento em pessoas e talento, os verdadeiros motores das iniciativas de inovação e o suporte da vitalidade das empresas e da economia.

Conclusão

O projeto Inovsea tem potencial para implementação regional, nacional e também internacionalmente. As medidas de ação preconizadas no respectivo plano são independentes entre si e podem ser aplicadas de acordo com as características de cada território.

Por fim, o plano de ação Inovsea é, assim, um documento orientador e com visão de futuro para as regiões costeiras em Portugal, mas com elevado potencial de implementação em outras regiões ou países, nomeadamente o Brasil.

21 Comunicação azul: um plano estratégico para comunicar a economia do mar

Valéria Aguiar

Conheça todas as teorias, domine todas as técnicas, mas, ao tocar uma alma humana, seja apenas outra alma humana.

– Carl Jung

Extra, extra! Nasceu um golfinho no Tejo. Um leitor desavisado, ao ver essa manchete, poderia se perguntar: mas o que eu tenho a ver com isso? Talvez esse seja o mesmo rompante de quando eu me indagava, quando adolescente: "Por que preciso aprender sobre a reprodução das esponjas do mar?", por exemplo. Se, por mais óbvio que pareça, ficasse claro que o nascimento de um golfinho onde o Rio Tejo deságua no Oceano Atlântico não se trata apenas de um momento "fofo", mas de um sinal de esperança para o país, talvez o tema ganhasse outra relevância.

Em uma rápida pesquisa na internet para escrever este texto, busquei pela notícia do nascimento do golfinho e não encontrei nenhuma reportagem mostrando que esse pode ser um indício da recuperação do Rio Tejo, de esperança para população, pescadores, aquicultores e demais profissionais e atividades que vivem direta ou indiretamente do mar. O aparecimento de grupos de golfinhos no Tejo tem se intensificado por meio de trabalhos de recuperação do rio português, há 25 anos, para a Exposição Mundial de 1998, em Lisboa, que teve por tema "Os oceanos: um patrimônio para o futuro".

Não foi somente um golfinho que nasceu. Rio limpo é rio vivo; é garantia de rendimento para pescadores e alimento saudável para o povo; é sinônimo de economia e de futuro. Isso precisa ser comunicado de forma clara. Se tem algo que aprendi em meus mais de 35 anos como profissional é que, na comunicação, se for importante, mesmo que pareça óbvio, precisa ser dito.

Os termos "economia do mar" e "economia azul" não estão "na boca do povo", ainda são desconhecidos da maioria e não caíram nas "graças" da mídia. É preciso falar sobre o tema cada vez mais! É uma questão urgente, pois o futuro da humanidade depende disso!

Hoje, questões relacionadas com a economia verde estão na pauta das discussões nos ambientes político, empresarial e acadêmico, além das notícias na mídia tradicional ou digital. Há pouco tempo, não era bem assim. Temas comuns, atualmente, em conversas de amigos, redes sociais e noticiários, como aquecimento global, poluição dos rios e mares, desertificação, escassez de água, degradação ambiental e comprometimento do futuro do planeta eram vistos como um exagero de "profetas chatos do apocalipse".

Foi somente a partir da Eco-92 - a Conferência das Nações Unidas sobre Meio Ambiente e Desenvolvimento (Cnumad), realizada, em junho de 1992, no Rio de Janeiro - que a agenda ambiental veio a ganhar visibilidade midiática e os ambientalistas e defensores do tema deixaram de ser vistos como "ecochatos", para ocupar lugar de respeito na mídia e nas conversas de bares. Apesar de criticada por poucos resultados práticos, se há algo que a Eco-92 (também conhecida como "Rio-92") deixou para ficar foram conscientização, sensibilização e informação sobre o tema.

Nos dias atuais, fala-se muito em economia verde. No entanto, quase nada, em economia azul, que é a economia do mar sustentável. A mobilização necessária para o desenvolvimento da economia azul tem apenas um caminho: comunicação. E, para que se estabeleça, são necessários recursos humanos, materiais, tecnológicos e financeiros. No planejamento do modelo de execução da economia do mar, não se pode deixar de fora um plano estratégico de comunicação.

Plano bom é plano feito

"Se você não sabe para onde ir, qualquer caminho serve".[1] Não basta comunicar, tem que comunicar bem e com estratégia. O plano de comunicação funciona como uma espécie de GPS, para garantir que destino seja alcançado com segurança e rapidez. O primeiro passo é estabelecer com clareza e objetividade as metas a serem alcançadas.

Aqui poderiam ser inseridos alvos como: promover a sustentabilidade da exploração dos recursos do mar; o crescimento da importância da economia do mar para a economia nacional; o estado como referência nacional na área; a competitividade das cadeias de valor que utilizam os recursos marítimos em

[1] De Lewis Carrol, em *Alice no País das Maravilhas*.

suas atividades; o aumento do valor acrescentado e do volume de negócios dos setores consolidados da economia do mar; o desenvolvimento das atividades emergentes; a cooperação entre os atores; a geração de emprego e renda; a qualificação e capacitação profissionais, a facilitação para exportações e o acesso a investimentos; a aproximação com os mercados internacionais; e a conscientização da sociedade em geral para a proteção dos oceanos e o apoio à atividade.

Em seguida, deve-se mapear o público-alvo. Para o público interno, a comunicação é direcionada aos atores diretamente envolvidos no modelo, com o objetivo de dar convergência, fluidez das ações, sinergia nas tarefas, facilitação do trabalho, informação, formação e capacitação. São os atores dos setores público, privado e das diversas organizações envolvidas no desenvolvimento da economia do mar.

A comunicação para o público externo, por sua vez, será voltada aos diversos interessados, para melhorar a imagem da marca, promover o relacionamento com os diferentes stakeholders, sejam eles investidores, parceiros nacionais e internacionais, empresários, trabalhadores, fornecedores, consumidores ou o público em geral. Por fim, identificar a sequência de tarefas e ações a serem realizadas, assim como definir os meios e os recursos humanos, tecnológicos, materiais e financeiros para a execução.

O plano estratégico de comunicação é essencial para que o embrião do modelo de economia do mar se desenvolva de forma robusta. Entre suas principais vantagens, destacam-se:

- Unificação da mensagem, com clareza da missão, visão e valores envolvidos, evitando ruídos e conflitos.
- O bom planejamento dos recursos de maneira ordenada e estratégica.
- A motivação e ação coordenada dos diversos atores, que se mantêm informados, atualizados e contextualizados de modo convergente.
- Visibilidade e projeção, atraindo apoio, investimentos, parcerias, cooperação, interesse e engajamento.

Convergência deve ser a palavra-chave para um bom plano estratégico de comunicação para a economia do mar. Definição da missão, visão e s valores, alinhamento dos passos para prevenir ruídos e gerenciar conflitos, clareza na mensagem, definição do público-alvo, melhores estilos e formatos para cada fim, fontes confiáveis e acessíveis para pesquisa, profissionais qualificados e presença onde estão as atenções, todos esses fatores devem estar em perfeita harmonia.

Desse modo, despertar a conscientização dos setores público, privado, acadêmico e dos demais segmentos da sociedade envolvidos na cadeia produtiva do mar para a necessidade de investir em comunicação deve fazer parte dos esforços iniciais para a formatação do ecossistema econômico.

A economia do mar desponta como o novo ouro azul, mas se não for comunicada será como um tesouro escondido e inacessível no fundo do mar. É preciso comunicar a economia do mar.

Vale, ainda, ressaltar, que conscientizar, sensibilizar, inspirar e motivar para o oceano de oportunidades da economia do mar é um desafio não apenas para profissionais de comunicação, mas para formadores de opinião, influenciadores em geral e todos que se preocupem com o futuro.

Onde estão as atenções

Para ter destaque em uma comunicação, é preciso direcioná-la para onde se concentram as atenções. E as atenções do brasileiro estão essencialmente no celular. O Brasil é o terceiro país que passa mais tempo online, em aplicativos. A média de tempo gasto em aplicativos pelos brasileiros é de 5 horas por dia.[2]

Plataformas como TikTok, WhatsApp, Facebook, Instagram e YouTube estão entre as mais utilizadas pelo brasileiro para se entreter, informar e socializar, ou seja, isso é comunicação. Hoje em dia, quase tudo pode ser feito online, da comunicação ao trabalho remoto, do entretenimento às compras, dos estudos aos negócios. O mundo do brasileiro orbita em torno da internet e das novas tendências tecnológicas que facilitem seu acesso. Se deseja conquistar a atenção do brasileiro, é lá que se consegue.

O marketing de influência é uma das estratégias cada vez mais utilizadas para chamar a atenção de um público específico. Estabelecer parcerias com influenciadores digitais, a fim de associar sua imagem à marca ou à ideia, é uma das possibilidades para a conexão com determinada pessoa. Para se ter uma ideia, o jogador de futebol português Cristiano Ronaldo, com seus 581 milhões de seguidores,[3] foi considerado o perfil mais seguido no Instagram em 2022.[4] Um

[2] Dados do segundo trimestre de 2022 com base em relatório State of Mobile 2023, da empresa data.ai. Versão em inglês disponível em: <https://www.data.ai/en/go/state-of-mobile-2023/?utm_source=twitter&utm_medium=social&utm_campaign=ww-organicsocial-202301-state-of-mobile-2023&utm_content=orgsocial-&sfdcid=7016F000002Y3lo>. Acesso em: 09 de maio de 2023.

[3] Número de seguidores no Instagram em 09 de maio de 2023.

[4] Para mais informações, acesse: <https://valor.globo.com/empresas/noticia/2023/01/05/influencers-cantores-e-jogadores-de-futebol-veja-os-mais-bem-pagos-no-instagram-em-2022.ghtml>.

post em sua página pode significar a atenção de mais de meio bilhão de pessoas. Ter embaixadores da economia do mar é uma estratégia importante a se considerar para a conscientização sobre o novo modelo de organização econômica que se pretende otimizar no Rio de Janeiro e no Brasil.

E o mundo da comunicação digital não é feito só de redes sociais. Existe, ainda, um oceano de oportunidades nas plataformas de streaming, como a Netflix, com seus bilhões de espectadores diários. Incluir a temática marítima no merchandising ou no roteiro das produções seria mais um meio de comunicar o mar; o bom e velho e-mail, que urge por ser utilizado de maneira mais assertiva; a comunicação corporativa e pública, que pode ser usada com assertividade e criatividade; e o "inbound marketing", também chamado de "novo marketing", com o poder de fazer com que o tema seja procurado pelo público, ao invés do contrário, atraindo a atenção, conquistando a permissão, relacionar-se de modo direto até converter para o resultado esperado.

Para não se tornar a agulha nesse palheiro e se destacar em meio ao bombardeio de informações, a economia do mar precisa ser apresentada de maneira atraente e diferenciada. Nesse sentido, não basta reaproveitar textos burocráticos nas diversas plataformas, uma vez que cada uma tem suas peculiaridades. Profissionais dos tempos de comunicação digital capacitados, desde copywriters, gestores de tráfego, editores de vídeo, designers e gestores de mídias, por exemplo, se fazem personagens principais para alcançarem os resultados desejados.

Comece explicando o porquê

Se o objetivo é tornar a economia do mar conhecida, valorizada e potencializada, a rota defendida pelo escritor, palestrante e consultor de marketing, Simon Sinek, em seu livro *Comece pelo porquê*,[5] pode ser um bom primeiro passo. Mundialmente conhecido por seu TEDx, de 2009, chamado de "Como grandes líderes inspiram à ação",[6] Sinek apresenta como agem e se comunicam os líderes que exercem a maior influência, e também o modelo no qual as pessoas podem ser inspiradas, movimentos criados e organizações construídas. Segundo ele, o segredo está em começar pelo porquê.

No caso de uma comunicação para a economia do mar, antes de falar sobre leis, fatos, números ou informação por si só, que se comece dizendo porque o que vai ser dito é importante para o público específico que vai receber a mensagem.

[5] SINEK, Simon. *Comece pelo porquê: como grandes líderes inspiram pessoas e equipes a agir*. Rio de Janeiro: Sextante, 2018.

[6] Palestra em inglês disponível em: <https://www.ted.com/talks/simon_sinek_how_great_leaders_inspire_action/c?language=pt>.

Por exemplo: em vez de se falar "apenas" sobre plástico nos oceanos, que se fale sobre o risco que pescadores enfrentam de ficar sem seu "ganha-pão" se a quantidade de plástico no oceano não diminuir.

Nos livros, nas revistas, no cinema e em qualquer meio de comunicação, quando se falar sobre a reprodução das esponjas do mar, por exemplo, é preciso mostrar porque isso é importante para quem está lendo. Mostrar que as esponjas protegem os recifes e beneficiam a sobrevivência de outros organismos. E que, por sua vez, uma em cada quatro espécies marinhas vive nos recifes, incluindo 65% dos peixes - mais de 5 mil espécies de peixes, 10 mil de moluscos e uma quantidade incontável de algas e crustáceos. Ou seja, sem esponjas não há comida do mar e não há peixe para pescadores.

Não se trata de falar de modo burocrático sobre a economia azul, mas mostrar por que esta afeta a vida da família de quem está lendo, vendo ou ouvindo a informação. É dar destaque à notícia de que a aparentemente ingênua garrafa plástica deixada na areia da praia e depois levada pelas ondas pode afetar a saúde do oceano e, consequentemente, a saúde dos filhos.

É, ainda, destacar, nas notícias sobre as temperaturas recordes de calor, que os oceanos são o refrigerador e o pulmão do mundo e que mais da metade do ôxigênio que respiramos vem de lá. Informar, de todas as formas, que o oceano começa no bueiro na esquina de casa e que o lixo jogado ali vai direto para o mar, afetando 80% dos animais e das plantas que conhecemos.

Comunicar com clareza que economia do mar é importante para gerar e garantir o emprego, a renda, o desenvolvimento, a qualidade de vida e o futuro sustentável do planeta. É preciso deixar isso sempre muito claro. Aliás, clareza é um dos maiores segredos da comunicação eficaz.

O segundo passo: "para quem?"

Comunicação não é sobre o que se quer falar, mas sobre o que o outro entende. Não se trata de dizer o que se quer dizer, mas o que interessa ao outro ouvir/ler/ver. A palavra "comunicação" vem do latim *comunicare,* que significa "tornar comum". Para que a comunicação seja eficiente, é necessário haver um equilíbrio entre o protagonismo do emissor e do receptor da mensagem.

Quando quem comunica já tem muito bem definido seu "porquê", o próximo passo é pesquisar o máximo possível sobre seu interlocutor. Por quê? Porque é ele quem vai decidir se a mensagem interessa ou não.

Como se fala sobre economia, vale lembrar que, em 2002, o prêmio Nobel de economia foi surpreendentemente para um psicólogo. Daniel Kahneman, ao lado de Richard Thaler, recebeu a premiação por seus estudos sobre economia comportamental, que aborda o quanto aspectos emocionais e tendências de comportamento influenciam na tomada de decisões financeiras. Foi um divisor de águas no marketing e na comunicação para a economia. Aliás, tudo o que se conhece hoje de marketing digital é sustentado nessas bases.

Nesse momento em que a economia do mar ganha fôlego e se projeta, mais que nunca é necessário levar em conta a economia comportamental em sua definição de modelo econômico. Consiste, basicamente, em entender que as decisões humanas são 90% emocionais e que o cérebro é egoísta; busca, o tempo inteiro, economizar energia para os momentos que considere primordiais a sua sobrevivência. Tomar decisões gasta energia. Por isso, se quiser que alguém decida favoravelmente a você, facilite a tomada de decisão. Toque a ferida, ou seja, o emocional.

Essencialmente, são dois fatores determinantes para que alguém decida ler/ouvir/ver sua mensagem: algo que o ajude a resolver uma dor (entenda-se dor como qualquer problema, desafio, preocupação, real ou imaginária) ou algo que ajude a satisfazer um desejo (por desejo, entenda-se aspiração, vontade, sonho, intenção ou meta). É isto que vai garantir a atenção das pessoas e, consequentemente, sua tomada de decisão: que a mensagem resolva sua dor ou satisfaça seus desejos.

A economia comportamental sugere que as pessoas decidam com base em hábitos, experiência pessoal e regras práticas simplificadas. Quanto mais satisfatórias, simples e rápidas as soluções apresentadas em uma mensagem, mais fácil será o processo decisório. Somos fortemente influenciados por fatores emocionais e pelo comportamento dos outros. Odiamos perder, adoramos ganhar, temos medo de sermos excluídos e de não pertencermos a uma "tribo". Que se iniciem os trabalhos para a construção da "tribo" da economia do mar. E será a comunicação que fará esse papel de convidar seus componentes.

O comunicador que entender sobre as influências psicológicas, emocionais, conscientes e inconscientes que afetam seu interlocutor, muito mais facilmente terá sucesso em seus resultados. Aqui valem também os alertas de perigo, pois o medo é um dos fatores psicológicos mais influentes nas decisões.

Saber "para quem" se vai comunicar, seu contexto, seus medos, seus interesses, suas dificuldades, suas objeções e o que mais for possível conhecer sobre suas características emocionais, bem como adaptar seu "porquê" à mensagem é o caminho seguro para o sucesso da comunicação. Se o desejo é comunicar a economia do mar com sucesso, é necessário identificar antes o "para quem", que varia de acordo com a notícia/mensagem.

Comunicação não é somente sobre falar

Na comunicação, mais importante que falar é ouvir. Antes de comunicar, fazer as perguntas certas faz toda a diferença. São as perguntas que permitirão entender o "porquê" do interlocutor e, assim, chamar sua atenção e convencê-lo. Por isso, fazer pesquisas é fundamental. Cabe aos governos e às instituições incentivar de todas as formas as iniciativas que promovam pesquisas para fundamentar a boa comunicação para a economia do mar.

Hoje não é simples encontrar informações completas, confiáveis e variadas sobre economia do mar. É preciso garimpá-las na internet por diversos sites. Incentivar a criação de portais de notícias sobre o tema e reservar verbas de patrocínio para veículos que comuniquem o setor e suas atividades contribuiria para que a cultura da economia do mar ganhasse robustez.

Nas universidades, o estímulo à criação de cursos e inclusão nos currículos de formações para a economia verde e economia do mar seria essencial para promover conscientização. Assim como a introdução da temática do mar nos livros infantojuvenis.

Para a formação dos profissionais de comunicação, espera-se capacitação para tratar do tema com conhecimento, utilizando as diversas ferramentas offline ou online à disposição. Que sejam profissionais qualificados para produzir notícias ou mensagens que não sejam técnicas, nem burocráticas ou desinteressantes, mas que contemplem a realidade e as necessidades do público, para alcançar os resultados esperados.

Tudo comunica

A comunicação vai muito além de jornalismo, marketing e publicidade, assim como os comunicadores não são apenas os profissionais dessa área. Design, artes, arquitetura, tecnologias, discursos políticos, textos de legislações, sinalização, linguagem corporal, tudo comunica. Ter os conceitos, os propósitos e a filosofia da economia azul inseridos na missão, na visão e nos valores de cada organismo envolvido no processo ajudaria a incorporar e consolidar a atividade.

Muito se fala em soluções para o descarte de produtos, quando o ideal seria comunicar também a importância de viabilizar que os produtos já nasçam sustentáveis, desde a concepção, passem pelo planejamento, pela produção e assim continuem até chegar ao descarte. Esse processo se aplicaria às diversas atividades da cadeia produtiva do mar. Porque a sociedade tem o hábito de apenas remediar, quando o ideal seria prevenir. E a comunicação pode ajudar a sensibilizar sobre isso.

Trabalho azul

Em plena quarta revolução industrial, que une técnicas de produção de vanguarda e sistemas inteligentes para interagir com as organizações e pessoas, pegar carona nesse momento ímpar da história da humanidade para lançar o Rio de Janeiro como potencial estado referência em economia do mar no país é estratégico e imperativo.

Em todas as revoluções econômicas que o mundo viveu, a comunicação sempre exerceu papel de protagonismo. Na primeira revolução industrial, quase ao fim do século XVIII, o uso do vapor na produção mecânica veio acompanhado do surgimento das prensas rotativas, linotipo, jornais e livros, que possibilitaram o advento do ensino público e profissionalizante e da imprensa.

Na segunda revolução industrial, a partir de 1870, tem início a produção em grande escala baseada na eletricidade, que acompanha o lançamento de meios de comunicação, como telefone, televisão, rádio e telégrafo. Na terceira revolução industrial, a contar de 1969, com a informática, surgem a internet, a tecnologia da informação e as telecomunicações via satélite.

Dominada pela inteligência artificial (IA), pela internet das coisas, pela nanotecnologia, pela realidade aumentada, impressões 3D e 4D, por cobots e tantas outras inovações tecnológicas disruptivas, a quarta revolução industrial vai fazer com que muitas profissões e vagas de emprego desapareçam, enquanto outras surgirão. A economia do mar, da tradição da pesca artesanal, por exemplo, às grandes inovações, desponta como uma alternativa de trabalho do futuro. Para isso, investir em conscientização, educação e qualificação para a área é condição sine qua non. E aí entra mais uma vez a comunicação para contribuir com essa missão.

De acordo com o documento *The Future of Jobs Report 2020*,[7] do Fórum Econômico Mundial, em decorrência da automatização veloz da força de trabalho, 85 milhões de empregos em empresas de médio e grande portes, em 15 setores e 26 economias, serão deslocados até 2025. Essa revolução dos robôs criará, segundo o relatório, 97 milhões de novos empregos, mas as comunidades com maior risco de interrupção precisarão do apoio de empresas e governos,

[7] Versão do documento em inglês, de outubro de 2020, disponível em: <https://www3.weforum.org/docs/WEF_Future_of_Jobs_2020.pdf>. Acesso em: 15 de maio de 2023.

principalmente as atividades com foco em tarefas administrativas, entrada de dados, contabilidade e trabalhos manuais de rotina.[8] A comunicação para o mar pode mostrar o quanto essa economia pode ser a opção de trabalho para muitos desses profissionais.

Pensamento analítico, criatividade e flexibilidade estão entre as principais habilidades necessárias para o profissional do futuro. O detalhe é que o futuro chegou. E isso já vale para quem trabalha com comunicação. São esses profissionais que terão a missão de comunicar ao mundo que a economia azul é a economia do futuro, que as empresas mais competitivas serão aquelas que optarem por requalificar e aprimorar os funcionários atuais, que o desenvolvimento deve vir casado com a sustentabilidade e o combate à pobreza, que o oceano é o pulmão do mundo e que o alimento de nossos netos virá do mar.

Comunicação é sobre tocar a alma humana. Investir em comunicação e em comunicadores, com a capacidade de mostrar o quanto a economia do mar tem o poder de melhorar a vida das pessoas, é abrir caminho para que, em pouco tempo, esta vire manchete na mídia e caia na "boca do povo". Em suma, comunicação é sobre pessoas e sobre tocar a alma delas. Que assim seja a comunicação azul!

[8] O documento atualizado, de maio de 2023, Future of Jobs 2023 Insight Report, prevê que aproximadamente 23% dos empregos devem mudar até 2027, com a criação de cerca de 69 milhões de novos empregos e a provável eliminação de 83 milhões dos existentes. Versão em inglês disponível em: <https://www3.weforum.org/docs/WEF_Future_of_Jobs_2023.pdf>. Acesso em: 15 de maio de 2023.

PARTE 4
ECONOMIA DO MAR: BRASIL E PORTUGAL

22 Brasil e Portugal e a economia do mar

Renato Dias Regazzi

Nas últimas décadas, o tema "economia do mar" está cada vez mais em alta. Prova disso é que, recentemente, a Organização das Nações Unidas (ONU) estabeleceu a década atual como a dos oceanos. Isso tudo com o objetivo de reconhecer o que já era claro para muitos especialistas: o mar é a grande fronteira para o desenvolvimento da humanidade, se for explorado de maneira sustentável. Isso não é novo; alguns povos antigos já sabiam disso, visto que os mares e rios, além de fonte de recursos, eram as estradas da época, que ligavam as populações e as cidades.

A existência do Brasil está umbilicalmente ligada ao mar e, consequentemente, a Portugal. Por meio das grandes navegações, na era do mercantilismo, que foi a primeira globalização experimentada pela humanidade, os portugueses foram os protagonistas naquele momento e encontraram o Brasil, em que seus mares já eram usados pelos povos indígenas que aqui já estavam, a exemplo dos tupis-guaranis. Por conseguinte, o DNA do Brasil está vinculado ao mar, que também foi meio de transporte de inúmeras etnias que fazem parte da matriz cultural e étnica brasileira, junto com os povos indígenas aqui existentes, transformando o Brasil na maior nação miscigenada do mundo, com aproximadamente 8 mil quilômetros de costa virada para o Atlântico Sul e com a 16ª posição no ranking de países com os maiores litorais e a quinta posição em extensão territorial do mundo.

Desenvolver uma estratégia para o fomento à economia do mar é um fator crítico para o sucesso para se tornar uma economia avançada e justa. O mar é responsável por mais de 70% da superfície terrestre, sendo, então, a maior fonte de proteína e recursos existentes em nosso planeta. Por meio do mar, é possível criar novos empregos, renda e riqueza para a população. Isso, no entanto, somente será viável com a criação da consciência marítima na população e, também, por meio de investimentos em tecnologia, inovação e na sustentabilidade dos oceanos. O mar deve ser explorado preservando o meio ambiente e promovendo a inclusão social.

Então, por meio da troca de informações, conhecimentos, tecnologias, negócios e parcerias com outras nações, será possível o Brasil se destacar nessa pulsante economia. Para isso, países como Portugal podem ser um parceiro ideal, visto o relacionamento histórico, a língua e a identidades entre seus povos, podendo consequentemente transformar a economia do mar em um motor propulsor para estes dois países, que podem trabalhar de maneira complementar e sinérgica, contribuindo para o crescimento econômico e social de ambas nações. A "economia do mar: Brasil e Portugal" pode ser uma oportunidade extraordinária para ambos os povos e uma estratégia poderosa de desenvolvimento para as atuais e futuras gerações.

23 A estratégia para o desenvolvimento da economia oceânica portuguesa: um caminho para pensar o mar no Brasil

Isabela Marques

Há muito tempo se conhece a importância dos oceanos, seja no aspecto da vastidão da biodiversidade, essencial para a manutenção da vida na terra, seja como fonte de alimentos. Até mesmo nos debates de geopolítica, é relevante essa abordagem, uma vez que a presença do mar confere vantagens aos países cujo acesso lhes é garantido. Os estudos acerca do impacto importância dos oceanos na economia ainda são incipientes, porém alguns países já deram os primeiros passos em direção à sua compreensão e mensuração.

Sendo a economia do mar uma área de estudo relativamente incipiente, principalmente no Brasil, não há ainda uma definição consolidada no âmbito internacional acerca dos setores que a compõem ou até mesmo parâmetros para estabelecer se a economia do mar se limita ao oceano ou se determinadas atividades em terra serão abrangidas. Alguns países utilizam apenas os setores diretamente relacionados com o mar, ou seja, os que se localizam no oceano, enquanto outros também consideram parte da economia azul os setores com relações indiretas, o que engloba as atividades em terra que guardam relação com o oceano, seja pelo processamento de matérias-primas oriundas dele, seja pelo fornecimento de insumos que possibilitem as atividades marinhas.

Os países da Organização para a Cooperação e Desenvolvimento Econômico (OCDE) já contam com dados mais aprofundados acerca da participação dos setores na economia do mar e de seu peso na economia nacional. Dentre estes, Portugal se destaca por ter produzido uma conta satélite para a economia oceânica, além de ter delimitado estratégias de desenvolvimento dos setores emergentes, que estão relacionadas com a produção de energia renovável, biotecnologia, pesquisa e desenvolvimento. Tais iniciativas têm como objetivo fazer a transição para uma economia sustentável, além de promoverem atividades altamente intensivas em conhecimento e tecnologia. Os setores emergentes surgem como um meio de atender às novas demandas sociais, econômicas e ambientais, mas, também, conversam com os setores estabelecidos no sentido de fornecer inovações tecnológicas, que gerem aumento da produtividade, emprego e renda para a população.

A maior parte da economia do mar portuguesa está concentrada no setor de turismo, que, em 2018, foi responsável por 77,0% de sua economia oceânica. O segundo maior setor é o de recursos vivos, responsável por uma parcela de 13,2% no mesmo período. O setor portuário, a construção naval e o transporte marítimo somaram 9,7%, enquanto o setor de recursos não vivos foi nulo, de acordo com dados da European Commission. O cenário muda quando se observa a economia oceânica brasileira, que se concentra nos setores extrativo e de serviços. No Brasil de 2018, o setor de recursos não vivos concentrou 51,55% da economia do mar (com destaque para o petróleo e gás offshore), enquanto o turismo ficou com a parcela de 37,91%.

Algumas comparações podem ser feitas entre ambas as economias, a saber: apesar da considerável diferença de proporção, o setor de turismo apresenta elevada participação nas economias do mar. Além disso, os setores ligados à indústria naval têm baixa participação na composição do produto marinho em ambos os países (em 2018, a indústria naval foi responsável por 2,13% do produto oceânico no Brasil e por 2,10% em Portugal). Por sua vez, o setor portuário ficou com apenas 0,13% no Brasil e 6,3% em Portugal no mesmo período, segundo a European Commission.

Os números apontam para a especialização da economia do mar em setores de menor produtividade em ambas as economias. É necessário, então, criar uma estratégia de desenvolvimento das atividades que concentram tecnologia e inovações, mas não de maneira isolada dos setores tradicionais. Todos os setores econômicos estão interligados na esfera produtiva, então os próprios setores hegemônicos podem ser usados como vetor de desenvolvimento para os setores especializados e/ou emergentes (a pesca estimulando a construção naval e a manufatura de equipamentos, por exemplo).

Portugal criou uma estratégia nacional para o mar para os anos de 2021 a 2030 (a ENM2030), em que se conciliam objetivos de reindustrialização dos setores com o investimento em novas tecnologias para o desenvolvimento das atividades emergentes (Direção-Geral de Política do Mar – DGPM). Em paralelo, há o trabalho em torno do combate às alterações climáticas, da geração de emprego e de melhorias na educação. Foram definidas como áreas prioritárias: educação, cultura, ciência e inovação; proteção da biodiversidade e das áreas marinhas; bioeconomia e a biotecnologia azul; pesca e aquicultura (além de seu processamento e distribuição); robótica, energias renováveis; e, ainda, alguns setores estabelecidos.

Educação, produção de conhecimento e desenvolvimento de tecnologia têm função primordial pois afetam diretamente outros setores. É necessário voltar o setor de educação para atender às novas demandas sociais e econômicas e gerar empregos. No campo ambiental, Brasil e Portugal têm extensa e rica biodiversidade marinha, a qual precisa ser conservada para o combate às mudanças climáticas e pelo potencial de aplicação na medicina, na produção de fitofármacos e na manutenção da segurança alimentar. A bioeconomia entra com o objetivo de substituir os recursos fósseis por fontes de energia que gerem menor impacto ambiental, tendo grande relação com o setor de biotecnologia e de inovação. O setor de robótica e de tecnologias digitais é altamente intensivo em tecnologia e tem larga aplicação na economia oceânica, inclusive para o estudo da biodiversidade marinha.

Além do investimento em setores estratégicos, é necessário planejamento para a gestão do espaço marinho. Todas as atividades produtivas estão interconectadas em um espaço delimitado e apresentam relações sinérgicas e antagônicas, ou seja, as interações das atividades geram externalidades positivas ou negativas entre si. O setor de recursos vivos, por exemplo, se relaciona com diversos outros setores, como energia renovável, óleo e gás, turismo, transporte e áreas de proteção ambiental. As plataformas de petróleo abandonadas funcionam como recifes artificiais e como um agregador de espécies, aumentando a população de peixes e sua captura. Ademais, a aquicultura guarda relação com as energias renováveis, eólica e das marés, uma vez que as plataformas podem ser multiúso e abrigar todas essas atividades simultaneamente. As fazendas de aquicultura podem estimular o turismo ecológico e sustentável e a gastronomia local, enquanto as tecnologias desenvolvidas para a aquicultura podem beneficiar a pesca, pois a criação em incubatórios seria uma alternativa para melhorar ou restaurar a pesca em ecossistemas naturais.

A atividade que mais gera antagonismos é a extração mineral, o setor de recursos não vivos tem poucas relações sinérgicas. A extração de areia feita nos canais de entrada dos portos e área de manobra dos navios, por exemplo, gera benefícios para o transporte marítimo e para o turismo, uma vez que a areia é utilizada para reabastecer praias e para construir e estender portos. As relações antagônicas da atividade extrativa, no entanto, são extensas: prejudicam o setor de óleo e gás, pois geram zonas de exclusão ou sobreposição espacial, e prejudicam, também, a pesca, a produção de energia eólica e de ondas e a navegação (a coexistência, no entanto, é possível no caso da navegação). Ademais, as áreas de proteção ambiental podem criar restrições para a mineração, e o meio ambiente pode sofrer impacto negativo, uma vez que montes, fontes e cânions contêm metais economicamente importantes, mas são pontos críticos para muitas espécies endêmicas que podem necessitar de um longo tempo de recuperação. A mineração também impacta o fundo do mar pela remoção do substrato e da fauna e produz nuvens de sedimentos com efeito tóxico, perda de biodiversidade, mudança na faixa populacional das espécies, poluição sonora e luminosa, e mudanças no comportamento dos mamíferos.

É importante observar que os setores podem ter relações sinérgicas e antagônicas ao mesmo tempo; sempre há vantagens e desvantagens em qualquer alocação de recursos. Uma política econômica para o mar e a gestão das atividades marinhas se apresentam, então, como o meio de alocar esses setores para minimizar as externalidades negativas e antagonismos e maximizar as sinergias. Determinados antagonismos, apesar de prejudiciais, ainda permitem coexistência de atividades, caso as externalidades positivas superem as negativas.

O plano de Portugal para desenvolvimento da economia oceânica tem muitos pontos interessantes que podem ser considerados pelo Brasil na elaboração de nossa própria política econômica para o mar, como o foco na pesquisa e desenvolvimento como vetor de inovação, o investimento em setores de robótica, comunicação, energias renováveis e biotecnologia. O Brasil tem enorme potencial nessas áreas, mas que precisa ser estimulado por um planejamento sistemático.

A política de desenvolvimento do mar deve aliar os investimentos em setores estratégicos, que gerem tecnologia, emprego e renda e gestar essas atividades no espaço em paralelo aos objetivos de transição para uma economia circular e sustentável, com foco na geração de energia limpa e na proteção dos ecossistemas de maneira a atender às novas demandas do século XXI.

24 Parcerias para o mar: Brasil e Portugal

Renato Dias Regazzi

Algumas instituições do setor tecnológico, privado e governamentais do estado do Rio de Janeiro estreitam relações com Portugal, para desenvolver uma nova estratégia de geração de emprego e renda por meio do fomento à economia do mar. Um grupo de especialistas fluminenses apresentou iniciativas sobre a Blue Economy, conheceu projetos portugueses e deu início à organização de eventos e ações conjuntas durante o Global Innovation Summit 2022, em Estoril (Portugal). Este evento reuniu representantes de entidades como o Serviço Brasileiro de Apoio às Micro e Pequenas Empresas (Sebrae), a Federação do Comércio de Bens, Serviços e Turismo do Estado do Rio de Janeiro (Fecomércio), o governo do estado do Rio de Janeiro (representado pela Comissão Estadual de Desenvolvimento da Economia do Mar [Cedemar], Secretaria de Estado do Meio Ambiente e Sustentabilidade [Seas] e Companhia de Desenvolvimento Industrial do Estado do Rio de Janeiro [Codin Rio]), algumas instituições universitárias, como a Universidade do Estado do Rio de Janeiro (Uerj), a Universidade Federal do Estado do Rio de Janeiro (Unirio) e o Parque Tecnológico da Universidade Federal do Rio de Janeiro (UFRJ), a prefeitura de Paraty e representantes de grandes e pequenas empresas, com o objetivo de incrementar a cadeia produtiva do mar, no estado do Rio de Janeiro.

A economia do mar é uma força produtiva que pode transformar o país

Com o emprego de recursos e a viabilização de novas oportunidades locais, é possível investir em qualidade de vida e renda, tendo o mar como plataforma. Os recursos energéticos, minerais, pesqueiros e turísticos são enormes, tendo em vista que o Brasil tem aproximadamente 8 mil quilômetros de litoral virado para o Atlântico Sul, sendo responsável por umas das maiores áreas costeiras mundiais. O mar é a maior fonte de proteína e energia disponíveis e é onde se encontram as maiores riquezas, visto que mais de 70% do planeta Terra é coberto pelos oceanos.

O estado do Rio de Janeiro pode ser considerado a capital brasileira do mar, e Portugal pode ser uma grande referência, para o Brasil nessa área dos oceanos. A economia do mar, também chamada de "economia azul", faz parte da ação estratégica da OCDE e da ONU, com o objetivo de promover o desenvolvimento econômico e social de forma sustentável, reduzindo os efeitos climáticos no planeta. Esse é o momento propício para acelerar os polos (clusters) marítimos, organizando governanças nos municípios com os diversos setores direta e indiretamente envolvidos com o mar. Essa é uma tendência mundial, na qual nações avançadas investem em polos marítimos, principalmente depois da pandemia da covid-19, pela quebra de fornecimento em diversas cadeias produtivas, tendo a necessidade de desenvolver fornecedores locais, e depois da guerra entre Rússia e Ucrânia, em razão da quebra de confiança entre nações e empresas, criando, então, um novo modelo econômico fundamentado no adensamento de cadeias nacionais de fornecimento, ressaltando as vantagens comparativas com base nos recursos e potenciais territoriais, incluindo o comércio e os serviços locais, transformando-as em vantagens competitivas.

O estado fluminense tem dado muita prioridade ao eixo de desenvolvimento econômico e sustentável das baías e bacias, na energia sustentável, na economia circular, no turismo do mar, e nos adensamentos produtivos. Um dos destaques pode ser a região da Costa Verde que englobam quatro municípios fluminenses costeiros: Paraty, Angra dos Reis, Mangaratiba e Itaguaí, que podem fazer parte do primeiro consórcio entre municípios ligados à economia do mar. Um dos destaques da região para o fomento do desenvolvimento econômico e social pela economia azul é o município de Paraty, onde o seu prefeito no período, Luciano Vidal desenvolve uma série de iniciativas de fomento a economia do mar da bela cidade do litoral sul do estado do Rio de Janeiro, Patrimônio Mundial da Humanidade e maior área de Mata Atlântica preservada do Brasil. A prefeitura de Paraty deseja ser um modelo de referência para o tema da economia do mar, com o objetivo de criar emprego e renda para a população e melhorar a qualidade de vida de todos de maneira sustentável e justa.

Outro destaque pode ser a Baía de Guanabara, que tem sete municípios fluminenses em seu entorno: Rio de Janeiro, Duque de Caxias, Magé, Guapimirim, Itaboraí, São Gonçalo e Niterói, em processo de saneamento, que é a base da economia azul. São inúmeras as oportunidades de negócios, emprego e renda no entorno da Baía de Guanabara, como nos setores de: pesca, aquicultura, gastronomia do mar, turismo e economia da praia. Conforme dados da Seas, o setor do saneamento é uma das prioridades para os próximos dez anos, com um cronograma de entregas das concessionárias de saneamento, que já trabalham desde 2021.

Atualmente 44% do esgoto é tratado na região da Baía de Guanabara, sendo a meta até 2033 de cobertura de saneamento de 90% para seu entorno. Essas obras de saneamento, além de impedirem que o esgoto *in natura* não canalizado dos municípios do entorno seja despejado nos rios e polua a Baía de Guanabara, vão garantir a balneabilidade das praias internas do estuário, gerando oportunidades, emprego e renda para pescadores, comerciantes, empreendedores das praias e, principalmente, turismo.

Para a fase inicial do contrato de prestação de serviços de saneamento da concessionária Águas do Rio, antes operados pela Companhia Estadual de Águas e Esgotos do Rio de Janeiro (Cedae), estão previstas melhorias já para os próximos quatro anos, que deverão proporcionar condições de balneabilidade para algumas das praias da Baía. Nesse período, além das atividades empreendedoras de fomento aos pescadores, de economia da praia e turismo, há oportunidades de negócios e serviços ligados ao próprio setor de saneamento e do meio ambiente em geral.

Quanto à concessão desses serviços de saneamento no entorno da Baía de Guanabara, previamente de responsabilidade da Cedae, há três concessionárias cumprindo contratos com o governo do estado do Rio relacionados com municípios do entorno da Baía de Guanabara: Águas do Rio (Rio de Janeiro, Duque de Caxias, Magé, Itaboraí e São Gonçalo); Águas do Brasil (Niterói); e Serra Saneamento (Guapimirim). Uma das propostas técnicas das concessionárias para solucionar a poluição por esgotos de toda a bacia drenante da Baía de Guanabara é a construção de um coletor unitário que receba e transporte, ao mesmo tempo, água de chuva e esgotos – por conseguinte chamado de "sistema de captação de 'tempo seco'" –, e conduza o volume de efluentes para as estações de tratamento existentes e que serão construídas.

Esses setores do saneamento e do meio ambiente, em particular, apresentam oportunidades para cooperativas de reciclagem, para empreendedores que trabalham na coleta de lixo e na reciclagem e no reaproveitamento de materiais. O programa-plataforma Bluetech (tecnologias ligadas à economia do mar ou economia azul), que a Seas está desenvolvendo é outro feixe de oportunidades para (startups) interessadas em proverem soluções ambientais inovadoras para a preservação da Baía de Guanabara.

Os impactos do acúmulo de lixo sólido no espelho da Baía de Guanabara vêm sendo atualmente minimizados por barreiras físicas flutuantes de contenção – as ecobarreiras –, cuja capacidade de retenção se reduz com a ocorrência de grandes chuvas. Dezessete novas ecobarreiras estão em processo de licitação para voltar a reter o grande volume de detritos que desce pelos 17 rios que drenam para a Baía de Guanabara. Em condições normais, o volume de resíduos sólidos, retido nas ecobarreiras (com predominância de embalagens de plástico), é retirado e entregue às cooperativas de catadores; operação que oferece boa oportunidade de participação empreendedora para micro e pequenas empresas.

A Baía de Guanabara é a quinta maior receptora de poluição por embalagens plásticas do mundo. O propósito da Seas é atuar junto às comunidades próximas aos rios que deságuam na Baía de Guanabara, para evitar o descarte lixo inapropriadamente nos rios, e utilizá-lo como matéria-prima que gera emprego e renda. Outras iniciativas no radar da Seas é a implantação de polos de reciclagem em locais estratégicos e comunidades do entorno da Baía de Guanabara e a troca de materiais reaproveitáveis por dinheiro, seguindo o modelo de moeda social.

Com relação à parceria entre Brasil e Portugal, é importante destacar que a Seas firmou com a OCDE, à luz do conceito das "Metrópoles Azuis". Para a operação deste projeto, a secretaria contratou a empresa Beta-i de Portugal, com experiência adquirida e reconhecida na gestão de soluções inovadoras produzidas por Bluetech. Os recursos do projeto virão do Fundo Estadual de Conservação Ambiental e Desenvolvimento Urbano (Fecam), no âmbito do programa de economia do mar ou economia azul do estado do Rio de Janeiro. Ainda nesse contexto, a subsecretária de Recursos Hídricos e Sustentabilidade, Ana Asti, à frente dos projetos citados, ressalta a parceria com a organização Green Rio realizar o evento "Economia Azul – Encontro de Negócios, Workshops Temáticos e Cooperação Internacional", a acontecer na Marina da Glória. Também se destacam o projeto BlueRio e o projeto de gestão da economia azul no estado do Rio de Janeiro.

25 Convergência oceânica atlântica: desenvolvimento das sinergias setoriais entre as economias do mar de Brasil e de Portugal

Alexandre Freitas

Com cerca de 8 mil quilômetros de extensão, o litoral do Brasil é o 16º maior do mundo. Seu território marítimo conta com uma área de aproximadamente 3,6 milhões de quilômetros quadrados, podendo chegar a 5,7 milhões de quilômetros quadrados, no caso de a Comissão de Limites da Plataforma Continental (CLPC) da Organização das Nações Unidas (ONU) aceitar o pedido de extensão feito pelo Brasil. No entanto, o país pouco aproveita esta oportunidade.

Aos poucos, o mar vai ganhando a importância que lhe convém como um possível vetor de desenvolvimento sustentável econômico e social. No entanto, ainda caminha lentamente na elaboração de uma política para o mar, fundamental para que o espaço marinho seja organizado de modo a permitir o uso dos recursos marinhos de maneira sustentável. Nesse sentido, o país pode se beneficiar muito de experiências internacionais já consolidadas que possam contribuir para a elaboração de uma política do mar no Brasil. Assim, Portugal aparece como um parceiro potencial muito relevante.

É sabido que Portugal já tem uma estratégia consolidada de uso dos recursos oceânicos. Por conseguinte, a Direção-Geral de Política do Mar (DGPM), órgão da administração direta do Estado português ligado ao Ministério do Mar, responsável por desenvolver, avaliar e atualizar a Estratégia Nacional para o Mar (ENM) do país, pode ser um modelo a ser seguido pelo Brasil.

Outro exemplo de Portugal é o Fórum Oceano. Sua gestão do Cluster do Mar português demonstra a importância da aproximação entre o setor público e o setor privado. Uma estratégia de desenvolvimento bem-sucedida necessita da inteligência empresarial tanto como da capacidade de planejamento e coordenação do Estado.

A aproximação dos dois países pode ser benéfica também para a economia do mar portuguesa. A segunda Estratégia Nacional para o Mar de Portugal, lançada em 2020, avalia que o país apresenta vulnerabilidades ligadas a sua pouca capacidade industrial e baixa diversidade da economia do mar. Um aspecto destacado como fundamental para reverter tais vulnerabilidades e aproveitar as oportunidades é a cooperação internacional e o enquadramento em políticas de âmbito global. Nesse sentido, uma aproximação maior com o Brasil seria de grande importância para Portugal conseguir realizar parte dos objetivos que constam em sua ENM.

A cooperação entre Brasil e Portugal nas questões oceânicas já existe. Em 2017, foi assinada a "Declaração de Belém", em Lisboa. Nesta, a União Europeia e o Brasil, além da África do Sul, estabeleceram a necessidade de "Concretizar os benefícios mútuos resultantes da ligação das atividades de investigação no Atlântico Sul e no Atlântico Norte e explorar sinergias com outras iniciativas." Para isso, estabeleceram-se os seguintes objetivos, dentre outros:

- promover e facilitar o desenvolvimento do capital humano e o intercâmbio científico;
- proporcionar uma plataforma e oportunidades de cooperação científica e tecnológica que resultem em atividades conjuntas;
- incentivar novos modelos de cooperação e parceria coordenada para fazer face aos desafios societais e científicos do Oceano Atlântico.

Nessa direção, seria importante a realização de ações de pesquisa que promovam a aproximação dos setores da economia do mar de Portugal e Brasil por meio do fortalecimento das relações acadêmicas entre os institutos de pesquisa sobre a economia do mar públicos e privados do Brasil e de Portugal.

Desse modo, poderiam ser elaboradas estratégias que fortalecessem a economia do mar no Brasil com base na identificação e no estímulo da sinergia dos setores econômicos marítimos dos dois países, com a promoção da convergência de objetivos estratégicos do mar entre Portugal e Brasil, a saber: a criação de uma rede de pesquisa sobre economia do mar entre instituições acadêmicas dos dois países, e a realização de missões de pesquisas, seminários e workshops, entre pesquisadores brasileiros e portugueses.

Tais iniciativas seriam mutuamente benéficas. Pelo lado brasileiro, seria importante pois o país necessita elaborar uma estratégia de desenvolvimento para sua economia do mar; tarefa extremamente complexa. Convênios com países que conseguiram construir uma política nacional, como Portugal, são fundamentais, para que seja viável elaborar uma política nacional-regional que nos permita aproveitar os recursos do mar de maneira ambientalmente sustentável e socialmente inclusiva.

No que diz respeito a Portugal, o país pode se beneficiar de uma parceria com o Brasil para aproveitar as potencialidades oferecidas. As fragilidades da economia do mar portuguesa, mencionadas na ENM, podem ser superadas com uma aproximação maior com o Brasil.

Existem entre os dois países grandes oportunidades para realização de projetos e de investimentos em setores-chave da economia do mar. O mapeamento econômico das cadeias produtivas do mar no Brasil levará à identificação de sinergias setoriais entre os dois países. A necessidade brasileira e a expertise portuguesa servirão de pedra angular na construção de uma aliança atlântica entre os dois países.

26 Economia do mar: o futuro é a inovação azul

Renato Dias Regazzi

As velozes mudanças advindas do impacto da pandemia da covid-19, as recentes guerras como a do Leste Europeu entre Rússia e Ucrânia, as tensões entre China e Taiwan e demais países da Ásia e Oceania, os conflitos no Oriente Médio, além do aquecimento do planeta com temperaturas acima de 40 °C na Europa e em outros lugares do mundo: tudo provoca um repensar dos modelos globais de produção. Isso induz o redesenho de fontes de fornecimento globais, sobretudo em decorrência da quebra de fornecimento de produtos e serviços importantes para setores e para a população, além da quebra de confiança entre países e da potencial falta de alimentos no mundo para os próximos anos, o que une os elos das cadeias produtivas mundiais, para o desenvolvimento de economias de proximidade e confiança, com novas fontes de recursos.

Uma das saídas da humanidade para a prosperidade, principalmente com relação às necessidades de fornecimento de energia e alimentos, será por meio dos recursos oceânicos. Os mares são responsáveis por mais de 70% da superfície da terra, e o leito oceânico é menos conhecido que a superfície do planeta Marte. Os recursos do oceano são um potencial para humanidade, mas ao mesmo tempo um risco se for explorado da mesma forma que os recursos terrestres. Então, a forma de utilização dos recursos do oceano deve ter como premissa a sustentabilidade e a inclusão social. Esta lógica significa usar os recursos do oceano, sem criar impactos no meio ambiente, de modo que ele consiga se regenerar.

Este modelo econômico, de utilizar os recursos do oceano como estratégia para o desenvolvimento econômico e social, preservando o meio ambiente de forma sustentável, pode ser chamado de "economia azul". Muitos especialistas descrevem que a economia azul pode ser promovida, em sua essência, por meio da inovação e da tecnologia, como também por meio da valorização da cultura dos povos tradicionais que utilizam o mar como recurso ou meio, evidenciando as suas singularidades.

Pode-se dizer, então, que a estratégia do desenvolvimento dos mares por meio da inovação, considerando o oceano, pode ser chamada de "Bluetech - Inovação Azul". E isso já ocorre em diversas localidades ao redor do mundo. Como exemplo, a Global Innovation Week realizado em Portugal e o Fórum Oceano da ONU, dedicou parte de seus últimos eventos para as inovações e tecnologias oceânicas. Um bom exemplo de inovação pode ser na área da produção de energia, como a energia proveniente das marés, das ondas, da eólica offshore, do hidrogênio verde e da redução da pegada de carbono na produção de hidrocarbonetos offshore.

Outro exemplo de inovação azul pode ser com relação à produção de alimentos, por meio de fazendas marinhas, aquicultura, algicultura, maricultura, além da produção de medicamentos e cosméticos provenientes dos recursos vivos marinhos. Inovações também na produção de fertilizantes por meio de recursos do oceano, isso tudo tendo como "pano de fundo" e atividade essencial o saneamento e a redução de resíduos sólidos no oceano.

Realmente é um mar de oportunidades em que a inovação azul (Bluetech) é a base do desenvolvimento, atendendo, ao mesmo tempo, às demandas de prosperidade econômica, social e ambiental. A humanidade, dessa forma, deslumbra as novas oportunidades e prosperidade, como na época das "grandes navegações e descobertas" iniciada no passado pelos navegadores portugueses, por meio das inovações e tecnologias exemplificadas por suas extraordinárias "naus e caravelas"; as naves de última geração de então.

27 Redes internacionais para o fortalecimento das interações atlânticas em pesquisa, desenvolvimento e inovação: uma abordagem sistêmica

Leonardo J. Melo

O Oceano Atlântico, além de ser o segundo maior oceano em extensão em nosso planeta, é também um território de oportunidades no que tange ao desenvolvimento de projetos de pesquisa, desenvolvimento e inovação. No contexto dessas oportunidades, destaca-se um mecanismo que tem se mostrado como absolutamente fundamental: a criação de redes internacionais entre países lusófonos e parceiros globais estratégicos em torno de projetos e ações cujas características prezem pela abordagem integradora de temas como espaço, clima, oceano e energia. Apoiadas por inovações tecnológicas emergentes e avanços em ciência de dados, essas redes internacionais tendem a se ampliar e a figurar como um importante mecanismo de reposicionamento estratégico de organizações e países no contexto do Atlântico.

Um bom exemplo dessa visão enunciada foi o Atlantic International Research Centre (AIR Centre). Criado em 2017 como uma "organização internacional", na forma legal de "associação privada sem fins lucrativos" e registrada em Portugal (com sede nos Açores), a organização seguiu os termos da Declaração de Florianópolis[1] em seu processo de implantação e, desde então, tem feito importantes avanços na agenda da diplomacia para a inovação.

[1] A Declaração de Florianópolis foi assinada no âmbito da segunda reunião internacional de alto nível sobre Interações Atlânticas, realizada nos dias 20 e 21 de novembro de 2017, no Brasil, no seguimento do primeiro encontro sobre o mesmo tema, que teve lugar na Ilha Terceira, nos Açores (Portugal), em abril de 2017, e que serviu para debater formas de cooperação internacional, tendo em vista promover o emprego de recursos humanos altamente qualificados e o desenvolvimento de regiões atlânticas.

Em sua agenda de atuação, a organização integra as áreas temáticas espaço, atmosfera, oceano, clima, energia e ciências dos dados e promove a cooperação norte-sul, sul-norte, norte-norte, sul-sul, em alinhamento com as prioridades nacionais e regionais, e os desafios globais, tais como a Agenda 2030 para o Desenvolvimento Sustentável, das Nações Unidas, e a década das Nações Unidas de ciência oceânica para o desenvolvimento sustentável (2021-2030).

Certamente, a criação de uma organização de tal natureza não é trivial. É nesse sentido que a implementação do AIR Centre tem dado origem a vários encontros de alto nível entre governo-academia-indústria-sociedade, envolvendo participantes de ministérios de vários países das margens do Atlântico, como: Espanha, Reino Unido, Nigéria, Cabo Verde, África do Sul, Angola, Marrocos, Colômbia, Brasil, além de parceiros estratégicos como Estados Unidos, São Tomé e Príncipe, Namíbia, Gana, bem como Noruega, México.

No Brasil, em agosto de 2019, a Universidade Federal do Rio de Janeiro (UFRJ), por meio de seu Parque Tecnológico e do Laboratório de Métodos Computacionais em Engenharia (Lamce), que pertence ao Instituto Alberto Luiz Coimbra de Pós-Graduação e Pesquisa em Engenharia da Universidade Federal do Rio de Janeiro (Coppe/UFRJ), inaugurou a unidade AIR Centre - Rio de Janeiro. Alinhado com a visão estratégica central, o objetivo principal foi promover novos conhecimentos sobre mudanças climáticas e questões relacionadas com o Atlântico, conectando tecnologias de águas profundas a tecnologias espaciais por meio da cooperação global. Além do Rio de Janeiro, as ações de conexão estão presentes no Ceará e na Bahia, além de fazer parte dos planos a implantação do AIR Centre na Amazônia, no Paraná, em São Paulo, Santa Catarina e no Rio Grande do Sul.

Desde a chegada ao Brasil, inúmeras ações e projetos têm sido desenvolvidos no país. No caso do Rio, a primeira ação concreta de estímulo a novos projetos foi a criação do Programa de Apoio à Cooperação Bilateral entre a Fundação de Amparo à Pesquisa do Estado do Rio de Janeiro (Faperj) e a Fundação para a Ciência e a Tecnologia (FCT) de Portugal. O objetivo foi facilitar a mobilidade de pesquisadores nas áreas abrangidas pelo AIR Centre, contribuindo com a promoção de projetos de pesquisa e desenvolvimento nas áreas científicas e tecnológicas que envolvam entidades do sistema científico e econômico português e brasileiro no âmbito das ações realizadas no Brasil (estado do Rio de Janeiro), em Portugal e na União Europeia; e estimular o empreendedorismo e o desenvolvimento de novos serviços e produtos nos domínios científicos e tecnológicos no campo da cooperação estabelecida nos propósitos do AIR Centre. Com duração de 12 meses, o programa se voltou a facilitar missões de curta duração no exterior para a apresentação e/ou realização de etapas necessárias à execução das propostas.

Outra ação que merece destaque foi a realização em março de 2022 da terceira edição do evento internacional "Eureka meets the Atlantic", com foco em inovação disruptiva por meio de interações espaciais e de economia azul. A Eureka é a maior rede pública mundial de cooperação internacional em pesquisa e desenvolvimento (P&D) e inovação, presente em mais de 45 países. Desde 1985, financiou e apoiou a P&D e a inovação de milhares de produtos, processos e serviços inovadores que impactaram positivamente o crescimento econômico e a vida das pessoas.

O evento em questão, coorganizado pela presidência portuguesa da rede Eureka, o Parque Tecnológico da UFRJ e a Associação Nacional de Entidades Promotoras de Empreendimentos Inovadores (Anprotec), teve por objetivo promover entidades que trazem inovação sustentável, bem como aproveitar a oportunidade para discutir fontes de financiamento e oportunidades de colaboração entre PMEs europeias e brasileiras.

Um dos resultados desse evento foi a assinatura de uma declaração de intenções para o estabelecimento de cooperação entre a rede Eureka e as principais entidades de fomento à pesquisa, ao desenvolvimento e à inovação brasileiras: Conselho Nacional das Fundações Estaduais de Amparo à Pesquisa (Confap), Empresa Brasileira de Pesquisa e Inovação Industrial (Embrapii) e Financiadora de Estudos e Projetos – Empresa Pública do Ministério de Ciência de Tecnologia e Inovação (Finep/MCTI). Esse acordo tem validade de três anos e permitirá o lançamento de diversas chamadas para projetos Eureka, visando ao desenvolvimento de produtos e serviços inovadores e sustentáveis entre entidades brasileiras e entidades de países pertencentes à rede. A formação de consórcios entre diferentes agentes dos respectivos ecossistemas de inovação é uma boa pista sobre como materializar essas intenções.

Assim, com base no exposto, sustentamos neste breve texto que as redes internacionais devem operar para o fortalecimento das interações atlânticas em pesquisa, desenvolvimento e inovação em uma perspectiva sistêmica. Uma rede forte é aquela que compartilha conhecimentos e desenvolve a capacidade de transformá-los em soluções tecnológicas relevantes para o contexto global. Embora a parceria entre Brasil e Portugal não seja nova, o que se enuncia para o presente e para o futuro é um verdadeiro oceano de oportunidades, para fazer mais, melhor e em novas bases de cooperação global que impactem positivamente toda a região do Atlântico.

28 Inovação colaborativa: como criar ecossistemas da economia azul

Renata Ramalhosa

Introdução

"Colaboração é o segredo para navegar em um mundo incerto." Essa frase é adequada para definir a importância de pensar os negócios de maneira modular e adaptativa, em vez de concentrada, diante dos desafios atuais dos mercados. A frase também é certeira ao fazer uma menção ao assunto apresentado neste capítulo: os ecossistemas da economia do mar (ou economia azul), caracterizada por todas as atividades marinhas e correlacionadas, tais como logística, importação e exportação, aquacultura etc. Em resumo, qualquer atividade que dependa do mar para acontecer e prosperar. E, como é sabido, os oceanos são vitais para o fomento da economia global.

A Beta-i é uma consultoria de inovação colaborativa nascida em Portugal e com alcance global. Na área da economia azul, foram desenvolvidos programas de inovação aberta para ajudar a resolver desafios e "dores" das empresas e identificar similaridades. Assim, é notório o grande potencial na colaboração para alavancar o desempenho dos players desse setor.

Nosso objetivo é apoiar a busca de startups inovadoras, cujas soluções possam contribuir para impulsionar aspectos sensíveis em qualquer negócio hoje em dia: a digitalização, a melhoria da eficiência operacional, a transição verde e o impacto positivo na obtenção de métricas de sustentabilidade dos portos atlânticos. Afinal, em um mundo ágil e competitivo, estes precisam operar com infraestruturas mais avançadas e inteligentes. Porque, em nossa visão, os portos têm todas as condições de atuarem como ecossistemas de inovação da economia azul, podendo integrar centros de investigação, empresas maduras, startups e scaleups.

Como criamos ecossistemas da economia azul

Antes de mais nada, é importante adotar uma metodologia clara para o desenvolvimento saudável do programa. Na Beta-i, é estabelecido um passo a passo que começa com a preparação (cujo objetivo é identificar e priorizar os desafios a serem endereçados), avança para a seleção das startups, incluindo um processo seletivo rigoroso e com chamada global, e somente, então, chega à etapa de desenvolvimento dos pilotos, com duração de 12 semanas, até o grande "Demo Day". Na Figura 28.1, são apresentados os detalhes de cada fase.

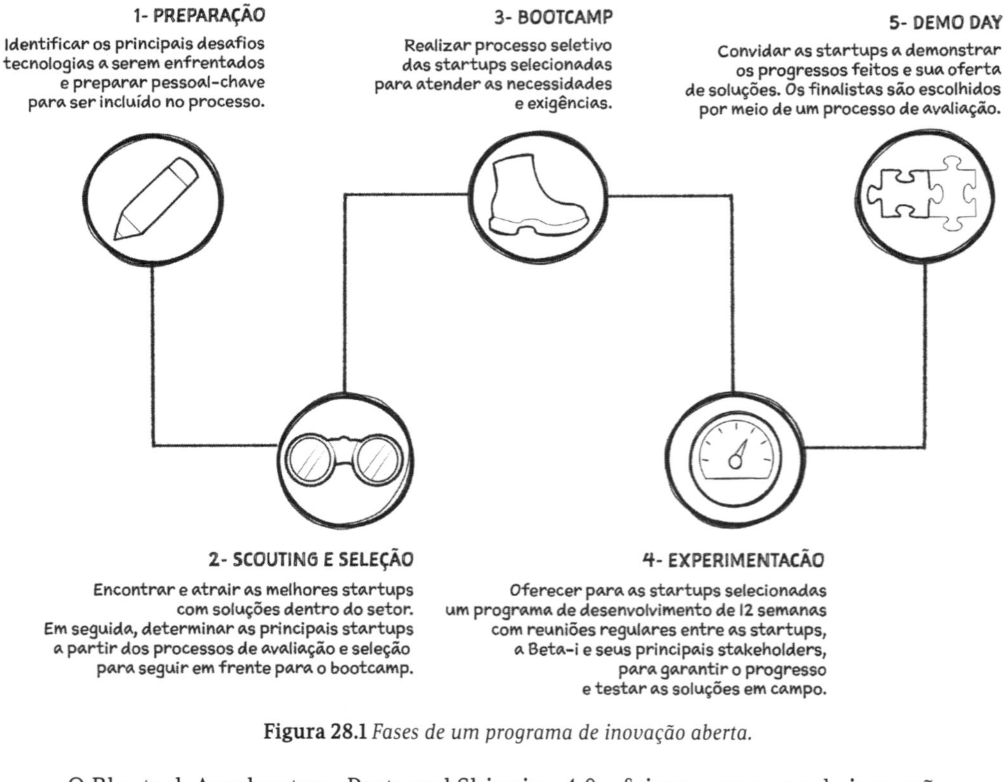

Figura 28.1 *Fases de um programa de inovação aberta.*

O Bluetech Accelerator - Ports and Shipping 4.0 - foi um programa de inovação aberta realizado em 2020, em Lisboa, que durou nove meses. Este permitiu a startups de todo o mundo e organizações empresariais do setor de portos e navegação desenvolver projetos piloto que respondam aos desafios de inovação das empresas. O Bluetech Accelerator foi uma iniciativa do Ministério do Mar português, apoiada pela Fundação Luso-Americana para o Desenvolvimento (FLAD) e potencializada pela Direção-Geral de Política do Mar (DGPM) e Beta-i.

Os projetos piloto resultaram no impacto potencial das soluções das startups em um cenário de implantação completada pelos parceiros de aceleração. Inclusive, após o Demo Day, a maioria das startups Bluetech manteve a colaboração com os parceiros do programa, sendo que algumas estabeleceram novos acordos de negócios e parcerias, e outras se encontram em fase de discussão sobre os próximos passos.

Desafios do programa

A definição clara dos desafios do Bluetech Accelerator - Ports and Shipping 4.0 - foi fundamental para atrair startups relevantes com soluções para as necessidades de inovação dos parceiros. Ao todo, foram recebidas 87 candidaturas de empresas em fase de crescimento vindas do mundo inteiro, inclusive do Brasil. Foram desenvolvidos 18 pilotos durante cinco meses e, mais adiante, serão apresentados dois desses cases para a demonstração dos resultados de impacto.

Os desafios do Bluetech Accelerator foram os seguintes:

- otimização de processos no *hinterland* portuário (área de abrangência do porto, considerando o aspecto territorial);
- gestão de desempenho de cargas e frotas;
- conectividade de frete futuro;
- sustentabilidade ambiental.

As soluções tecnológicas apresentadas incluíram uma plataforma online para logística de carga; um sistema de vela de asa de embarcação; o mapeamento móvel alimentado por inteligência artificial (IA); *blockchain* para logística; usina de energia das ondas; previsão meteorológica hiperlocal; rastreamento e monitoramento de contêineres (temperatura); gerenciamento online de embarque e reencaminhamento; limpeza a laser ecologicamente correta; e boias de dados para monitoramento da qualidade da água.

A seguir, são apresentados dois cases de uso do Bluetech Accelerator para o detalhamento dos desafios e das soluções concebidas.

Case 1: redução do consumo de combustível dos navios por meio da energia eólica

- **Parceiro de pilotagem:** Grupo ETE - líder no desenvolvimento de serviços competitivos para os setores portuário, marítimo e fluvial portugueses desde 1936.

- **Tipo de piloto:** estudo de pré-viabilidade.
- **Problema/oportunidade:** reduzir a pegada ambiental de empresas de navegação com métodos inovadores.
- **Solução:** a bound4blue, empresa europeia fabricante de veleiros, desenvolveu uma solução de asa-vela dobrável com base em um design aeronáutico que reduz o uso de combustível e as emissões de poluentes do setor de transporte marítimo em, na média, 30%.

Escopo do piloto

Foi realizado um pré-estudo para potencial instalação de sistema asa-vela em duas embarcações (navios "Insular" e "São Jorge"), de modo a poupar combustível e emissões de poluentes. O estudo da embarcação "São Jorge" apresentou resultados ruins por conta do tempo de uso da embarcação e da baixa velocidade com que navega.

Embora os resultados obtidos com a primeira embarcação, "Insular", tenham sido muito positivos, o Grupo ETE optou por não prosseguir com ela por uma decisão estratégica. Eles concordaram em identificar outra embarcação de sua frota para instalar a tecnologia e propor tal solução para outras embarcações em seu mercado. O estaleiro do Grupo ETE (Naval Rocha) e a bound4blue assinaram um memorando de entendimento, que envolve a colaboração em projetos de pesquisa e desenvolvimento, no desenvolvimento técnico ou comercial do projeto e em tarefas de propagação da parceria.

Impactos

- Economia de custos: de 210 mil para 140 mil euros por ano.
- Diminuição do consumo de combustível: a redução de 2.034 toneladas de CO_2, equivalente a 538 carros a diesel.
- Redução do consumo de combustível de 640 toneladas por ano, traduzindo em uma economia de 384 mil euros por ano.

Case 2: mapeamento de boias de banco de areia alimentado por IA

- **Parceiro de pilotagem:** o porto de Leixões (APDL) é a maior infraestrutura portuária do norte de Portugal e uma das mais importantes do país, com modernas instalações e avançados sistemas de gestão de navios.

- **Tipo de piloto:** plano de implementação.
- **Problema/oportunidade:** implementar soluções de rastreamento de objetos perdidos no rio, como boias.
- **Solução:** o sistema de câmera móvel inteligente projetado pela empresa Geckomatics integra-se perfeitamente à plataforma de nuvem, em que a IA faz as tarefas pesadas, como reconhecimento de objetos e posicionamento preciso. Dada a sua baixa barreira ao uso, tanto de TOC quanto de usabilidade, manter os dados geoespaciais acionáveis atualizados nunca foi tão viável.

Escopo do piloto

O piloto consistiu em mapear as boias que marcam os bancos de areia do Rio Douro, em Portugal, por meio da instalação do sistema de câmaras móveis da Geckomatics em um navio de cruzeiro fluvial. A IA da Geckomatics identificou as boias e forneceu uma posição precisa em um mapa digital. Sempre que falta uma boia, o porto recebe uma notificação que lhe permite tomar as medidas adequadas.

Quando as boias do rio forem mapeadas na próxima vez, o sistema detectará e informará se todas estas ainda estão em sua localização. A manutenção oportuna das boias pode evitar danos caros ou até acidentes. Sempre que uma boia está em falta, o porto recebe uma notificação que lhe permite tomar as medidas adequadas.

Impactos

- Redução de custos, melhorias nas operações e criação de empregos.
- Redução do consumo de combustível e prevenção de danos.
- Modernização dos processos de infraestrutura e negócios.
- Minimização da erosão costeira e do quebra-mar.

AspBAN, um projeto que une inovação e colaboração

O Atlantic Smart Ports Blue Acceleration Network (AspBAN) é um programa de inovação aberta liderado pela Beta-i e coliderado pelo Fórum Oceano, entidade responsável pela gestão do Cluster do Mar Português. Seu objetivo é identificar as startups europeias mais inovadoras na área da economia azul para se juntarem a um programa de aceleração. As oitenta selecionadas participam de um programa gratuito e customizado, que visa impulsionar seus negócios e fomentar a colaboração no seio do ecossistema europeu de inovação dos portos atlânticos.

Tendo como desafios principais o endereçamento da questão da neutralidade carbônica, a gestão do espaço marítimo, o investimento na natureza e a biodiversidade, o programa conta com 137 parceiros estratégicos e abrange 391 portos dentro do espaço Atlântico e dos seguintes países: Noruega, EUA, Canadá, Colômbia, Marrocos, Mauritânia, Índia e China. São ao todo 147 desafios concretos de inovação colaborativa de 33 portos localizados em Portugal, na Espanha, França, Irlanda, Noruega, Rússia, Finlândia, no Canadá, na Colômbia e Mauritânia.

Na prática, o programa de aceleração ajuda a alavancar o desenvolvimento das soluções e dos modelos de negócio selecionados, fomentando a colaboração entre as startups e as dezenas de portos envolvidos no projeto. A iniciativa conta com workshops semanais sobre temas relacionados com a adequação da solução ao mercado, a colaboração no âmbito da economia azul, as métricas, a implementação e a escala dos negócios, entre outros, bem como dispõe de sessões de mentoria com especialistas.

A seguir, são enumerados os objetivos detalhados do programa AspBAN:

1. Criar um ecossistema de inovação aberta em uma rede composta de portos do Atlântico que vão operar os gateways e hubs da economia azul.
2. Aumentar a competitividade dos portos do Atlântico com a implantação de um esquema piloto de aceleração para a criação de um pool de trinta startups que contribuirão para a transformação da rede de portos.
3. Criar um novo modelo de negócio para que os portos diversifiquem suas fontes de receita.

4. Criar uma comunidade de investidores especializados (fundos de investimento e entidades financeiras), para que o AspBAN financie a transformação dos portos em hubs de economia azul.
5. Criar uma forte rede especializada de especialistas e mentores.
6. Capitalizar os resultados demonstrando a transferibilidade do modelo de projeto para fora do espaço Atlântico da União Europeia e utilizando os resultados e a experiência para contribuir para o desenvolvimento de futuras políticas azuis.
7. Criar um plano de negócios, apoiado principalmente por investidores privados, garantindo a sustentabilidade do AspBAN após seu término.

Conclusão

A economia azul é essencial para o desenvolvimento socioeconômico de um país. O Brasil, com seu amplo território e seu vasto litoral, abriga 175 instalações portuárias de carga, em que muitas empresas dependem do mar para sobreviver. Há uma grande oportunidade na replicação dos modelos testados e bem-sucedidos na Europa, para permitir a criação e o fortalecimento dos ecossistemas brasileiros. A chave para o sucesso desse plano passa pela inovação colaborativa e pela importância da adoção de metodologias que permitam que vários players trabalhem a inovação em conjunto, de maneira organizada, para a resolução de desafios individuais e complementares. É com esse espírito que a Beta-i reúne startups e empreendedores com suas cadeias de valor. Desse modo, além de resolver lacunas de maneira colaborativa, é mais fácil responder à demanda de soluções ESG de forma sustentável e impactar positivamente as comunidades locais.

29 Bluetech: vamos surfar esta onda gigante de inovação azul?

Lindalia Sofia Junqueira

Oceano: um mar de oportunidades

O oceano cobre mais de 70% do nosso planeta por área de superfície e inclui 96% da água da Terra em volume. De acordo com a Administração Nacional Oceânica e Atmosférica (NOAA), "o oceano produz mais da metade do oxigênio que respiramos e absorve cinquenta vezes mais dióxido de carbono do que nossa atmosfera". Representa nossa primeira linha de defesa contra a mudança climática global descontrolada, regula o calor em todo o mundo para controlar nossos padrões climáticos, circula nutrientes, fornece a principal fonte de proteína para mais de 1 bilhão de pessoas e serve como uma rodovia que transporta mais de 90% dos bens e materiais que circulam internacionalmente. É um recurso único no universo conhecido e representa o bloco de construção fundamental sem o qual a vida como a sabemos não poderia existir.

O Banco Mundial define a economia azul como "o uso sustentável dos recursos do oceano para crescimento econômico, melhorias dos meios de subsistência e de empregos, ao mesmo tempo em que se preserva a saúde do ecossistema oceânico".[1] O criador do termo, o empresário belga Gunter Pauli, que escreveu pela primeira vez sobre essa ideia em 1994, reuniu em seu livro *Blue Economy* (Pauli, 2010), cem ideias inovadoras que não só beneficiam o meio ambiente, mas também satisfazem as necessidades básicas do ser humano. De acordo com o autor, caso as ideias fossem colocadas em prática, seriam gerados cerca de 100 milhões de empregos.

[1] Tradução livre de *The "blue economy" concept seeks to promote economic growth, social inclusion, and preservation or improvement of livelihoods while at the same time ensuring environmental sustainability.* Disponível em: <https://sustainabledevelopment.un.org/content/documents/2446blueeconomy.pdf>. Acesso em: 02 de maio de 2023.

Algumas ideias já saíram do papel, como a do engenheiro gaúcho Jorge Alberto Vieira Costa, um dos pioneiros na aplicação do conceito da economia azul no Brasil, em suas pesquisas com algas Spirulina, que absorvem CO_2 da queima do carvão, produzem proteínas a serem utilizadas a complementar nutrientes da alimentação e, também, podem ser transformadas em biocombustíveis.

Tive a honra de participar da Conferência dos Oceanos das Nações Unidas, realizada em Lisboa, Portugal, de 27 de junho a 1º de julho de 2022, na qual foram destaque em um debate de alto nível as nações insulares em desenvolvimento que representam 30% de todos os oceanos e mares. Com cerca de 40% da população mundial vivendo em áreas costeiras ou zonas próximas, entre os setores que dependem do mar, estão pesca, turismo, energia, setor naval e portuário, além de energias renováveis e biotecnologia marinha. As populações que vivem em zonas costeiras contribuem de maneira significativa para a economia global, com cerca de 1,5 trilhão de dólares por ano, sendo que há estimativas de que o volume suba para 3 trilhões de dólares até 2030.

No Brasil, o cenário não é diferente. Nosso país tem uma enorme vocação marítima e depende desses recursos para o pleno desenvolvimento econômico.

De acordo com estimativas da Comissão Interministerial para os Recursos do Mar, órgão do Governo federal que reúne representantes de 15 ministérios, o mar gera 2 trilhões de reais por ano ao Brasil, o que representa 19% do produto interno bruto (PIB). Ou seja, em 2022, o PIB do Mar teve um valor agregado de 1,74 trilhão de reais.

Ao longo de quase 8,5 mil quilômetros de extensão de faixa litorânea e uma área oceânica de cerca de 5,7 milhões de quilômetros quadrados, encontram-se 13 capitais e mais de 30 milhões de habitantes. É relevante destacar que aproximadamente 95% do comércio exterior brasileiro é feito pelo mar, e que neste se encontra grande parte do petróleo e gás produzido no país. Associadas a essas atividades, encontram-se as indústrias naval, portuária e de navegação, além de mineração marinha, pesca, aquicultura, turismo e esportes aquáticos, construção, energia, sustentabilidade, saneamento e saúde, que contribuem de modo relevante para a geração de receitas no país.

O setor de transporte marítimo também desempenha papel relevante na composição do PIB do Mar. Recentemente, a navegação de cabotagem ganhou destaque no cenário nacional com o programa BR do Mar. Aprovado pela Lei nº 14.301/2022, visa ampliar a oferta de navios, incentivar a competitividade e concorrência na prestação do serviço, de modo a equilibrar a matriz de transporte nacional, tornando o transporte aquaviário mais atrativo.

De acordo com a Organização para a Cooperação e Desenvolvimento Econômico (OCDE), os oceanos representam, atualmente, a sétima economia do mundo, com potencial para dobrar de tamanho até 2030.

O Brasil não pode ficar alheio às oportunidades e será necessário criar mecanismos, até então inexistentes, de mensuração e monitoramento do PIB do mar para conduzir a formulação de políticas públicas adequadas à pauta marítima do país. Em 30 de julho de 2020, no âmbito da Comissão Interministerial para os Recursos do Mar (CIRM), foi criado o GT PIB do Mar, com a finalidade de definir o conceito de economia azul ou economia do mar para o Brasil, identificar os setores e as atividades que integram e/ou contribuem para a economia azul e seus correspondentes aportes para o PIB do Mar. Elaborar proposta de metodologia que permita mensurar o PIB do Mar, contribuindo para o acompanhamento estatístico regular de sua evolução no país.[2]

Perspectivas de mercado:

- Hoje 3 bilhões de pessoas vivem hoje em zonas costeiras.
- Treze das maiores megametrópoles são costeiras.
- A pesca atual gera 100 bilhões de dólares por ano para economia global.
- Nas próximas quatro décadas, a população mundial deve saltar de 7 bilhões para 9 bilhões de pessoas.
- Para alimentar a população mundial, seria preciso uma produção adicional de 1 bilhão de toneladas de cereais e 200 milhões de toneladas de carne por ano.

Oportunidades do mar à vista!!!

Para navegar, é preciso colaborar: o papel dos clusters Bluetech no crescimento e desenvolvimento econômico

Os chamados "clusters oceânicos" ou "clusters Bluetech" tornam-se fundamentais para o crescimento das economias azuis regionais e nacionais e para estimular a colaboração internacional. Alguns clusters ampliam sua definição de

[2] Para mais informações, acesse: <https://www.migalhas.com.br/coluna/migalhas-maritimas/366232/pib-do-mar-e-a-economia-azul-novos-tempos-na-agenda-maritima>.

economia azul para incluir indústrias de água doce, ou seja, setores derivados ou dependentes da água de rios, manguezais, baías e lagoas.

Ao longo da última década, houve forte ascensão na formação dos "clusters Bluetech", com base em resultados positivos em três "**Ps**": ***People*** (pessoas), ***Planet*** (planeta) e ***Profit*** (lucro sustentável no ambiente marinho).

À medida que a tecnologia se desenvolveu e novos mercados surgiram, uma ferramenta que se enraizou e começa a apresentar resultados e retornos significativos sobre o investimento é o desenvolvimento de polos de atuação e empreendedorismo, conhecidos como clusters de inovação aberta.

Se antes as big techs e startups bem-sucedidas eram baseadas em criadores de gênios individuais, no novo modelo de desenvolvimento econômico, espaços colaborativos potencializam o valor de múltiplos inovadores com ideias semelhantes, muitas vezes complementares, que operam em estreita proximidade geográfica e ideológica, e, como resultado, acabam criando soluções inovadoras de maior impacto global e escalabilidade. Esse modelo de formação de clusters surgiu inicialmente na Europa, e agora se faz cada vez mais presente na América do Norte e em todo o mundo.

Várias ideias lançadas no início de 2021 com o apoio da iniciativa The Ocean Foundation forneceram uma visão geral detalhada do desenvolvimento de clusters oceânicos ou Bluetech. A ideia inicial apresentada no artigo "The blue wave: investing in bluetech clusters to keep leadership and promote economic growth and job creation" escrito em parceria com The Maritime Alliance, que detalha a lógica econômica para maior investimento do governo visando estimular a inovação. O que todas as ideias compartilham, independentemente da estrutura organizacional, do foco no assunto ou da associação, é o desejo de inovar e o reconhecimento de que há uma grande oportunidade em colocalização e colaboração.

Afinal, como diz o professor Álvaro Sardinha, grande especialista com título de *Master in Law and Economics of the Sea*, não há vários oceanos, e sim um único oceano, com fluxos interligados e interdependentes, que conectam a tudo e todos no mundo.

A BlueTech Cluster Alliance (BTCA) lançada em janeiro de 2017, após vários anos de coordenação, reuniu sete membros fundadores, a saber: Fórum Oceano (Portugal), Marine Institute (Irlanda), Oceans Advance (Canadá), PLOCAN (Espanha), Pôle Mer Méditerranée (França), TMA BlueTech (Estados Unidos – anteriormente, The Maritime Alliance) e UK Blue Growth Network (Reino

Unido). E, agora, inclui dez clusters de oito países após a entrada da GCE Ocean Technology (Noruega) em 2018.

Portugal se tornou uma referência, criou o Ministério do Mar atualmente sob a liderança do ministro da Economia e do Mar, sr. António Costa Silva, seguindo a Estratégia Nacional para o Mar 2021-2030 (ENM2030), com dez objetivos estratégicos (OEs) e 13 áreas de intervenção (AIs). Investimentos na ordem de 87 milhões de euros em 2021, no âmbito do Plano de Recuperação e Resiliência (PRR), em centros de investigação e de desenvolvimento de produtos para a economia do mar no Algarve, em Lisboa, Oeiras, Peniche, Aveiro e no Porto (Figura 29.1).

Visão da ENM2030: promover um oceano saudável para potenciar o desenvolvimento azul sustentável, o bem-estar dos portugueses e afirmar Portugal como líder na governação do oceano, apoiada no conhecimento científico.

TREZE ÁREAS DE INTERVENÇÃO (AIs) PRIORITÁRIAS

AI 1 - Ciência e inovação.
AI 2 - Educação, formação, cultura e literacia do oceano.
AI 3 - Biodiversidade e áreas marinhas protegidas.
AI 4 - Bioeconomia e biotecnologia azul.
AI 5 - Pescas, aquicultura, transformação e comercialização.
AI 6 - Robótica e tecnologias digitais.
AI 7 - Energias renováveis oceânicas.
AI 8 - Turismo, náutica de recreio e desporto.
AI 9 - Portos, transportes marítimos, logística e comunicações.
AI 10 - Estaleiros. construção e reparo naval.
AI 11 - Gestão do litoral, obras e infraestruturas.
AI 12 - Recursos não vivos.
AI 13 - Segurança, defesa e vigilância marítima.

DEZ OBJETIVOS ESTRATÉGICOS (OEs) PARA A DÉCADA

OE 1 - Combater alterações climáticas e poluição. Restaurar ecossistemas.
OE 2 - Emprego e economia azul circular/sustentável.
OE 3 - Descarbonização, energias renováveis e autonomia energética.
OE 4 - Sustentabilidade e segurança alimentar.
OE 5 - Acesso à água potável.
OE 6 - Saúde e bem-estar.
OE 7 - Conhecimento científico, desenvolvimento tecnológico e inovação azul.
OE 8 - Educação, formação, cultura e literacia do oceano.
OE 9 - Reindustrialização, capacidade produtiva e digitalizar o oceano.
OE 10 - Segurança, soberania, cooperação e governação.

Figura 29.1 *Estratégia Nacional para o Mar 2021-2030 (ENM2030). Adaptada de infografia geral da Direção-Geral de Política do Mar da República Portuguesa, disponível em: <https://www.dgpm.mm.gov.pt/enm-21-30>.*

Na Conferência dos Oceanos das Nações Unidas em Lisboa, foi anunciada a Ocean Promise (promessa Oceano), que se compromete a apoiar a recuperação de quase 1 trilhão de dólares em perdas socioeconômicas anuais causadas pela má gestão dos oceanos. Outras metas do compromisso anunciado pelo Programa das Nações Unidas para o Desenvolvimento (Pnud) são promover a economia azul em países costeiros e criar 4,3 milhões de hectares de novas áreas protegidas marinhas.

Desde 2021, Portugal coordena o programa de aceleração europeu para a economia do mar, com financiamento da União Europeia, criado pela Beta-i e pelo Fórum Oceano. Trata-se do consórcio Atlantic Smart Ports Blue Acceleration Network (AspBAN), que conta com mais de 11 parceiros europeus e norte-americanos, com o apoio de mais de uma centena de parceiros estratégicos provenientes de todo o mundo (empresas privadas, fundos de investimento, aceleradoras, associações empresariais e entidades políticas) e, sobretudo, com o envolvimento de mais de 391 portos de diferentes regiões do Oceano Atlântico. Seu objetivo é atrair 450 startups do mundo inteiro, com soluções inovadoras em todos os setores da economia azul que usem os portos para o desenvolvimento de seu negócio e suas operações. Esse projeto visa, também, reduzir as emissões de CO_2 no setor portuário e alcançar uma redução de, pelo menos, 100 mil toneladas de CO_2 em suas operações. Tem, ainda, a meta de atrair, no mínimo, 6 milhões de euros em investimento privado efetivo para as startups finalistas, bem como mobilizar fundos de investimento em um total de 5 mil milhões de euros de potencial investimento privado, ao longo dos próximos dois anos, contando já, como parceiro estratégico, com o Dubai Ports World (DP World): o maior fundo de investimento para infraestruturas marítimo-portuárias sustentáveis do mundo.

Se o Brasil quiser mesmo mudar de patamar, as lideranças públicas, privadas, pesquisadores, empreendedores e investidores terão que se unir e integrar esses clusters Bluetech globais. Não existe inovação sem colaboração!

Chegou a hora de o Brasil ter seu primeiro cluster Bluetech. O primeiro programa de inovação aberta BlueTech da Beta-i no Brasil será junto à Secretaria de Estado do Ambiente e Sustentabilidade (Seas) do Rio de Janeiro, o primeiro hub Bluetech do Brasil e da América Latina, com desafios e pilotos que gerarão impacto em todo o ecossistema de sustentabilidade e recursos hídricos.

Redes globais de inovação: onde o Brasil ancora no mapa da economia azul

A edição de 2022 do Global Innovation Summit (GIS 2022) teve três temáticas como foco: **(i)** tecnologia para um planeta mais verde; **(ii)** transição digital e estratégia; e **(iii)** elaboração de políticas. O evento ocorreu em Portugal, no Centro de Congressos do Estoril, entre os dias 22 e 23 de junho, no âmbito da presidência portuguesa da rede Eureka.

Pela primeira vez, uma comitiva brasileira pôde participar com especialistas da Secretaria de Estado de Meio Ambiente e Sustentabilidade (Seas), da Federação do Comércio de Bens, Serviços e Turismo do Estado do Rio de Janeiro (Fecomércio RJ), da Serviço Brasileiro de Apoio às Micro e Pequenas Empresas do Estado do Rio de Janeiro (Sebrae Rio), da Universidade do Estado do Rio de Janeiro (Uerj), do Instituto Alberto Luiz Coimbra de Pós-Graduação e Pesquisa em Engenharia da Universidade Federal do Rio de Janeiro (Coppe/UFRJ), da OceanPact, da Companhia de Desenvolvimento Industrial do Estado do Rio de Janeiro (Codin Rio) e da Câmara de Comércio e Indústria do Estado do Rio de Janeiro (Caerj) capitaneados pela Beta-i, já parceira do Eureka.

Fui convidada a participar do painel "Vencer em um mundo de mudanças: a era da agilidade organizacional", com dois grandes especialistas da área: Nadim Habib, membro docente da NOVA School of Business and Economics (NOVA SBE), e Renata Ramalhosa, CEO e co-founder da Beta-i Brasil. No contexto de que:

> O mundo está mudando em um ritmo nunca antes experimentado, influenciado principalmente pela aceleração tecnológica e velocidade de adoção tecnológica. Todos os setores estão sendo afetados por novos players que estão surgindo de todas as partes do mundo, mais ágeis e com novos produtos e serviços que desafiam os negócios mais tradicionais. O número de startups e unicórnios surgindo ano a ano é exponencial e as organizações precisam se aproximar e colaborar com o ecossistema para conseguir superar a complexidade. A inovação colaborativa é uma forma de apoiar as organizações a navegar por essa mudança e apoiá-las com metodologias robustas para trabalhar com o ecossistema externo para superar esses desafios de maneira mais inteligente. É uma ferramenta importante para lidar com essa incerteza, pois leva as partes interessadas a trabalharem juntas para um objetivo comum ou complementar. Ele dá a oportunidade aos participantes de todas as cadeias de valor de participar do surgimento de novos modelos de negócios colaborativos.

A Eureka é uma iniciativa intergovernamental, criada em 1985, uma rede global de organizações financiadoras de pesquisa e inovação, que tem como objetivo financiar a execução de projetos colaborativos em pesquisa e desenvolvimento

(P&D) envolvendo empresas e instituições de pesquisa. Atualmente, a rede engloba 48 países e já apoiou com 40 mil milhões de euros a 50 mil pequenas e médias empresas, instituições de ensino superior e centros de pesquisa, mais de 7 mil projetos com orçamento superior a 48 bilhões de euros. A Eureka é, certamente, uma das maiores iniciativas mundiais de fomento à pesquisa, inovação e educação.[3]

Os instrumentos Eureka se baseiam em uma filosofia bottom-up, em que as entidades têm liberdade e flexibilidade para: escolher o foco tecnológico do seu projeto de P&D; criar seu consórcio ideal com parceiros de vários países Eureka; selecionar o instrumento Eureka que melhor atende às suas necessidades. Os clusters da rede Eureka são: parceria europeia Innovative SMEs-Eurostars; parceria europeia Innovative SMEs-Innowwide; projetos da rede Eureka; Globalstars; e InvestHorizon – Investment Readiness Programme.

O Brasil ainda não é signatário dessa rede global, porém já assinamos dois acordos de cooperação: o Acordo de Cooperação (Fapesp, Embrapii, Finep, Eureka), ou GlobalStars Brazil da Eureka, que destinou recursos não reembolsáveis para projetos de inovação, assinado em 27 de junho de 2018; e o Acordo de Cooperação (Confap, Embrapii, Finep, Eureka), assinado em 30 de março de 2022.

Um marco importante foi a inauguração do AIR Centre – Rio de Janeiro, em 2019, pela Universidade Federal do Rio de Janeiro (UFRJ), por meio do Parque Tecnológico da UFRJ e do Laboratório de Métodos Computacionais em Engenharia (Lamce) do Instituto Alberto Luiz Coimbra de Pós-Graduação e Pesquisa em Engenharia da Universidade Federal do Rio de Janeiro (Coppe/UFRJ), com a presença do ministro da Ciência, Tecnologia e Ensino Superior de Portugal, Manuel Heitor, da reitora da UFRJ, Denise Pires, e do atual Diretor de Tecnologia da Faperj e conselheiro da Air Centre, Mauricio Guedes.

Com sede física nos Açores (Portugal), o AIR Centre, Centro Internacional de Investigação do Atlântico, é um projeto que congrega governos, universidades, centros de investigação e empresas internacionais. Os países fundadores são: Portugal, Espanha, Brasil, Angola, Cabo Verde, Nigéria, Uruguai, São Tomé e Príncipe, junto com o governo regional dos Açores. São ainda observadores, nesta fase, o Reino Unido e a África do Sul. O AIR Centre reúne cientistas e pesquisadores de diversos países, incluindo o Brasil, para desenvolver estudos sobre clima, biodiversidade, correntes marinhas e outros aspectos do oceano, que possam ser usados com o objetivo de gerar desenvolvimento econômico.

[3] Para mais informações, acesse: <https://www.eurekanetwork.org/>.

Ventos sopram a favor da união em prol das startups azuis

A pesquisa oceânica no Brasil ainda é fragmentada em esforços individuais de instituições e laboratórios. O Brasil ainda não tem uma entidade que centralize a ciência oceânica.

Uma iniciativa positiva foi feita em marco de 2022, pela Universidade do Estado do Rio de Janeiro (Uerj), quando oficializou a criação da Universidade do Mar (Unimar) da Baía de Guanabara, no perímetro de Paquetá, na Ilha do Brocoió, onde abrigará o campus da instituição. A nova universidade conta com o apoio institucional de cerca de setenta instituições acadêmicas públicas, como as reitorias da Uerj, da UFRJ, da Universidade Federal do Estado do Rio de Janeiro (Unirio), do campus Uerj Zona Oeste (Uerj-ZO; antiga Fundação Centro Universitário Estadual da Zona Oeste [UEZO]), Pontifícia Universidade Católica do Rio de Janeiro (PUC-Rio), Universidade Federal Rural do Rio de Janeiro (UFRRJ) e da Universidade Federal Fluminense (UFF), além da Fundação Oswaldo Cruz (Fiocruz) e da Comissão Interministerial dos Recursos do Mar (CIRM).

O Instituto Nacional do Mar está perto de virar realidade

O Instituto Nacional de Pesquisas Oceânicas (INPO) foi selecionado no Chamamento Público nº 31/2021, realizado pelo Ministério da Ciência, Tecnologia e Inovação (MCTI), para constituir uma organização social (OS) e atuar em conjunto com a União para apoiar, difundir e integrar a pesquisa oceanográfica brasileira. O INPO, que foi criado em 2013 como associação civil e agora consiste em uma OS, seguirá para a fase seguinte do processo, será regularizado e passará a receber do MCTI os recursos para seu funcionamento, que giram em torno de 10 milhões de reais ao ano.

A proposta do INPO para constituir o futuro Instituto Nacional do Mar (Inmar) está apoiada na capacidade técnica de um quadro científico formado por 85 pesquisadores de 12 diferentes áreas e uma Rede de Pesquisa Inovação e Infraestrutura (RPII), que reúne 24 universidades, nove Institutos Nacionais de Ciência e Tecnologia (INCTs), programas de pesquisa, sociedades técnico-científicas e empresas privadas. Tanto o quadro científico quanto a RPII fornecerão o suporte necessário a uma diretoria de operações com foco em três áreas estratégicas: monitoramento e gestão de risco; empreendedorismo e inovação; e capacitação e cultura oceânica.

Dentre as prioridades do projeto, está a integração dos diversos bancos de dados oceanográficos em uma mesma interface. A proposta prevê a criação de um sistema de infraestrutura de Dados (SID-Oceano), que consistirá em um banco de dados integrado, um centro de previsões e uma plataforma de experimentação, para testar e criar modelos baseados nessas previsões. "Existe uma demanda no país por tais equipamentos, que estamos organizando e trabalhando junto com empresas, sobretudo startups. Nosso objetivo é que possamos produzir a maior parte das peças, bem como realizar montagem e manutenção no Brasil", como afirmou o diretor-geral do INPO, o engenheiro Segen Estefen.

Em 2021, iniciou-se a "Década da Ciência Oceânica para o Desenvolvimento Sustentável (2021-2030)", idealizada pela Organização das Nações Unidas (ONU) para promover o tema e abordar o 14º objetivo para o desenvolvimento sustentável, que se refere à proteção da vida marinha ("Conservar e usar de forma sustentável os oceanos, mares e os recursos marinhos para o desenvolvimento sustentável.").

As startups serão fundamentais para possibilitar essa virada inovadora no ecossistema da economia azul junto a governo, empresas e centros de pesquisas. Vamos juntos construir essas pontes, redes nacionais e internacionais conectadas, não somente para alcançarmos as metas do milênio da ONU mas também para buscarmos, de fato, soluções sustentáveis, de sobrevivência da vida e de novas oportunidades de negócios oriundos das águas.

No Rio de Janeiro, teremos o primeiro hub Bluetech e a primeira bolsa de ativos verdes. O governador Cláudio Castro já assinou um protocolo de intenções com a Nasdaq e a Global Environmental Asset Plataform (Geap) para dar os primeiros passos para a implantação da plataforma de negociações, que será focada na compra e venda de créditos de carbono e ativos sustentáveis.

Certamente os ativos serão verdes e azuis. A Bluetech Brasil zarpou nesse imenso oceano de oportunidades. Vamos nessa direção!

Referência bibliográfica

PAULI, Gunter. *Blue economy: 10 years, 100 innovations, 100 million jobs.* Taos: Paradigm Publications, 2010.

PARTE 5

CONTRIBUIÇÕES PARA A DINAMIZAÇÃO DA ECONOMIA AZUL: BRASIL E PORTUGAL

30 A favor da corrente da economia do mar

Carlos Erane de Aguiar

Ao longo de muitos anos, o Rio de Janeiro deu as costas para o mar, deixando por vezes em segundo, ou até terceiro plano, uma das principais vocações econômicas do estado. Se, em 2009, as atividades econômicas associadas ao mar eram responsáveis por mais de 125 mil empregos no estado, o equivalente a 3,35% do volume total de postos de trabalho formais, segundo dados do Sebrae, dez anos depois essa participação caiu para 2,94%, com 119 mil empregos. Entre 2009 e 2019, as atividades relacionadas com o mar retraíram 5,08%. É alvissareira a notícia de que o Rio de Janeiro terá o maior polo náutico pesqueiro do país, a ser instalado onde funcionava o Estaleiro Caneco, no bairro carioca do Caju, adquirido em leilão pelo governo do estado. A iniciativa traz boas perspectivas para o mercado, com base no que se desenha para o projeto. O futuro polo náutico pesqueiro vem na esteira da Lei nº 9.466/2021, que instituiu a Política Estadual de Incentivo às Atividades Econômicas Ligadas ao Mar, discutida por meses com atores do setor e aprovada pela Assembleia Legislativa, em 25 de novembro de 2021.

Com isso, o Rio passará a ter potencial para, em um futuro próximo, igualar o polo pesqueiro de Santa Catarina e poderá ser o maior do Brasil. O projeto do polo náutico contribuirá para o crescimento do segmento de pescado, e também com o processo de despoluição e reinvenção da Baía de Guanabara, importantíssimo para o Rio de Janeiro avançar não somente na pesca mas também no setor de turismo, eventos, gastronomia, esportes náuticos, entre outros. Um investimento que abre ainda um mar de oportunidades para melhor explorar a belíssima Costa Verde fluminense.

Embora tenhamos urgência de projetos nacionais que incentivem investimentos na construção e reparo de navios, tecnologia oceânica e atividades offshore para apoio à extração de petróleo em alto-mar no litoral fluminense, o estado dá um sinal de que navega, agora, a favor da corrente.

Exemplos internacionais não faltam, dando a dimensão da importância de um setor que pode despejar cifras milionárias - ou trilionárias - na economia local. Basta se debruçar sobre a movimentação do setor em países como França e Portugal, à frente de polos marítimos de referência mundial. Juntos, o polo do Mar Mediterrâneo e o polo do mar da Bretanha, na França, e os polos do mar de Portugal, movimentam, aproximadamente, 1,5 trilhão de dólares por ano. Os dois países são, hoje, players com forte interação econômica, cultural, histórica e tecnológica com o Brasil, como destaca o compêndio publicado no livro *Economia do Mar, uma Estratégia para o Desenvolvimento Econômico e Social*, editado em uma parceria entre o Serviço Brasileiro de Apoio às Micro e Pequenas Empresas (Sebrae) e o Polo do Mar Conecta.

O Rio de Janeiro tem urgência nessa pauta, uma vez que a Organização para a Cooperação e Desenvolvimento Econômico (OCDE) estima que o PIB do Mar dobrará em 2030 com relação a 2010, chegando a cerca de 3 trilhões de dólares. Com os campos do pré-sal - 85% do quais estão concentrados na costa fluminense -, o Brasil pretende duplicar sua produção de petróleo até 2030, tornando-se, assim, o quinto maior exportador do mundo. Mesmo se não alcançarem a meta, os campos de petróleo de baixo custo devem transformar o país em um dos últimos do planeta despontar com forte potencial de transição energética.

Diante dos esforços para desenvolver a economia do mar de maneira plena e sustentável, a ONU estabeleceu, em 2017, que a década atual seria dedicada aos oceanos, na chamada "Década da Ciência Oceânica para o Desenvolvimento Sustentável (2021-2030)". O Rio de Janeiro não podia mesmo continuar de costas para o tesouro do Atlântico.

Referência bibliográfica

REGAZZI, Renato Dias. *Economia do mar: uma estratégia para o desenvolvimento econômico e social.* Rio de Janeiro: Sebrae, 2021.

31 Grande oportunidade para pequenos empresários

Nathalia Xavier

A economia azul pode ser a resposta que o Brasil procura para gerar oportunidades de desenvolvimento para comunidades localizadas nas proximidades do oceano, de bacias, rios, lagos e lagoas. Os números que envolvem os recursos hídricos no país são impressionantes. Nosso litoral tem quase 8 mil quilômetros de costa, e a Zona Econômica Exclusiva (ZEE) - território brasileiro no mar - ocupa uma área de cerca de 5,7 milhões de quilômetros quadrados. Além de 12% de toda água doce disponível no mundo estar em território nacional.

Todo esse potencial, porém, não mudou até aqui a realidade das comunidades ribeirinhas, altamente vulneráveis. A pesca artesanal é, praticamente, sua única atividade econômica, a fonte de renda básica, que mal garante a subsistência. Aos jovens ribeirinhos, faltam oportunidades. Sem horizontes, eles seguem migrando para as cidades, onde nem sempre são bem-sucedidos e acabam fragilizando, ainda mais, todo o cenário socioeconômico. Basta de subutilizar os recursos hídricos. Temos que arregaçar as mangas e explorar essas regiões cheias de possibilidades, transformando as comunidades em locais prósperos.

Existem muitas outras atividades além da pesca que podem ser desenvolvidas com responsabilidade socioambiental, gerando empregos, renda e desenvolvimento local sustentável. Com pouco investimento e algum incentivo, não é difícil criar micro e pequenos negócios nos setores de turismo, esportes, lazer, transportes, gastronomia, eventos e até atividades com foco na sustentabilidade das águas, como despoluição e saneamento.

Portugal tem investido na criação de estações náuticas e turísticas em diversas regiões do país, inclusive no interior, impulsionadas pelo Fórum Oceano – pessoa coletiva[1] de utilidade pública que trabalha em rede para promover o desenvolvimento da economia do mar naquele país. Atualmente, existem 27 estações náuticas certificadas em funcionamento e 15 a serem implementadas. Parte integrante dos planos de desenvolvimento do turismo em Portugal, são um ótimo exemplo de como um único produto pode reunir o melhor que uma região tem a oferecer, além de trabalhar na defesa do patrimônio e da identidade cultural.

O estado do Rio de Janeiro tem este ótimo case de como um investimento na melhoria da qualidade das águas pode promover negócios e desenvolvimento. Até 1995, a Lagoa Rodrigo de Freitas, localizada na zona nobre da capital fluminense, era praticamente um local de passagem. Suas águas eram tão poluídas que milhares de peixes mortos eram removidos por dragas quase que diariamente. O cheiro era insuportável. Um trabalho de despoluição trouxe a vida de volta para as águas da Lagoa e revitalizou, também, seu entorno. O local se transformou em uma das maiores atrações ao ar livre da cidade, onde as pessoas vão caminhar, correr, pedalar, participar de atividades físicas e esportivas ou simplesmente contemplar a natureza e a paisagem carioca. Essa mudança permitiu a criação de muitos negócios. Espalhados por toda a orla, estão quiosques que oferecem culinária variada, com infraestrutura de banheiro para os visitantes, e empreendimentos de menor porte como aluguel de bicicletas e quadriciclos, venda de brinquedos, serviços de massagem, aulas de yoga, entre outros, para atender moradores e turistas.

A economia azul abre oportunidades para criar o ambiente de negócios ideal para pequenas comunidades, garantindo inclusão e desenvolvimento para todos. É claro que abrir caminhos pode ser uma tarefa pesada, por isso o cooperativismo pode ser a chave para muitos que desejam empreender. Ao reunir um pequeno grupo com objetivos comuns, é mais fácil criar um ambiente de negócios, com atividades complementares. O trabalho conjunto soma forças, diminui esforços e recursos, potencializa as oportunidades e fortalece a comunidade. Outro ponto positivo é o acesso facilitado a recursos e instituições de apoio. Atuar por meio de cooperativas e associações, dependendo do perfil de negócio e do empreendedor, pode ser uma opção mais acertada que empreender individualmente.

[1] Termo jurídico (da jurisprudência) de Portugal que significa: "Organização que corresponde a uma unidade jurídica com direitos e obrigações, composta por um conjunto de pessoas ou por uma massa de bens." Fonte: verbete "pessoa colectiva", *in*: *Dicionário Priberam da Língua Portuguesa* [em linha], 2008-2021. Disponível em: <https://dicionario.priberam.org/pessoa%20colectiva>. Acesso em: 18 de maio de 2023.

No Brasil, os micros e pequenos empreendedores contam com o Serviço Brasileiro de Apoio às Micro e Pequenas Empresas (Sebrae), tanto na formação empresarial como no suporte financeiro. A instituição tem seu foco voltado para a criação das condições necessárias para alavancar a economia azul - como este livro prova -, e o microcrédito é oferecido por várias instituições financeiras. Para que possam fazer as melhores escolhas, os futuros empreendedores devem conhecer esse novo mercado, compreendendo profundamente seu potencial econômico e suas opções de negócios. Por isso, a capacitação é fundamental.

Enfim, com conhecimento, incentivo e foco, seremos capazes de criar negócios sustentáveis, aproveitando as potencialidades que vêm das águas, gerando emprego e desenvolvimento, melhorando as condições de vida de todos e preservando os ecossistemas hídricos. A economia azul está batendo à nossa porta, cabe a nós abri-la com responsabilidade e compromisso com o futuro. Instituições do setor produtivo precisam estar alinhadas com essa nova realidade brasileira e oferecer soluções que viabilizem o surgimento de novos empreendedores e negócios sustentáveis e socialmente corretos.

32 Economia azul como estímulo e oportunidade para formação e capacitação de nossos jovens

Sergio Arthur Ribeiro da Silva

Ao longo dos séculos, assistimos aos caminhos percorridos para estabelecer o comércio entre os mais diversos povos por terras diferentes das originárias. O caminho sempre foi feito pelo mar, o qual sempre foi visto como "águas de ninguém", em que todos trafegavam, e trafegam, sem nenhum compromisso em manter esse meio.

Durante séculos, aceitamos que tudo cabe nas águas do mar. Como se essas fossem capazes de tragar o lixo ali depositado e transformá-lo em saudável para a vida marinha, com suas riquezas sempre mantidas. Ledo engano, sabemos o quanto nos custou essa desinformação. Sabemos que não é assim.

Felizmente, o momento hoje é outro. Apesar de muitas agressões aos oceanos que ainda testemunhamos, vivemos um momento de muita consciência em que todos os povos enxergam as riquezas e possibilidades que o oceano oferece por meio do desenvolvimento social e econômico de modo sustentável.

O conceito contido em **ESG**, sigla em inglês para ***E**nvironmental* (ambiental), ***S**ocial* (social) & ***G**overnance* (governança), vem ajudar na organização das estratégias para um ambiente com base nas milhares de oportunidades oferecidas pelo oceano. Já entendemos que a preservação do meio ambiente, não é apenas consciência de poucos, atos de benevolência, trata-se de nossa sobrevivência e, com base nessa conscientização, isso passa a ser monetizado. Ninguém mais tem dúvidas de que a sustentabilidade do ambiente marítimo representa a autopreservação, da própria sobrevivência, das atividades produtivas, que têm nas águas seu meio de trabalho e renda.

Com relação ao "S", o "social" indica que é essencial termos as boas práticas sociais nas ações rotineiras das empresas, dos governos, em todos que trabalham no/para o mar. A inclusão de todos pelo oferecimento de oportunidades iguais para todos os cidadãos, sem distinção, garante o presente e assegura um futuro do mar mais igualitário e rico.

O "G" nos sinaliza a importância de uma "governança", onde cada representante de empresa, governo, instituição tem e terá papel relevante para que a geração de riqueza vinda do oceano se estabeleça. Ir em busca da sustentabilidade econômica do mar, é um vetor importante, fundamental, para o desenvolvimento local, em particular, nos clusters ao longo da costa litorânea do estado do Rio de Janeiro.

Combater a desigualdade é dever de todos, e a missão do Serviço Nacional de Aprendizagem Comercial (Senac) nos conduz ao que é primordial para diminuir as injustiças sociais, a educar para o trabalho em atividades de bens, serviços e turismo. Assim é que, de 2019 a 2022, incluindo o difícil período da pandemia, registramos um crescimento de 11% no número de alunos nos cursos apenas voltados às atividades de hospedagem (hotelaria), gastronomia, produção de alimentos e turismo. Para esses segmentos, no mesmo intervalo, foi registrado um crescimento de 5% de hora-aula. Assim chegamos ao excelente número de mais 3,1 milhões de horas-aula, o que sinaliza para uma formação de qualidade.

Desejamos mais e podemos fazer muito mais, aproveitando as oportunidades de demanda das atividades voltadas à economia azul. O turismo no estado do Rio de Janeiro está em expansão, particularmente o turismo na costa litorânea, os empregos nas embarcações de cruzeiros, a frequência de bares, restaurantes, e as hospedagens em hotéis privilegiam as cidades costeiras e seu entorno.

Esperamos aproveitar o aumento da demanda que se apresenta para o preparo e o fornecimento de alimentação para as plataformas de exploração de petróleo (indústria tão presente em nossa costa, responsável por mais 70% da oferta do país) –, bem como para a formação de equipes de camareiras, garçons, serventes e de todas atividades especializadas em trabalho embarcado.

Poderíamos continuar e enumerar as inúmeras possibilidades que se apresentam diante de nós, com tantas inovações estabelecidas em nosso novo plano de ações, mas deixamos expresso nosso desejo de participar das parcerias que tornarão nosso mar mais saudável e justo para todos.

Posso dizer, com segurança, que estamos prontos a ajudar na formação e capacitação, para atender à demanda do mercado oferecido pela economia do mar, de modo a torná-la cada vez mais a economia azul.

33 A economia do mar fluminense precisa formar com urgência engenheiros e técnicos de pesca e de aquicultura

Wagner Victer

Em 1998, logo após a aprovação da legislação que estabelecia a abertura do setor de petróleo, a Lei Federal nº 9.478, de 06 de agosto de 1997, e quando também estávamos assumindo a Secretaria de Estado de Energia, Indústria Naval e Petróleo, identifiquei uma necessidade junto com o saudoso e lendário professor Carlos Dias: a formação de engenheiros de petróleo no Rio de Janeiro para fazer o enfrentamento daquela nova onda, tendo em vista que a diplomação nessa área estava, até então, concentrada basicamente na Petrobras dentro de seus excelentes cursos de formação.

Na ocasião, obtivemos o apoio para desenvolvermos no país o primeiro curso de graduação em engenharia de petróleo, com a própria Petrobras nos auxiliando com recursos financeiros para implantar o Laboratório de Engenharia e Exploração de Petróleo (Lenep), um avançado Centro Tecnológico em Macaé da Universidade Estadual do Norte Fluminense Darcy Ribeiro (Uenf), com o intuito de formar pioneiramente engenheiros de petróleo.

Posteriormente ao Lenep, instituímos na Universidade do Estado do Rio de Janeiro (Uerj), especialmente na unidade de Nova Friburgo, uma ênfase (especialização) em petróleo, por dedicação da orientação do professor Antônio Neto, dentro do curso de engenharia mecânica, que se aplicava no último ano de formação. Na mesma época, na tradicional Escola Politécnica da Universidade Federal do Rio de Janeiro (UFRJ), havia certa resistência contra a criação do novo curso, o que posteriormente foi superado com a geração de um curso próprio, que, aliás, vai muito bem. Outro exemplo dessa miopia é que alguns vetores da própria economia fluminense, como o curso de turismo, não tinham e não têm sequer um curso de graduação em bacharelado em escolas públicas, mesmo diante da necessidade de apoio a uma grande atividade de desenvolvimento do Rio de Janeiro.

No setor de ensino privado, por sua vez, houve o pioneirismo da Universidade Estácio de Sá, primeiro com os cursos de tecnólogo em petróleo e depois com sua própria graduação em engenharia de petróleo, que ampliou rapidamente a oferta no estado e que depois ofereceu essa formação em larga escala para todo o país com muito sucesso.

O fato é que é impensável se tocar, de modo eficaz, o desenvolvimento de um setor sem ter a formação prévia dos recursos humanos (RH), pois com eles surgem a criatividade, a capacidade de aprender com as melhores práticas e iniciativas para empreender e alavancar políticas públicas. Nesse caso, "a galinha tem que vir primeiro que o ovo".

A chamada "economia do mar" é um assunto muito abordado nos dias atuais, e, realmente, é grande sua perspectiva econômica para o Brasil. Os militares, especialmente os da Marinha, adotam denominação muito adequada que é a chamada "Amazônia Azul" ao longo dos nossos quase 8 mil quilômetros de costa no país. Associada à influência que temos em nossa Zona Econômica Exclusiva (ZEE), é praticamente um novo território brasileiro e que, muitas vezes, é explorado por empresas de outros países.

O estado do Rio de Janeiro nesse contexto tem um potencial significativo para avaliar a economia do mar. Não somente no que se refere à questão dos históricos estaleiros e do turismo náutico mas também, especialmente, para a indústria de pesca e aquicultura. Temos um estado com apenas 0,5% do território nacional, mas com uma das maiores proporcionalidades entre área e retificação do litoral entre todos os estados do Brasil.

O perfil geográfico territorial costeiro fluminense é similar ao do Chile, onde a atividade pesqueira também tem grande importância, pois, além de ter uma costa bastante relevante, temos aqui três importantes baías abrigadas, que são: Baía de Ilha Grande, Baía de Sepetiba e a Baía de Guanabara. Isso sem falar de litorais de ilhas e importantes lagoas como as do complexo lagunar do norte fluminense, a Lagoa Feia, a Lagoa de Cima e a própria Lagoa de Araruama, que é a maior lagoa hipersalina do mundo, sem falar em abundantes reservas hídricas em rios e águas subterrâneas.

Não obstante essa realidade de potencial da economia do mar, muitas vezes foram as ações simples, como as exemplificadas para a indústria do petróleo e gás voltada à formação de RH, que deram grandes resultados. Mesmo assim, essas políticas nem sempre são percebidas e adotadas.

Ainda não há no estado do Rio de Janeiro nenhuma universidade pública, tanto federal quanto estadual, que forme engenheiros de pesca ou engenheiros de aquicultura, como há em outros estados brasileiros.

Nessa esteira de oportunidades, o governo do estado do Rio de Janeiro fez recentemente um movimento importante, aliás muito positivo, que vai ao encontro dessa potencialidade econômica. Trata-se da desapropriação das instalações do antigo Estaleiro Caneco no bairro carioca do Caju, onde pretende implantar um complexo logístico que dê suporte às diversas atividades do mar e pesqueiras, potencialmente a célula inicial da chamada "Universidade do Mar (Unimar)", que poderá competentemente ser desenvolvida pela Uerj, até porque, além de sua área abrangência em todo o estado, já tem um tradicional curso de oceanografia, que traz muitas disciplinas convergentes ao tema.

A própria produção de petróleo aqui instalada traz empreendimentos de todas as ordens, que também requerem profissionais voltados ao tema, não somente para colocar ações mitigadoras a impactos ambientais mas também para fazer ações convergentes e gerar emprego. Dentro do novo momento pelo qual o mundo passa, onde se busca, de forma estratégica, a verticalização cada vez maior da produção de alimentos e com isso barateando os custos não submetidos a commodities dolarizadas, a economia do mar pode dar essa importante colaboração na oferta de proteína animal saudável e a baixo custo.

O estado do Rio de Janeiro tem, portanto, um potencial fantástico para as atividades de pesca e aquicultura, não apenas por essa geografia mas ainda, especialmente, por também ser um grande mercado consumidor. Ações que ocorreram no passado, como a produção de tilápias que começou fortemente na região do Paraíba do Sul e, também, no sul fluminense e no município de Piraí, trouxeram resultados muito positivos para incluir esses itens nos cardápios tradicionais do cidadão fluminense e, especialmente, na própria utilização na merenda escolar que tem demanda muito importante e firme.

Dentro das características regionais, as águas limpas da Baía de Ilha Grande proporcionaram no passado a produção piloto de *coquille saint jacques* (vieiras), o que mostra esta área muito interessante para a produção de ostras e mexilhões. A criação de camarão em cativeiro, uma atividade conhecida como "carcinicultura" também poderá prosperar na forma de cultivo da espécie marinha ou da de água doce.

Dentre os moluscos, o cultivo de ostras e mexilhões, chamados de "malacocultura" e mais especificamente com relação a ostras, a ostreicultura, tem também grande potencial em nosso estado e já tem forte presença na economia de outros estados, como Santa Catarina, que abastece parte de nossa gastronomia fluminense.

Por sua vez, no estado do Rio de Janeiro, na região do litoral norte e na própria Região dos Lagos, a produção de camarão e pescado é algo que ainda tem um potencial grande a ser explorado pelas tecnologias disponíveis no mundo e bastante produtivas em regiões, em razão do clima quente favorável para muitas espécies. Do mesmo modo, na Região Serrana, as águas limpas, frias e abundantes são favoráveis à produção de truta para a gastronomia fluminense.

Seria interessante aproveitar, portanto, a onda da economia do mar com a criação da Unimar, que vemos hoje sendo anunciada e colocar pelo menos uma turma por período com cerca de 30 alunos, onde em pouco tempo estaríamos formando na ordem de, pelo menos, 30 a 40 profissionais por ano nessa área e qualificando cada vez mais essa questão no estado do Rio de Janeiro, dando esse óbvio e necessário suporte de RH ao setor.

Por conseguinte, um dos grandes obstáculos do Rio de Janeiro para alavancar essa vertente econômica certamente é a ausência total de cursos de graduação, algo que perpassa muito o Brasil, onde temos pouco mais de 5 mil profissionais registrados nos conselhos de classe nessa área. Estimamos que atualmente são cerca de 4.500 engenheiros de pesca e quinhentos engenheiros de aquicultura exercendo as profissões no país. Para fins de registro, se observarmos somente os dados de 2021, são 1.952 engenheiros de pesca e 208 engenheiros aquaviários registrados efetivamente no Sistema Confea/Creas, que reúne o Conselho Federal de Engenharia e Agronomia (Confea) e os Conselhos Regionais de Engenharia e Agronomia (Creas).

Dentro do perfil dos que temos como profissionais graduados na ativa, 60% são homens e 40% mulheres. Sendo que 50% dos profissionais atuantes são jovens e têm entre 26 e 35 anos. Cerca de 55% desses possuem somente seis anos de formados.

No Brasil, há ainda poucas universidades voltadas aos cursos de pesca. Se destacam: a Universidade Federal do Sergipe (UFS), a Universidade Federal do Amazonas (Ufam), a Universidade Federal de Piauí (UFPI), a Universidade do Estado da Bahia (Uneb), a Universidade do Estado de Santa Catarina (Udesc), a Universidade Estadual do Maranhão (Uema), a Universidade Federal do Pará (UFPA), a Universidade Federal do Alagoas (Ufal), a Universidade Federal do Ceará (UFC), a Universidade Federal Rural de Pernambuco (UFRPE), a Universidade Federal Rural do Semiárido (Ufersa), a Universidade Federal Rural do Amazonas (UFRA), a Universidade Estadual do Oeste do Paraná (Unioeste), o Instituto Federal de Educação, Ciência e Tecnologia do Espírito Santo (Ifes), a Universidade Federal do Recôncavo da Bahia (UFRB), a Universidade do Estado do Amapá (UEAP) e a Universidade Federal de Rondônia (Unir).

Essa distribuição geográfica de formação em nível superior demonstra que há grande concentração de formação em estados do Nordeste (50%), do Norte 30% e até no Sul do Brasil, mas uma baixíssima concentração na região Sudeste e a inexistência de cursos no estado do Rio de Janeiro.

Nesse cenário, portanto, uma das principais e primeiras ações voltadas para a retomada da economia do mar será o suprimento de profissionais qualificados e de RH para esse fim. É esperado que, dentro do conceito da chamada "Unimar", esses cursos sejam imediatamente desenvolvidos e quem sabe ainda este ano haja vestibular direto para a própria Uerj, tendo em vista que os dois primeiros anos tradicionais do curso de engenharia são a formação básica que a instituição já oferta em sua unidade central. Esses dois anos seriam o tempo adequado para estruturação e formação de laboratórios e professores do tema, já que uma unidade desse porte poderia ser construída rapidamente, de maneira modelar e progressiva, sem precisar de mais que 12 salas de aula.

Por conseguinte, assim como fizemos com o petróleo no passado, o importante nessa estratégia é a criação imediata de um curso de engenharia de pesca ou de aquicultura pela Uerj, que faça ampla oferta para o interior do estado, a fim de atrair, com o devido suporte, profissionais das diversas regiões do estado, dispersando, também, o desenvolvimento dessa área para fora da região metropolitana.

34 Estratégias para consumo sustentável de peixe

António Gonçalves

Diz-me o que comes, dir-te-ei quem és!
– Eça de Queiroz

A economia azul não é mais uma designação que apenas virou moda. Tem como pressuposto o desenvolvimento sustentável da economia do mar com base nos objetivos de desenvolvimento sustentável (ODSs) definidos na Agenda 2030 das Nações Unidas, que se assentam nestes três pilares: social, econômico e ambiental (SEA). Fundamentado sobre um tripé interdependente, o desenvolvimento sustentável nunca se tornará realidade se os três sustentáculos não forem solidamente edificados. Por se tratar de uma mudança de paradigma, exigirá esforço e criatividade acrescidos.

Com a honra e o privilégio de inaugurar um círculo virtuoso, por oposição ao círculo vicioso em que, até então, temos vivido, o novo paradigma será muito mais gratificante também, com impacto direto na saúde do oceano e, consequentemente, no bem-estar das pessoas. Ao constituir nosso legado para as gerações vindouras, nada hoje pode ser mais importante. Uma vez que o oceano está já superexplorado em muitos aspectos e os seres humanos não podem viver de forma saudável sem uma alimentação equilibrada, existem opções que podem fazer toda a diferença.

O consumo de peixe por habitante é liderado pela Coreia do Sul (78,5 quilogramas), seguida pela Noruega (66,6 quilogramas), Portugal (61,5 quilogramas), Mianmar (59,9 quilogramas), Malásia (58,6 quilogramas) e Japão (58 quilogramas). Na União Europeia, a Espanha é quem mais pesca, e Portugal tem o maior consumo de pescado per capita. O consumo mundial de peixe per capita é de 22,3 quilogramas, mas no Brasil é de apenas 10,5 quilogramas; quase sem alteração desde 1950 e em linha com os demais países latino-americanos. Existe, por isso, enorme margem de progressão, que terá impacto positivo no diversificar da alimentação e na saúde, assim como na economia, com a criação de postos de trabalho, na formação e na fiscalização, na construção e na manutenção dos barcos, no desenvolvimento e na produção de equipamentos, no processamento e no armazenamento do pescado, e em toda a cadeia de distribuição e venda. Por todas suas implicações, o consumo de peixe também contribui para a afirmação da soberania nos espaços sob soberania ou jurisdição nacionais.

De todas as fontes de proteína animal comercializadas, a do pescado representa 56% do total, sendo também a mais sustentável e saudável. Globalmente, o consumo total de pescado - pesca e aquacultura - cresceu em média 3,1% entre 1961 e 2018; quase o dobro do crescimento da população mundial (1,6%). Sua posição é bem acima do somatório da proteína de origem animal (bovinos, suínos, aves, ovos e laticínios), cujo crescimento se cifrou em 2,1%. O contributo da aquacultura continua a aumentar e já é cerca de 50% do pescado consumido. Reúne todas as condições para ser sustentável, quer em mar aberto, quer nas zonas de transição, potenciando a criação de emprego altamente qualificado na investigação, na inovação e no desenvolvimento tecnológico.

A dieta mediterrânea, considerada pela Unesco patrimônio imaterial da humanidade, é tida como modelo de alimentação e estilo de vida mais saudável. Tem como base alimentos de origem vegetal (hortícolas, frutas, cereais pouco refinados, leguminosas secas e frescas, frutos secos e oleaginosos), privilegiando os produtos frescos sazonais e pouco processados; o azeite como principal fonte de gordura; consumo frequente de pescado; moderado consumo de ovos; baixo a moderado consumo de vinho, principalmente às refeições, e de lacticínios, sobretudo queijo e iogurte; além de baixo e pouco frequente consumo de carnes vermelhas. Além de promover a saúde e o bem-estar, este padrão também protege e respeita a biodiversidade, tem baixo impacto no meio ambiente, promove a sustentabilidade, otimiza os recursos naturais e humanos, e contribui para a segurança alimentar e nutricional.

Como é sabido, a alimentação humana tem enorme impacto no planeta, em particular a produção da carne. Por conseguinte, certas alterações nos hábitos gastronômicos podem traduzir-se em um contributo extremamente positivo para a economia azul e para a saúde. As denominadas frituras são a forma menos saudável de cozinhar os alimentos. Em virtude de as elevadas temperaturas provocarem alterações físicas e químicas nos óleos, comprovadamente prejudiciais à saúde, as frituras também colaboram para o aumento do consumo de gorduras. No passado, as populações das áreas litorais consumiam, sobretudo, peixe e poucas carnes vermelhas. E o pescado era assado em vez de frito, mais saudável e menos poluente, pois a maior parte dos óleos utilizados para cozinhar acaba no mar.

Pelas raízes culturais comuns, no Brasil, celebram-se as festas juninas. Em Portugal, têm a designação de santos populares. Se no calendário a coincidência é plena, em tudo o mais avultam as diferenças. No Brasil, é inverno e em Portugal é verão. Em Portugal, é época da sardinha, mas no Brasil é tempo de defeso, predominando o churrasco, em que o peixe não tem tradição. Uma ideia para diversificar a alimentação, torná-la mais saudável e dinamizar o consumo de peixe, passa por introduzir no churrasco as espécies mais adequadas ao gosto dos brasileiros e, também, as mais abundantes em cada época. Paralelamente, promover-se-ia o consumo da sardinha assada nos períodos de maior abundância, espécie riquíssima em ômega-3.

Recentemente, a sobrepesca da sardinha em Portugal resultou em uma diminuição abrupta dos stocks. Para promover sua recuperação, a captura foi inclusivamente interditada em alguns períodos de maior abundância, originando revolta na população e nos pescadores. Paralelamente, a Docapesca (empresa pública com a missão garantir a primeira venda em lota e administrar os portos de pesca) desenvolveu uma campanha para promover o consumo de cavala, espécie também rica em ômega-3 e muito abundante na costa portuguesa, sem restrições à captura e de baixo valor comercial. Para o efeito, recorreu a diversos chefs que preparam a cavala de maneira inovadora e saborosa, ação que visou mudar comportamentos e diminuir a pressão para pesca da sardinha, contribuindo, desse modo, para compensar os pescadores com uma fonte de rendimento alternativa. A campanha envolveu municípios, escolas de turismo e hotelaria, mercados municipais e cadeias de supermercados, locais onde os visitantes podiam degustar gratuitamente e assistir a aulas de culinária, aprendendo receitas inovadoras com cavala fresca e em conserva.

As conservas de peixe são também uma fileira sustentável, 100% natural e em franco crescimento. Criadas no século XIX para alimentar exércitos, cedo entraram na alimentação das populações. Até a massificação do uso do frigorífico, foi durante quase um século a tecnologia mais avançada para conservar o peixe. Portugal chegou a ter mais quatrocentas fábricas e, em 1983, ainda contava com 152, que produziam 34 mil toneladas de conservas. As sucessivas quebras na procura levaram a seu encerramento quase total, mas, no início do século XXI, os produtores identificaram um mercado apreciador de sua qualidade, aliada a certa sofisticação e sabor ímpar. Além do azeite e do sal, nas conservas seriam, entretanto, incorporados ingredientes e temperos muito distintos, que as tornaram um produto gourmet. A crescente procura pela qualidade estimulou os pequenos produtores, que as fabricam artesanalmente e com elevado valor acrescentado, existindo atualmente muitas lojas que apenas vendem conservas. Beneficiando-se do fato de ser um produto típico, as latas de sardinha podem inclusivamente ser personalizadas na hora para oferta, fazendo as delícias dos turistas.

A par dos congelados, o ressurgimento das conservas veio dinamizar a procura pelo pescado de elevada qualidade, garantir a saída para o excedente das capturas e fornecer mais uma opção saudável aos consumidores. De acordo com a *Gazeta Mercantil*, a indústria conserveira no Brasil foi afetada por problemas decorrentes da sobrepesca no último quartel do século XX, que quase levaram a sua extinção. É, por isso, uma vertente a explorar, depois de identificar e ultrapassar as questões que resultaram em seu declínio.

Voltado à sustentabilidade ambiental e do pescado na costa portuguesa, o Centro de Ciências do Mar e da Atmosfera (Mare), em parceria com o Instituto Politécnico de Leiria, tem presentemente em curso a revitalização do mercado, que passa por introduzir o consumo de espécies de baixo valor comercial ou mesmo sem valor. A principal preocupação deve-se ao fato de o consumo se encontrar desregulado, em virtude de se capturar muita sardinha, carapau e até cavala, muito embora os mais consumidos sejam o bacalhau e o salmão, ambos importados. Uns e outros provocam desequilíbrios nos ecossistemas e na balança comercial, respectivamente.

Com o intuito de perceber melhor as alterações a introduzir para ultrapassar as questões inerentes, durante um ano os investigadores do Mare acompanharam a atividade dos pescadores de Peniche. Constataram, então, que, nas redes de arrasto e de cerco, são capturadas muitas espécies sem valor comercial. Apesar de devolvidas ao mar, isso resulta em desperdício pois não sobrevivem. A ideia é dar mais opções ao consumidor, otimizar o rendimento dos pescadores e diminuir o desperdício. A análise à proteína e gordura dessas espécies, complementada pelo respectivo perfil lipídico e teor de umidade, revelou que têm basicamente o mesmo potencial nutricional do peixe consumido habitualmente. À exceção da sardinha, a espécie com mais elevado teor de gordura saudável, o carapau-negrão, a choupa e o ruivo têm valores alinhados com outras espécies. Comprovado o potencial nutricional, o desafio agora é vencer a barreira cultural, que passa pelo desenvolvimento dos produtos alimentares, entretanto testados e degustados, como o ceviche de choupa, o paté de carapau defumado e a lira desidratada. Em primeiro lugar, é preciso despertar o interesse da indústria alimentar, por norma avessa em apostar no que não é garantido. E em simultâneo utilizar sabiamente o marketing para aliciar o consumidor e convencer os hipermercados, que somente com garantia de procura abrem suas portas a novos produtos.

Esta é apenas mais uma vertente da economia azul pejada de escolhos, caminho em que é preciso cativar a indústria, os vendedores e o consumidor. Além da sustentabilidade cada vez mais em voga, o aumento do preço de muitas das espécies tradicionais e a elevada concentração de metais pesados no salmão, no peixe-espada e no atum, que tornam desaconselhável seu consumo por grávidas e crianças, constituem argumentos que, em conjunto, poderão ser utilizados para vencer as atuais reservas.

Para aumentar o consumo de peixe, fresco, congelado ou de conserva, chefs e nutricionistas são aliados preciosos para credibilizar campanhas de marketing educativas, que devem destacar a excelência do sabor e o benefício para a saúde, com o intuito de vencer resistências e ultrapassar preconceitos. Nesse âmbito, governos, universidades, cientistas, médicos, indústria alimentar e associações de pescadores também têm papel relevante para convencer as populações sobre a qualidade nutricional e os benefícios dos novos produtos.

Como o Algarve é o principal destino de férias de verão em Portugal, os turistas que chegaram ao aeroporto de Faro de 1 a 5 de agosto de 2022 foram surpreendidos por um presente de boas-vindas que consistia em produtos da terra e do mar algarvios. A campanha "Saborear o Algarve" era composta de duas conservas produzidas com receitas originais dos alunos e chefs da Escola de Hotelaria e Turismo de Vila Real de Santo António. Em uma juntaram a cavala e a amêndoa, e na outra utilizaram o carapau e a palma de figo-da-índia, valorizando com originalidade produtos com menor valor comercial e dando resposta à sazonalidade destas produções ligadas à dieta mediterrânea. Financiada pelo programa operacional MAR 2020, a campanha juntou a Direção Regional de Agricultura e Pescas do Algarve (Drap Algarve), a Escola de Hotelaria e Turismo do Algarve, a Confraria Gastronômica do Figo e da Figueira da Índia, a Associação de Produtores de Figo da Índia Portugueses (Aprofip), a Opuntias Cooperativa Agrícola e a Saboreal - Conserveira do Arade.

35 A economia azul exige segurança, conhecimento e cultura

António Gonçalves

Eis aqui, quase cume da cabeça
De Europa toda, o Reino Lusitano,
Onde a terra se acaba e o mar começa
– Luís de Camões

É pelo mar que circula cerca de 70% do petróleo, mais de 90% do comércio global e 95% do tráfego de comunicações e de dados por meio dos cabos submarinos. Em face das necessidades globais e da vastidão do mar, a hipotética disrupção de qualquer fornecimento crucial afigura-se cada dia mais crítica.

Sendo por definição um meio hostil à presença humana, o oceano é também a interface permanente com os outros dois domínios - a terra firme e a atmosfera - que se afetam reciprocamente. É desta tripla relação que derivam todos os desequilíbrios que atualmente afetam o oceano e, consequentemente, a vida e a segurança das pessoas.

Muito embora tenha características *sui generis*, a segurança no mar é, na maior parte das situações, uma questão indissociável da segurança nacional de cada estado costeiro, exigindo, por isso, o desenvolvimento das políticas e das capacidades mais adequadas ao cumprimento desse desiderato. Por se tratar de um requisito subjacente à prosperidade econômica, a segurança marítima *lato sensu* é indispensável ao sucesso de todas as atividades que decorrem no mar e com ele relacionadas, envolvendo, regra geral, múltiplos atores estatais.

Nesse sentido, os aspectos que afetam a segurança no mar assentam em duas vertentes distintas: em inglês, *safety* e *security*. Por não serem matérias estanques, aparecem com frequência associadas e influenciam-se mutuamente.

De índole mais preventiva e reativa, o primeiro aspecto da segurança (*safety*) está associado aos riscos que derivam da atividade marítima, nomeadamente a prevenção de acidentes e as ações a tomar quando esses ocorrem.

O segundo aspecto da segurança (*security*) é sobretudo proativo e corresponde à proteção das ameaças conscientemente perpetradas contra pessoas, navios, instalações e equipamentos direta e indiretamente relacionados com as atividades marítimas, motivo pelo qual se exigem "instrumentos de força" muito diversos e medidas mais robustas, a par de grande coordenação entre as entidades com competências para a segurança no mar.

Em atendimento aos múltiplos desafios e ameaças que atualmente despontam, a utilização dos espaços marítimos em toda a plenitude exige também conhecimento profundo e atualizado, em paralelo com a presença constante e efetiva para garantir a vigilância e a fiscalização das atividades que nele se desenvolvem, nas áreas sob soberania ou jurisdição nacionais. Com efeito, a salvaguardada e a segurança de pessoas e bens decorrem em grande medida da vigilância, da dissuasão e da firme e pronta repressão de eventuais ameaças, obrigando, por isso, à existência e manutenção dos meios mais adequados para o exercício dessas competências.

De acordo com o quadro de competências outorgadas pelas diferentes legislações nacionais, além da componente militar, de defesa e de diplomacia naval, à marinha são frequentemente atribuídas funções no âmbito da segurança e da autoridade do Estado no mar, assim como no apoio ao desenvolvimento econômico, científico e cultural.

Com forte contributo na conquista e na consolidação do território nos primórdios da nacionalidade, que seria enormemente ampliado pela sua ação na longa gesta dos descobrimentos e da expansão, a Marinha portuguesa esteve sempre na primeira linha no afirmar do pioneirismo lusitano na abertura do mundo e no sublinhar da vocação marítima de Portugal, que, em razão disso, também é apelidado de "país de marinheiros".

Se há cinco séculos foi o mar que permitiu projetar Portugal e Europa no mundo, atualmente estes atores exercem sua influência global com a adoção de políticas sustentáveis para proteger o oceano, com o intuito de salvaguardar as atividades econômicas que lhe são inerentes, contribuindo, assim, para mitigar as consequências decorrentes das alterações climáticas provocadas pela ação humana.

Para que Portugal e os portugueses possam usar seu vasto mar de forma adequada e sustentável em toda a sua plenitude, a Marinha portuguesa exerce, no âmbito das competências outorgadas pela legislação, diversas funções de segurança e autoridade do Estado, que englobam tarefas de segurança marítima, de salvaguarda da vida humana, de vigilância e fiscalização em cooperação com múltiplas entidades nacionais e internacionais. Por conseguinte, tem permanentemente empenhados cerca de mil militares, militarizados e civis, concorrendo para a criação de valor e desenvolvimento da economia nacional. Destacam-se nesse âmbito a segurança marítima; a fiscalização dos diferentes tipos de recursos, nomeadamente da pesca; o combate aos tráficos e à criminalidade marítima; o controle de fronteiras e da migração ilegal; o apoio em situações de crise e de catástrofe; e o apoio à sustentação dos meios da Autoridade Marítima Nacional (AMN), incluindo o combate à poluição do mar. Na busca e no salvamento marítimo (*Search and Rescue*), a área da responsabilidade de Portugal é extensíssima, sendo a ação da Marinha portuguesa neste âmbito reconhecida por sua excelência nacional e internacionalmente.

Uma vez que só sabendo é possível cuidar, o conhecimento profundo e atualizado sobre o mar e os seus recursos vivos e não vivos constitui também um contributo para a segurança, com reflexo direto para o desenvolvimento das ciências do mar em que se baseia. Nesse sentido, o desenvolvimento econômico, científico e cultural engloba um espectro muito amplo de tarefas, que incluem as componentes marítimas do fomento, da investigação e da cultura No plano do desenvolvimento econômico e científico, a Marinha portuguesa é um cliente permanente da indústria de construção e reparação naval, mas também dinamizadora do desenvolvimento e da inovação das tecnologias com aplicação naval. Desenvolve atividade científica a título permanente por meio do Instituto Hidrográfico (IH) e do Centro de Investigação Naval (Cinav), tendo os trabalhos da Proposta de Extensão da Plataforma Continental de Portugal sido realizados com o apoio de seus navios hidrográficos.

Recentemente, apresentou a primeira zona livre tecnológica (ZLT) de Portugal, localizada no Centro de Experimentação Operacional da Marinha, em Troia, onde, em segurança, vão ser testadas e validadas novas tecnologias de comunicações, sensores, inteligência artificial e materiais. O principal objetivo dessa ZLT é promover a colaboração entre a indústria, a academia, os usuários e atrair projetos de experimentação inovadores com tecnologias emergentes e disruptivas no meio marítimo, tornando a região um polo de inovação mundial.

No plano cultural, a Marinha portuguesa encontra-se a título permanente empenhada na divulgação da cultura marítima; aspecto fundamental para que os portugueses se identifiquem com o mar e melhor compreendam como dele dependem. Pelo simbolismo que congrega, tem no navio-escola "Sagres", seu *ex-libris*, contributo ímpar para afirmação de Portugal no mundo. Em virtude de nos remeter para a relação sustentável com o oceano e anteriormente já ter navegado com a bandeira do Brasil, o navio-escola "Sagres" é percepcionado nos dois países-irmãos como embaixador da economia azul.

36 Valor energético do mar territorial brasileiro: Brasil, uma potência energética

Fernanda Caetano Coelho • Rafael Campello de Menezes

O Brasil é uma grande potência energética, e uma parte considerável desses recursos está ligada diretamente à economia do mar. Antes, é preciso ressaltar pontos importantes do mercado consumidor brasileiro. São cerca de 215 milhões de habitantes, a sexta maior população mundial, e a maior economia da América Latina (e uma das maiores do mundo), com um produto interno bruto (PIB) de cerca de 1,5 trilhão de reais.

O Brasil é um país rico em recursos energéticos, e esse potencial ganhou ainda maior relevância com a indústria global de petróleo e gás natural; setores que atualmente respondem por 13% do PIB brasileiro.

A riqueza energética brasileira consolida o país como o segundo maior produtor hidrelétrico do mundo e abre caminho para que o país se torne um dos cinco maiores produtores e exportadores de petróleo na próxima década, com uma produção que pode alcançar mais de 5 milhões de barris por dia.

O segmento de petróleo e gás natural representa uma importante fonte de geração de riqueza para o país, no qual as cadeias produtivas marítimas constituem um projeto de desenvolvimento (grande parte da produção brasileira é offshore), alinhado com a responsabilidade socioambiental, de alta capacidade referencial ligada aos assuntos relativos ao mar.

O Brasil tem ainda um enorme potencial proveniente da bioenergia, sendo o maior produtor de etanol de cana-de-açúcar do mundo e o segundo maior produtor de biodiesel. Some-se a tudo isso nosso grande potencial eólico onshore e offshore e nosso potencial de geração de energia solar.

Em um mundo aceleradamente em busca de um novo paradigma energético, o Brasil continua a ser a peça-chave na resposta às necessidades energéticas do planeta, hoje e pelas próximas décadas.

Amazônia Azul: um oceano de oportunidades

O valor do mar para o Brasil começa pelo reconhecimento de sua história, importância e potencialidade. A Amazônia Azul, área do mar territorial brasileiro, tem cerca de 4,5 milhões de quilômetros quadrados, o equivalente a 52% do território brasileiro, com tamanho comparável aos 5,2 milhões de quilômetros quadrados da Amazônia Verde. Nosso oceano tem muitas riquezas e potencial de uso econômico de diversas formas. No que se refere à energia, destacam-se a produção de petróleo e gás natural e o imenso potencial da eólica offshore.

Cada vez com mais destaque no mundo, por ser uma fonte renovável e uma aliada na redução da emissão dos gases do efeito estufa e no combate às mudanças climáticas, a energia eólica offshore causa menos poluição visual e sonora. Em alto-mar, os ventos são mais intensos e constantes, o que aumenta a capacidade de geração de energia e causa menor efeito de turbulência nos aerogeradores. A possibilidade do uso de turbinas maiores, com maior geração, também é um atrativo para esse modelo de geração de energia renovável.

O Brasil apresenta alto recurso eólico offshore disponível ao longo de sua costa, com alta capacidade de geração nas regiões Nordeste (com destaque para Rio Grande do Norte, Ceará, Piauí e Maranhão), Sudeste (Rio de Janeiro e Espírito Santo) e Sul (Rio Grande do Sul e Santa Catarina).

O oceano sempre foi uma das grandes fontes de recursos da humanidade. De valor imensurável, o mar proporciona um ambiente de inovação, desenvolvimento de novas indústrias e geração de emprego. A proposta da ONU com a "Década da Ciência Oceânica para o Desenvolvimento Sustentável (2021-2030)" amplia o tema e reforça a importância do aperfeiçoamento de estratégias de governança e integração de princípios de sustentabilidade para a criação de valor de longo prazo.

Perspectivas para o setor de petróleo e gás natural

A matriz energética brasileira é uma das mais renováveis do mundo, sendo composta de 49% de energias renováveis, frente a 11% da matriz mundial. Entretanto, ao analisar nossa matriz, verificamos que o petróleo e seus derivados respondem atualmente por 34% da oferta interna total de energia do país, sendo seguidos pelos produtos da cana-de-açúcar (19%); hidráulica e eletricidade

(13%); gás natural (11%); lenha e carvão vegetal (8%); outras renováveis, como eólica, solar e biodiesel (8%); carvão mineral e derivados (5%); e urânio e derivados (1%).

É importante destacar também nossa matriz de transportes, na qual 25% do consumo de energia é de combustíveis renováveis, em especial o etanol e o biodiesel. Assim, o Brasil tem caminhado no sentido de ampliar o consumo de renováveis também no setor de transportes. De acordo com dados do planejamento energético nacional, os biocombustíveis serão responsáveis por 30% do consumo do setor de transportes em 2030.

Em análise mais detalhada, o setor de petróleo no Brasil em ambiente marinho, o país tem atualmente reservas de petróleo de cerca de 12 bilhões de barris, com produção de 3 milhões de barris por dia. Essa produção é proveniente de 61 campos de produção de petróleo em mar, com quase quinhentos poços produtores. São esses campos em mar, especialmente na importante província do pré-sal, que farão com que a produção nacional alcança a marca de 5,2 milhões de barris por dia em 2030, tornando o Brasil um dos cinco maiores produtores e exportadores de petróleo do mundo. Para os próximos dez anos são esperados, somente em exploração e produção, investimentos de cerca de 2 trilhões de reais (mais de 380 bilhões de dólares), sendo que há a previsão de entrada em operação de cerca de 39 novas plataformas do tipo **FPSO**s (***F**loating, **P**roduction, **S**torage and **O**ffloading*).

Além disso, por meio do Programa de Revitalização e Incentivo à Produção de Campos Marítimos (Promar), e em consonância com a economia azul, instituíram-se medidas para a revitalização dos campos maduros de petróleo e gás natural localizados em mar no território nacional, com o objetivo de extensão de sua vida útil, aumento do fator de recuperação, continuidade no pagamento das participações governamentais, geração de empregos e manutenção da indústria de bens e serviços locais. O Promar também trata da criação de melhores condições de aproveitamento econômico de acumulações de petróleo e gás natural em mar, consideradas de economicidade marginal.

Quando o assunto é produção e infraestrutura do setor de gás natural brasileiro, têm-se em vista 9.409 quilômetros de gasodutos de transporte, cinco terminais de regaseificação de gás natural liquefeito (GNL), 187 pontos de entrega, 14 plantas de processamento e 33 estações de compressão. Os gasodutos de escoamento em operação, provenientes dos produtivos campos do pré-sal, encontram-se em Caraguatatuba/SP (Rota 1) e Macaé/RJ (Rota 2), além de estar em fase final de construção um novo gasoduto para a cidade de Itaboraí/RJ (Rota 3).

Elo das águas Brasil-Portugal

A relação Brasil-Portugal com o mar se iniciou a partir das grandes navegações portuguesas, quando, no ano de 1500, os portugueses chegaram pela primeira vez ao solo brasileiro. Desde então, essa antiga e profunda relação reflete o modo como, há alguns séculos, ambos os países vêm estudando meios para um efetivo desenvolvimento sustentável oriundo das atividades do mar.

Nesse sentido, e no setor de petróleo e gás natural, a empresa portuguesa Galp está presente no Brasil, por meio de sua subsidiária Petrogal Brasil há mais de vinte anos. A Petrogal foi pioneira no desenvolvimento do pré-sal, junto com outras empresas, por exemplo, a brasileira Petrobras. Atualmente, a Petrogal está classificada como a terceira maior produtora de petróleo e gás natural do Brasil, com participação em mais de 26 projetos, desde a fase de exploração até à fase de produção, incluindo as bacias marítimas de Santos, Campos, Pernambuco-Paraíba e Barreirinhas. A Petrogal também tem investimentos inseridos no contexto da transição energética. Desse modo, o objetivo é contribuir para que os projetos do pré-sal sejam referência em inovação tecnológica mantendo a competitividade econômica e ambiental com o restante do mundo.

37 Consórcios públicos: uma alternativa viável para o desenvolvimento sustentável do oceano

João Leal

Vivemos, em definitivo, uma época singular. Em um futuro não muito distante, creio que meus netos, em seus estudos de história, poderão mensurar com mais dados a magnitude dos impactos socioeconômicos e ambientais decorrentes da pandemia da covid-19, das mudanças climáticas em curso, dos cada vez mais recorrentes eventos extremos e da guerra entre Rússia e Ucrânia.

No que se refere a mudanças climáticas e seus decorrentes eventos extremos, é possível, especialmente, por meio do ecossistema marítimo, impactar de maneira positiva, o atual e preocupante panorama. No intuito de pensar no desenvolvimento dos territórios marítimos que tenham proximidade e interesses comuns, sempre prezando pelo desenvolvimento de modo sustentável, a governança local pode se organizar por meio de consórcios, como alternativa.

Vale lembrar que, na década de 1980, o Brasil passou por transformações políticas e econômicas relevantes. Foi também esse o momento no qual os primeiros consórcios entre municípios ganharam ênfase, motivados pelas políticas de descentralização, que, até então, eram estruturas raras, quase desconhecidas.

O surgimento efetivo dos consórcios públicos foi um dos elementos quando da reforma do Estado, da redemocratização, do agravamento da crise econômica. Conhecer os fatos políticos e econômicos desse período auxilia a compreensão da natureza dos consórcios públicos.

Conceito e finalidades

Ultrapassado o contexto histórico, é importante entender que o consórcio público é uma instituição formada por dois ou mais entes da federação, para realizar ações de interesse comum, consistindo em um estratégico instrumento de cooperação técnica e financeira entre municípios de determinado território, governos dos estados, do Distrito Federal e da União. Os consórcios públicos podem servir à articulação de ativos, para viabilizar cooperação em projetos de abrangência regional, potencializando, assim, as vocações de seus integrantes e, por conseguinte, mitigando as fragilidades encontradas naquela localidade.

Nessa esteira, também podem se constituir em um importante espaço de diálogo e fortalecimento das relações entre o poder público e as organizações da sociedade civil, articulando parcerias público-privadas, convênios, contratos e outros instrumentos congêneres, que facilitem o financiamento e a gestão associada ou compartilhada de serviços públicos.

Por meio dos consórcios públicos, os entes da federação podem estabelecer o planejamento regional estratégico, mapear as demandas e eleger as prioridades regionais na busca do desenvolvimento daquele determinado território.

Desse modo, constituem-se em razão de necessidades comuns a mais de um ente da federação daquele território. Sempre haverá, então, uma dor ou oportunidade que será a amálgama da criação de determinado consórcio público ou outra motivação concreta em que a cooperação entre os entes federados é necessária para melhor resolver dada demanda. Isolado, um ente federado (município, estado, Distrito Federal ou mesmo a União) pode ter dificuldades em assegurar a melhor solução para problemas complexos cuja saída envolva, naturalmente, múltiplos esforços, comprometimento de vários atores e, em especial, articulação constante entre estes, para que as ações ganhem tração e os resultados se concretizem.

Finalizado o sucinto conceito desse importante instrumento, sobretudo, e mais uma vez, nos dias atuais, vale o registro afeto ao marco regulatório dos consórcios públicos, que se efetivou por meio da Lei nº 11.107, de 06 de abril de 2005, que instituiu estes sob o ponto de vista legal e inaugurou um novo cenário para a cooperação intergovernamental no Brasil.

O mérito dessa lei está em sua capacidade de fortalecer o federalismo cooperativo e consolidar a engenharia institucional do Estado brasileiro, por meio de maior articulação e coordenação entre as já mais difundidas esferas de governo, quais sejam municípios, estados, Distrito Federal e União.

Sua promulgação dissipou o longo período de insegurança jurídica em que muitos consórcios públicos foram constituídos e, por isso, passaram a operar políticas públicas regionais sem o devido tratamento jurídico próprio. As lacunas até então existentes levaram o judiciário aos conflitos de interpretação das normas que tratavam da natureza jurídica dessas organizações.

Consórcios para desenvolvimento da economia do mar: case Costa Verde

Dentro do mesmo propósito deste texto, no entanto com um sopro de ares contemporâneos para esta breve explanação, nas próximas linhas são abordadas informações correlatas a um cenário que ainda é futuro: o pós-pandemia.

Em breve, será necessário derivarmos para um contexto de cenários e projeções, porém, lastreados pelo diferencial propositivo que os consórcios públicos poderão viabilizar diante dos imensos desafios que, inevitavelmente, enfrentaremos.

Viveremos um período em que a revisão de uma série de conceitos será natural, e o componente da inovação, que se coaduna com a perspectiva da administração pública via consórcios públicos, será cada vez mais presente e necessário, considerando a dinâmica moderna da informação, a fluidez dos fatos e a fugacidade dos novos tempos.

Ainda de acordo com a perspectiva aqui proposta, a seguir serão apresentados alguns tópicos que visam estimular o pensamento consorciado como meio de superarmos o que nos espera. Assim, torna-se possível não apenas melhor enfrentar os desafios futuros como também replanejar a dinâmica das governanças públicas, em especial, as municipais, para que estas, de maneira integrada, possam potencializar, principalmente, suas vocações, que a reboque e de modo natural, mitigarão suas fragilidades.

Nesse sentido, especificamente, no que diz respeito à Costa Verde, os municípios de Angra dos Reis, Mangaratiba, Itaguaí e Paraty interfaceiam, diretamente, duas importantes baías: a de Ilha Grande e a de Sepetiba, que, juntas, alcançam mais de mil quilômetros quadrados de águas abrigadas; mais que o dobro da dimensão da Baía de Guanabara.

A Baía de Sepetiba destaca-se por seus setores que se interligam, como a indústria naval e defesa, a logística portuária, indústria, agricultura, a aquicultura, o turismo, comércio e serviços.

Na Baía da Ilha Grande, por sua vez, as mais marcadas vocações vertem-se para os setores vinculados à energia (petróleo, gás e nuclear), aos setores náutico e naval e ao setor de turismo.

O poderio institucional do primeiro consórcio público do Brasil voltado para a economia do mar, o consórcio de desenvolvimento da economia do mar (futuro Condemar) proporcionaria segurança jurídica para o melhor desenvolvimento sustentável desta porção costeira, especialmente a este estratégico mar territorial que repousa na região da Costa Verde, por meio de uma gestão qualificada e executiva.

As dores experimentadas pelos prefeitos/gestores municipais consorciados poderiam ser transformadas, por exemplo, em soluções conjuntas concretas que poderiam ir de uma simples oficina de reparos para pequenas embarcações de pescadores, o que evitaria o despejo de óleo nas baías, à propositura de projetos socioambientais, que poderia incrementar o índice de desenvolvimento humano (IDH) da região, bem como viabilizaria a regeneração ambiental.

Por fim, proponho, então, a leitura deste breve capítulo a todos os gestores de consórcios públicos, a seus presidentes e vice-presidentes (os prefeitos), e, ainda, àqueles que integram as equipes técnicas dos consórcios públicos. É crucial a busca por integração plena com seus entes consorciados, coirmãos, na melhor acepção da palavra, para que juntos seja viável melhor organizar seus territórios, independentemente de matizes ideológicas e/ou partidárias. Assim será possível que suas vocações - como a economia do mar, no caso do promissor Condemar, ainda em fase de idealização - permitam uma retomada mais equilibrada e sustentável.

38 Economia do mar e mercado de capitais

Marco Antônio Romano

A parceria Brasil-Portugal é um marco para a consolidação da economia do mar como modelo econômico de desenvolvimento brasileiro. Sob a perspectiva da indústria de investimentos, é notório o fato de o mercado estar abrindo os olhos para a inovação azul, e, por conseguinte, serão cada vez mais impulsionadas soluções disruptivas neste mercado. Acredito que isso será possível por meio das chamadas "Bluetechs", que são empresas geralmente formadas por pesquisadores, técnicos, empreendedores e cientistas, voltados ao desenvolvimento da ciência e tecnologia para promover descobertas e inovações de engenharia em setores existentes e também têm foco em criar novos nichos de mercado, ecossistemas, demandas e novos atores. As Bluetechs, que são um tipo de *deep tech*, mas direcionadas à inovação azul, estarão cada vez mais em evidência nos próximos anos.

Como exemplo deste movimento, pode-se citar o primeiro fundo de *deep tech* com enfoque em economia azul e ação climática na Península Ibérica, o Faber Blue Pioneers, que recebeu aporte do fundo de capital de risco Portugal Blue (sob gestão do Banco Português de Desenvolvimento e coparticipação do Fundo Europeu de Investimento), que se concentra em investimentos de transferência de tecnologia, *venture capital*, *early-stage* e *growth capital* em projetos da economia azul.

Sabe-se que a exploração dos recursos marítimos é feita desde a colonização, assim como se tem noção da dimensão do tamanho desse mercado. Desse modo, é possível perceber a potencialidade de um modelo econômico que utiliza o mar como recurso ou meio para o desenvolvimento econômico e social. Isso porque um modelo econômico é o que define, organiza e simplifica as interações entre empresas, população e agentes econômicos. Logo, por meio de um modelo econômico pensado na economia do mar, é possível estimular a preservação do ambiente e a sustentabilidade no encadeamento e fortalecimento dos elos dessa cadeia produtiva.

O Brasil tem vários polos industriais e tecnológicos e ecossistemas de inovação, os quais conectam empreendedores, estudiosos e investidores em busca de um objetivo comum. Por conseguinte, as empresas que fazem parte da economia do mar atraem cada vez mais o olhar do ecossistema de inovação, pois está claro que esse modelo econômico possibilita o equilíbrio entre causas **ESG** – sigla em inglês para ***E**nvironmental* (ambiental), ***S**ocial* (social) & ***G**overnance* (governança) – e desempenho financeiro. Acredito que isso comece pela cidade do Rio de Janeiro pois este estado detém um forte ecossistema de inovação que conta com mais de quatrocentas startups e ocupa uma ótima posição no ranking nacional. Além disso, estudos realizados pela empresa de consultoria Accenture mostram que o Rio de Janeiro é o estado mais eficiente do país no critério produto interno bruto (PIB) sobre o número de startups.

As iniciativas tanto públicas quanto privadas estão dando mais importância às soluções inovadoras que têm a sustentabilidade como alicerce. Assim como as iniciativas público-privada, entre o estado e parceiros, que fomentam a cultura de empreendedorismo e transformam o estado em um polo de referência internacional em tecnologia digital.

Um exemplo de uma parceria público-privada recente e bem-sucedida foi a empresa ganhadora do prêmio Green Rio/Green Latin America, em setembro de 2022. A startup vencedora, que tem foco em eficiência hídrica, nasceu no município de Macaé, no estado do Rio de Janeiro, onde se consolidou com o apoio do Serviço Brasileiro de Apoio às Micro e Pequenas Empresas (Sebrae) e investimentos recebidos da Fundação de Amparo à Pesquisa do Estado do Rio de Janeiro (Faperj), instituições que fazem parte do ecossistema de inovação fluminense.

A economia do mar usufrui a estrutura formada e consolidada dos ecossistemas existentes, assim como forma um novo ecossistema focado em inovação azul. Um exemplo disso é a criação do Polo Tecnológico do Mar, que tem o objetivo de articular instituições de ensino superior e de pesquisa com empresas.

Nesse sentido, o mercado de capitais estará presente por meio de fundos de investimentos em rodadas de negócios, promoção de bootcamps e desafios nas universidades. Como, também, por intermédio de especialistas e empreendedores no desenvolvimento de fintechs para facilitar a capitalização e o acesso a projetos voltados para a economia do mar em benefício a todos os stakeholders.

É possível ter acesso e conexão entre investidores institucionais e investidores pessoa física em investimentos de startups, e não será diferente com as Bluetechs. As áreas de inovação e empresas da economia azul que mais chamam a atenção do mercado financeiro e de capitais são aquelas que se utilizam de tecnologias como:

- inteligência artificial (IA);
- ciência de dados;
- tecnologias climáticas;
- Web3;
- *blockchain*;
- robótica;
- sensores;
- descarbonização de indústrias;
- inovação alimentar;
- biotecnologia azul.

Cada vez mais veremos soluções disruptivas neste novo ecossistema. O artigo da empresa McKinsey intitulado "Será que ESG realmente importa? Por quê?",[1] em sua introdução, deixa claro a necessidade de as empresas realmente lidarem com suas externalidades para manter suas licenças sociais.

Para validar esse argumento, são expostas informações sobre a criação e ascensão do termo "ESG", além de dados sobre algumas empresas e participantes de índices de bolsa de valores, uma vez que 90% das empresas do S&P500 e 70% das empresas do Russell1000 divulgam relatórios ESG. Constam jurisdições e novas regras criadas por órgãos reguladores, a exemplo da Securities and Exchange Commission (SEC), que torna considerável e até obrigatória a divulgação de relatórios ESG mais detalhados, sobretudo acerca dos riscos relacionados com clima e emissões de gases de efeito estufa (GEE).

Sob a óptica dos investimentos, o mencionado artigo ressalta o crescimento do perfil ESG, trazendo alguns dados:

> O influxo de dinheiro em fundos sustentáveis, por exemplo, aumentou de US$5 bilhões em 2018 para mais de $50 bilhões em 2020 – e depois para quase $70 bilhões em 2021. Os fundos obtiveram $87 bilhões em dinheiro novo líquido no primeiro

[1] Disponível em: <https://www.mckinsey.com/featured-insights/destaques/sera-que-esg-realmente-importa-por-que/pt>. Acesso em 24 de maio de 2023.

> trimestre de 2022, seguidos de $33 bilhões no segundo trimestre. Na metade de 2022, ativos sustentáveis em todo o mundo atingiram cerca de $2,5 trilhões.

No que tange às críticas, o artigo traz a perspectiva de Milton Friedman de que as empresas devem "ganhar o máximo de dinheiro possível respeitando as regras básicas da sociedade".[2] Aborda, ainda, a visão de que o ESG pode ser um meio de lucrar com públicos mais seletivos e sofisticados. Sob esse ponto de vista, não há problema em SE ganhar dinheiro e ao mesmo tempo ajudar o planeta; na verdade, acredito que essa seja a tendência daqui para a frente.

Por fim, o artigo da empresa McKinsey opina também sobre a mensuração do efeito do ESG nos resultados dos stakeholders, e, ainda, apresenta argumentos que dizem que não há como relacionar ganho financeiro ao ESG. Após críticas, o artigo se encerra com aspectos e argumentos otimistas com relação à evolução do tema ESG e práticas que podem e estão sendo melhoradas, tanto no que se refere às externalidades quanto ao desempenho a ser mensurado pela inserção de políticas ESG nas empresas.

[2] Original em inglês do artigo "A Friedman doctrine – The Social Responsibility of Business Is to Increase Its Profits", de Milton Friedman, disponível em: <https://www.nytimes.com/1970/09/13/archives/a-friedman-doctrine-the-social-responsibility-of-business-is-to.html>. Acesso em: 24 de maio de 2023.

39 Desenvolvimento da economia do mar no Rio de Janeiro: uma análise para os incentivos fiscais

Sandro de Freitas Valpassos

Introdução

A economia do mar tem um elevado potencial de desenvolvimento no estado do Rio de Janeiro (ERJ). Para isso, é possível se utilizar de um amplo e variado conjunto de instrumentos, escolhidos de acordo com objetivos predefinidos, como aumento da renda e do emprego, da tecnologia e produtividade e do meio ambiente. No âmbito de políticas públicas, os incentivos fiscais estão entre as ferramentas de fomento ao desenvolvimento econômico mais utilizadas. Como toda política pública, estes devem ser avaliados por meio de critérios claros e, se necessário, aperfeiçoados.

Neste capítulo, procuraremos iniciar um esforço de avaliação dos incentivos fiscais direcionados à economia do mar, com a Lei nº 9.466, de 25 de novembro de 2021, que instituiu a política estadual de incentivos à economia do mar. Inicialmente, mostraremos os modos como as legislações tributárias tratam um mesmo tema, consciência que as palavras das disposições normativas não necessariamente plasmam a real intenção dos legisladores e que estando divorciadas do texto podem ser prejudiciais e causarem distorções em outros setores.

Faz-se necessária uma reflexão sobre a regra geral de importação que consta no Regulamento do Imposto sobre Operações Relativas à Circulação de Mercadorias e sobre Prestações de Serviços de Transporte Interestadual e Intermunicipal e de Comunicação (RICMS) do ERJ, aprovado pelo Decreto nº 27.427, de 17 de novembro de 2000, e sobre os benefícios à sociedade perante o gasto tributário realizado com os incentivos fiscais. Na sequência, será mencionada a importância das atividades econômicas incluídas na lei estadual da economia do mar na construção de uma política de fomento.

Importância de uma regra geral

Iniciaremos com uma introdução sobre algumas questões de interpretações dos 234 atos normativos existentes e que tratam de formas distintas um mesmo tema, posicionando o investidor diante de um emaranhado e complexo sistema interpretativo no ERJ. O leitor entenderá a importância de tornar claro os textos normativos, utilizando palavras apropriadas que traduzam a real intenção do legislador. Além disso, é introduzido o art. 15, Livro XI, do RICMS, que discorre sobre a regra geral da exoneração (não pagamento) do ICMS de importação quando a entrada da mercadoria é dada por:

- portos e aeroportos do ERJ, e o desembaraço ocorre nestes;
- portos e aeroportos do ERJ, e o desembaraço ocorre fora destes (porto seco ou centro logístico e industrial aduaneiro);
- portos e aeroportos de outra unidade federada (UF), e o desembaraço ocorre no ERJ;
- por via terrestre.

Em cada caso, serão abordadas as questões de ordem tributária e de desenvolvimento econômico-social; assim como as implicações das mudanças ocorridas no ambiente de negócio diante das legislações existentes, a exemplo do desenvolvimento do Mercado Comum do Sul (Mercosul) e o surgimento de portos secos e do Centro Logístico e Industrial Aduaneiro (CLIA).

Dispositivos e condições para importação

Como mencionado, atualmente no ERJ há diversos meios de se tratar as importações nos atos normativos da legislação, como exemplificado a seguir.

(a) "importação [...] realizada pelos portos ou aeroportos do Estado do Rio de Janeiro e desembaraçada no território fluminense" (inciso I do art. 6º da Lei nº 6.331, de 10 de outubro de 2012);

(b) "[...] importadas e desembaraçadas pelos portos e aeroportos fluminenses" (§ 3º do art. 3º da Lei nº 6.979, de 31 de março de 2015);

(c) "Importação e o desembaraço aduaneiro (...) realizados no território fluminense" (alínea "a" do inciso I do art. 9º do Livro III do RICMS);

(d) "[...], quando [...] importadas, deverão ter essas operações realizadas pelos portos ou aeroportos fluminenses e, [...], seu desembaraço ser realizado em qualquer unidade alfandegada localizada no Estado do Rio de Janeiro" (art. 8º do Decreto nº 42.649, de 05 de outubro de 2010);

(e) "importação [...] cujo desembaraço aduaneiro ocorra nos portos ou aeroportos fluminenses" (inciso I do § 1º do art. 2º do Decreto nº 35.418, de 11 de maio de 2004).

Nesses exemplos, são apresentadas três formas distintas de tratar o desembaraço da importação: o primeiro ocorre em recinto alfandegado localizado em zona primária (portos e aeroportos), o segundo pode se dar em zona secundária do território fluminense (portos secos ou CLIA) e o terceiro em zona primária ou secundária, mesmo que a importação aconteça em outro estado.

Vale ressaltar que o termo "unidade alfandegada" empregado no item (d), não é apropriado. A definição utilizada no regulamento aduaneiro é "recinto alfandegado", conforme o art. 9º do Decreto nº 6.759, de 05 de fevereiro de 2009, que regulamenta a administração das atividades aduaneiras, e a fiscalização, o controle e a tributação das operações de comércio exterior.

Com isso, percebe-se a necessidade de uniformizar os dispositivos e as condições para exoneração da importação de bens e mercadorias. Como relatado, são inúmeras legislações escritas de modos distintos tratando do mesmo assunto. Em tais casos, deve-se observar a regra geral, isto é, o art. 15 do Livro XI do RICMS – os exemplos dos itens "a" a "e" são sanados de acordo com a regra geral.

Caso 1: por portos e aeroportos do ERJ, e o desembaraço ocorre nestes

O objetivo do incentivo fiscal é desenvolver socioeconomicamente o ERJ. Nesse caso, é fomentar a utilização da infraestrutura dos portos e dos aeroportos fluminenses. Identifica-se que essa intenção é atendida no *caput* e no inciso I do art. 15 do Livro XI do RICMS.

Caso 2: por portos e aeroportos do ERJ, e o desembaraço ocorre fora destes (porto seco ou centro logístico e industrial aduaneiro)

Mesmo com a estrutura do recinto alfandegado fora dos portos e aeroportos, estes continuam a serem fomentados. O porto seco, por exemplo, é uma excelente opção para quem busca logística, economia, integração de serviços, setores e agilidade no trâmite burocrático. Identifica-se que essa intenção é atendida no *caput* e no inciso I do art. 15 do Livro XI do RICMS. Cabe ressaltar que, neste caso, não se trata de uma interpretação ampliativa dos atos normativos, mas, sim, teleológica e sistemática, sem que haja a violação do art. 111, inciso I, do Código Tributário Nacional (CTN).

Caso 3: por portos e aeroportos de outra unidade federada (UF), e o desembaraço ocorre no ERJ

Na hipótese prevista, por exemplo, no inciso I do § 1º do art. 2º do Decreto nº 35.418/2004 (a respeito de incentivos fiscais para a indústria de cosmético do ERJ), não há a exigência de que a entrada no país se dê por portos ou aeroportos fluminenses, mas, apenas, o desembaraço aduaneiro. Observe-se que, em regra, dificilmente seria mais vantajosa a opção em que a entrada ocorra no país por portos e aeroportos de outra unidade federada, no entanto não podemos esquecer que por razões de logística internacional ou infraestrutura do porto, por exemplo calado, pode não ocorrer a entrada de mercadoria pelos portos fluminenses. Da mesma forma, caso a entrada no ERJ se desse por modal terrestre, seria pouco provável que o desembaraço fosse realizado em porto ou aeroporto (zona primária), uma vez que os recintos alfandegados localizados em zona secundária têm custos de armazenamento mais barato e agilidade na liberação das mercadorias.

A uniformização por meio de regra geral foi, portanto, contemplada no texto do *caput* e no inciso II do art. 15 do Livro XI do RICMS, com o conectivo "e/ou" e "sem alteração de modal", respectivamente, tendo as seguintes redações:

> Art. 15. Nas hipóteses em que dispositivo da legislação estadual estabeleça a condição de que, na **importação de bens e mercadorias**, a entrada se dê por portos ou aeroportos do Estado do Rio de Janeiro **e/ou** o desembaraço ocorra nos mesmos ou no território fluminense, fica atendida a condição quando o desembaraço ocorrer em recinto alfandegado localizado em zona primária ou secundária do território fluminense e a entrada no País ocorrer, alternativamente: [...] (Grifos do autor.)
>
> [...]
>
> II - em portos e aeroportos de outra unidade federada, desde que, com o bem ou mercadoria ainda em zona primária, o mesmo seja transportado, **sem alteração de modal**, com ou sem transbordo, com destino a porto ou aeroporto deste Estado; ou [...] (Grifos do autor.)

Verifica-se também que a redação do inciso II é mais restritiva que a previsão do *caput* do art. 15 do Livro XI do RICMS, que menciona "bens e mercadorias", e não prevê hipóteses em que não seja realizado o transbordo. Neste caso, o requisito previsto no inciso I do § 1º do art. 2º do Decreto nº 35.418/2004 teve sua amplitude reduzida. A redução de benefício fiscal é uma hipótese prevista nos §§ 4º e 5º do art. 3º da Lei Complementar Federal nº 160, de 7 de agosto de 2017, que autoriza a redução do alcance dos benefícios fiscais reinstituídos. Assim, como essa modificação restringiu o benefício do ato específico, é necessário um acompanhamento para inferir os impactos que possam ser produzidos nas indústrias que este decreto abrange. Por esse motivo, é imperioso observar as palavras, as definições e se o texto retrata realmente o que se pretende alcançar.

Caso 4: por via terrestre

Na hipótese de países com fronteira terrestre com o Brasil, muitas vezes não é economicamente viável o uso dos modais aéreo e marítimo, situação em que o transporte se dá por meio da modalidade terrestre. Em tais circunstâncias, não há utilização de nenhum porto ou aeroporto localizado no Brasil (por exemplo, a importação de salmão do Chile).

As legislações estabelecem a exigência para que seja empregada a infraestrutura portuária e aeroportuária de nosso estado. Manter tal exigência não teria o efeito desejado, ao contrário, simplesmente impediria que a importação, por modal terrestre, de bens e mercadorias produzidas em países limítrofes, fosse desembaraçada em nosso Estado, com a consequente perda do imposto, quando incidente. Além disso, também há o objetivo de utilização da infraestrutura nos recintos alfandegados fluminenses. Identifica-se, então, que tal intenção é atendida no inciso III do art. 15 do Livro XI do RICMS:

> III - por via terrestre, desde que o bem ou mercadoria tenha sido **produzido** e seja originário de **países membros ou associados ao Mercado Comum do Sul** (Mercosul). (Grifos do autor.)

Como dito, a terminologia em legislações tributárias faz total diferença. Imagine se o trecho do inciso III fosse "desde que a mercadoria tenha sido **fabricada** nos **países-membros do Mercosul**", a palavra "fabricada" apresentaria imprecisões. Em primeiro lugar, o texto seria mais restritivo que a previsão do *caput* do art. 15 do Livro XI do RICMS, que menciona "bens e mercadorias". Além disso, o termo "fabricada" é limitador, sendo mais adequado o uso de "produzida", pois nem todos os bens e as mercadorias importados são fruto de manufatura, podendo ter origem agropecuária ou extrativista, por exemplo. Outro ponto interessante é a diferença entre **países-membros** ou **associados** do Mercosul. A "região do Mercosul" não define de forma clara os países abrangidos.[1]

[1] Como consta no site do Mercosul, consideram-se "países do Mercosul" os Estados-Partes (Brasil, Argentina, Uruguai e Paraguai, estando suspensa atualmente a Venezuela) e os Estados Associados (Chile, Colômbia, Equador, Guiana, Peru e Suriname, estando a Bolívia em processo de adesão). Disponível em: <https://www.mercosur.int/pt-br/quem-somos/paises-do-mercosul/>. Acesso em: 25 de maio de 2023

Além das características geográficas indicadas, a menção ao Mercosul decorre de seu objetivo de "desenvolvimento progressivo da integração da América Latina", previsto no preâmbulo do Tratado de Assunção,[2] coerente com o disposto no parágrafo único do art. 4º da Constituição da Federal de 1988: "A República Federativa do Brasil buscará a integração econômica, política, social e cultural dos povos da América Latina, visando à formação de uma comunidade latino-americana de nações." Logo, inviabilizaria, por exemplo, a importação do salmão do Chile, por este ser um país associado e não membro.

Conclusão

Como se pode perceber, o setor econômico não é estático; ao contrário, é dinâmico, está em constante transformação. Os exemplos em nossa legislação são claros e caminham na mesma direção, por exemplo, a Lei nº 9.466/2021, que instituiu a política estadual de incentivos à economia do mar. Esta contém diretrizes para o setor e definições das principais atividades econômicas relacionadas com a economia do mar em seu art. 3º, que são fundamentais para legislação tributária. Relacionar, de maneira explícita, a Nomenclatura Comum do Mercosul (NCM) e a Classificação Nacional de Atividades Econômicas (Cnaef), que especificam os bens e as mercadorias que já são incentivados, é um segundo passo para evitar interpretações, sem ampliar ou reduzir os incentivos, como também caminhar **rumo** ao desenvolvimento socioeconômico do ERJ.

Para finalizar, segue, *in verbis*, o referido art. 15 do Livro XI do RICMS:

> Art. 15. Nas hipóteses em que dispositivo da legislação estadual estabeleça a condição de que, na importação de bens e mercadorias, a entrada se dê por portos ou aeroportos do Estado do Rio de Janeiro e/ou o desembaraço ocorra nos mesmos ou no território fluminense, fica atendida a condição quando o desembaraço ocorrer em recinto alfandegado localizado em zona primária ou secundária do território fluminense e a entrada no País ocorrer, alternativamente:
>
> I - em portos e aeroportos deste Estado;
>
> II - em portos e aeroportos de outra unidade federada, desde que, com o bem ou mercadoria ainda em zona primária, o mesmo seja transportado, sem alteração de modal, com ou sem transbordo, com destino a porto ou aeroporto deste Estado; ou
>
> III - por via terrestre, desde que o bem ou mercadoria tenha sido produzido e seja originário de países membros ou associados ao Mercado Comum do Sul (MERCOSUL).

[2] Disponível em: <https://www.mercosur.int/documento/tratado-de-assuncao-para-a-constituicao-de-um-mercado-comum/?wpdmdl=4616&masterkey=5b8c5dce93746>. Acesso em: 25 de maio de 2023.

40 Contribuição do marketing territorial e da identidade local para desenvolvimento das cadeias produtivas da maricultura: o caso do cultivo de algas na Ilha Grande/RJ

Patrícia Reis • Carlos Alberto Messeder

Maricultura e cadeias produtivas na Baía da Ilha Grande com destaque para o cultivo de algas (algicultura)

O objetivo deste capítulo é buscar uma primeira aproximação com o complexo e promissor universo da maricultura na região da Ilha Grande, com destaque para o cultivo de algas (algicultura). Esta região vem ganhando destaque tanto no cenário local (do estado do Rio de Janeiro) quanto nacional, atraindo não apenas produtores, mas também pesquisadores de diferentes universidades e órgãos públicos que lidam com questões ambientais, alimentares e de desenvolvimento local, constituindo uma rica rede de produtores de produtos marinhos e, também, de conhecimento, bem como a canalização desses conhecimentos para os órgãos públicos responsáveis por políticas públicas.

A maricultura refere-se à criação de organismos aquáticos marinhos, ou seja, em água salgada, sendo, assim, um ramo da aquicultura (cultura na água). Pode ocorrer em mar aberto (em seção fechada do oceano), em tanques ou lagoas que são preenchidos com água do mar. Reúne diferentes cadeias produtivas como de peixes, de crustáceos (com destaque para o camarão), de moluscos (com destaque para o cultivo de mexilhões, ostras e vieiras) e de algas. No caso deste capítulo, vamos privilegiar a cadeia produtiva da alga (algi ou algacultura), em particular seu cultivo na Ilha Grande, na região de Angra dos Reis, no estado do Rio de Janeiro.

É possível destacar alguns aspectos extremamente positivos da atividade da maricultura, como: (1) a dependência que as fazendas marinhas têm da qualidade da água do mar – o que exige uma preocupação com políticas públicas de sustentabilidade e ações específicas de recuperação ambiental; **(2)** sua capacidade de gerar empregos verdes, ou seja, empregos que dependem e garantem a sustentabilidade ambiental de determinado território; e **(3)** a oferta de empregos locais para uma mão de obra que passa a não ter que deixar seu território de origem na busca por oportunidades, reduzindo o êxodo da mão de obra de algumas regiões.

> Mundialmente, os maiores produtores de **maricultura** são: China, Peru, Japão, Índia e Estados Unidos, sendo que o Brasil ocupa atualmente a 27ª posição neste ranking. No cenário mundial a maricultura se tornou uma maneira de impulsionar a produção de alimentos, isso porque a Organização das Nações Unidas (ONU) estima que a população no planeta Terra passe de 5 bilhões (dado de 1990) para 8 bilhões (previsão para 2025). Essas atividades ajudariam a melhorar a qualidade de vida, gerar mais oportunidades de emprego e produzir alimentos para as gerações futuras. Com o crescimento populacional e uma diminuição dos recursos marítimos torna-se necessário encontrar alternativas para aumentar e/ou manter o padrão de vida das populações litorâneas e reduzir a pressão sobre os recursos marítimos (Engepesca, 2018).

O estado do Rio de Janeiro, ao lado de alguns estados do Nordeste nos quais o cultivo principal é o de camarão e de Santa Catarina, tem uma posição de destaque no que se refere a atividades de maricultura, em especial a Baía da Ilha Grande e Arraial do Cabo, na região dos Lagos.

> No Brasil, de modo geral, a maricultura se destaca pelo cultivo de crustáceos e moluscos, uma vez que os cultivos de peixes marinhos e equinodermatas ainda estão em fase laboratorial. O estado de Santa Catarina concentra grande parte do cultivo de moluscos, é o maior produtor nacional de ostras e mexilhões cultivados, chegando a cerca de 90% de toda a produção brasileira e é considerado polo gerador de tecnologia, colocando o país na segunda posição na América Latina como grande produtor dessas espécies (Engepesca 2018).

O município fluminense de Angra dos Reis, ou mais especificamente a Baía da Ilha Grande, conhecida principalmente por seu papel turístico e pelas cadeias produtivas envolvidas na atividade turística, vem ganhando posição de crescente destaque no campo da maricultura, com a presença de fazendas marinhas.

A maricultura da Ilha Grande, além de garantir uma produção regular, também assegura empregos verdes para jovens, que, assim, não se veem obrigados a deixar a Ilha para buscar trabalho. Nesse sentido, contribui para a manutenção da população nativa em seu território de origem, sustentando a cultura local. A Baía da Ilha Grande é, hoje, no estado do Rio de Janeiro, a grande referência no que se refere à maricultura.

Em 1998, um clone venezuelano de *Kappaphycus alvarezii* (macroalga originária do Japão) foi introduzido na Ilha Grande, com o objetivo de testar a viabilidade de seu cultivo em escala comercial (Sepulveda, 2016). A expansão da atividade se deu nos anos seguintes e hoje, na costa entre a Praia Vermelha e a Praia de Araçatibinha, funciona o maior cultivo da América Latina de algas, com produção mensal de 50 toneladas. No ano seguinte, em 1999, criou-se a Associação dos Maricultores da Baía da Ilha Grande (Ambig), que hoje reúne 14 produtores.

O cultivo de algas na Ilha Grande contou com o apoio do Ministério da Pesca e Aquicultura (MPA), do Instituto Brasileiro do Meio Ambiente e dos Recursos Naturais Renováveis (Ibama) e de pesquisadores de diversas instituições, que estimularam e colaboraram com a regulamentação da atividade que, em 2008, foi regulamentada com a Instrução Normativa Ibama nº 185, de 22 de julho de 2008, autorizando o cultivo na faixa compreendida entre a Baía de Sepetiba (RJ) e a Ilha Bela (SP).

O cultivo de *K. alvarezii* é relativamente simples, com poucas ou inexistentes barreiras de entrada de novos produtores. De acordo com Miguel Sepúlveda (2016), são necessárias enseadas protegidas de ondulações fortes e profundidade média de 0,50 centímetro, água quente (acima de 20 °C), boa luminosidade e salinidade acima de 20 partes por milhão. O cultivo não precisa de investimentos em tecnologia e pode ser iniciado com um custo relativamente baixo. Além disso, não há dependência com fornecedores, pois o produtor precisa adquirir apenas o primeiro lote de mudas. A propagação é vegetativa, carecendo apenas da separação de 20% da produção para o estoque de replantio.

A cultura pode ser feita em duas modalidades: com balsa de cultivo construída com tubos de PVC com 3 metros de comprimento, vedados nas extremidades, funcionando como flutuadores onde são colocados cabos de polipropileno de 8 milímetros nos quais as algas são fixadas. Em média, uma balsa produz 7 toneladas de algas vivas a cada 50 dias. O custo de material de cada balsa de 450 metros quadrados gira em torno de 3.700 reais. Outra técnica são as redes tubulares, que consiste em colocar as mudas de algas (100 gramas) em uma rede tubular (semelhante à usada para mexilhões) com 10 metros de comprimento, apoiadas por tubos de PVC. As redes são esticadas em balsas de cultivo bem próximas à superfície. Esse método gera mais rapidez para o plantio e facilidade de colheita (Sepulveda, 2016).

Entretanto, há uma forte barreira no poder de negociação dos clientes. No Brasil, existem apenas duas indústrias que compram a produção das algas: a Algasbras, localizada em Itaboraí, no estado do Rio de Janeiro, e a Agar Gel, localizada no município de João Pessoa, no estado da Paraíba. Uma demanda latente são os mercados do Chile e da Argentina que têm fábricas de processamento da carragena. Esses países importam mais de 100 toneladas mensais de algas secas a um preço que varia de 2 a 4 dólares por quilo. A ainda baixa produção na Ilha Grande impede que esses produtores forneçam aos mercados internacionais já que essas fábricas compram no mínimo um contêiner de 10 a 20 toneladas secas (Sepulveda, 2016).

> [...] a maricultura de algas marinhas é uma alternativa de desenvolvimento sustentável que pode contribuir para melhorar de forma significativa as condições de pobreza crítica que sofrem as comunidades pesqueiras ou litorâneas da Ilha Grande, particularmente jovens e mulheres que quase sempre estão excluídos do processo produtivo. É uma boa alternativa para quem não tem como sobreviver do turismo, já que a pesca de subsistência não gera renda (IlhaGrande.org, 2021).

Carlos Kazuo (2022),[1] morador da Ilha Grande e filho de pescadores locais, é um dos produtores de maricultura na Baía da Ilha Grande, trabalhando nesta atividade desde o ano 2000. Depois de uma temporada no Japão, Kazuo trouxe para a região o cultivo de algas, ao qual se dedicou entre 2002 e 2006. Durante este período, cultivou macroalgas para a extração de carragena, material importado pelo Brasil e utilizado em diversas aplicações na indústria farmacêutica e de cosméticos como espessante, gelificante, agente de suspensão e estabilizante.

Kazuo chama a atenção para o interesse crescente, hoje, em torno do cultivo de algas para a produção de biofertilizantes, envolvendo tanto produtores quanto pesquisadores de diferentes instituições, como universidades e órgãos governamentais. Hoje, em sua fazenda marinha, não trabalha mais com algas, mas, sim, com peixes e vieiras.

Além das indústrias citadas, as algas são reconhecidas como uma possibilidade de incremento na produção de alimentos diante do crescimento da população mundial e da necessidade de superar a pobreza.

> O mercado mundial de carragena é crescente e estimado em US$ 500 milhões sendo que as empresas processadoras fazem parte de grandes multinacionais e têm contratos de vendas muito fortes operando com 80-85% de sua capacidade devido à falta de matéria-prima (algas). A participação dos países produtores no mercado de carragena tem a seguinte estrutura: Filipinas 77,18%; Indonésia 16,77%; Tanzânia 5,37% e outros 0,68% (Sepulveda, 2022).

Apesar desses esforços locais iniciais, o cultivo e a comercialização de algas enfrentam muitos desafios, mas com grande potencial de crescimento. É amplo o

[1] Entrevista online realizada no escopo de pesquisa deste texto, em novembro de 2022, pela plataforma Zoom, com uma hora de duração.

espaço de absorção dessa produção na indústria de cosméticos e, ainda, nas indústrias farmacêutica e alimentícia. O futuro das cadeias produtivas localizadas no mar ou da economia do mar é especialmente promissor, e tanto a algicultura em particular quanto a maricultura em geral podem gerar empregos, garantir a preservação do meio ambiente e a ocupação de novos territórios exigindo, além disso, o desenvolvimento de novas tecnologias. O Brasil tem uma extensa costa, o que torna tais atividades ainda mais importantes do ponto de vista do desenvolvimento das diversas regiões costeiras.

Como as diretrizes de marketing territorial podem contribuir para o desenvolvimento de cadeias produtivas

O conceito de "marketing territorial" foi introduzido por Kotler, Haider e Rein (1993), que propuseram analogias entre cidades e produtos. Eles consideraram que as estratégias de marketing utilizadas para ampliar o consumo de produtos e serviços poderiam ser aplicadas para gerar mais negócios, turistas e investidores para as cidades. Para esses autores, as etapas do processo de marketing territorial envolvem: **(1)** diagnóstico situacional do lugar; **(2)** definição de visão e objetivos; **(3)** formulação de estratégias; **(4)** definição de plano de ação; e (5) implementação de mecanismos de controle.

Kanter (1995) definiu que cidades de sucesso são centros de excelência estruturadas em três **C**s, a saber: **C**onceitos (ambiente inovador para as empresas que propicia criar valor para os consumidores), **C**ompetências (excelência em mão de obra qualificada) e **C**onexões (capacidade de articulação com a economia globalizada).

Na mesma época, Porter (1990; 1995) trouxe o debate sobre a importância da criação e valorização dos clusters (grupos de empresas locais inseridas na mesma cadeia produtiva) como forma de potencializar a produção local, criar diferencial competitivo e articular o funcionamento em rede, gerando melhores condições para a competitividade dos lugares.

Sexto *et al.* (2001) expõem quatro princípios básicos do marketing de lugares **(1)** pensar e planejar o desenvolvimento considerando os moradores, turistas e investidores; **(2)** promover uma análise integrada que permita ações nas perspectivas desses públicos; **(3)** promover políticas de desenvolvimento sustentável promotoras da identificação territorial; e **(4)** praticar promoções com o intuito de dar visibilidade e notoriedade aos lugares.

Cabe ao marketing territorial fomentar e dinamizar o território e seus produtos e serviços, articulando-se de maneira direta com políticas públicas, planos de governo e planejamento estratégico. Nesse aspecto, uma visão pragmática do poder público sobre a gestão do lugar torna-se determinante para o sucesso das estratégias de marketing territorial. Do mesmo modo, também é demandado que a gestão pública priorize diretrizes de médio e longo prazos com impactos mais transformadores em detrimento das ações pontuais de cunho eleitoral.

A gestão de um lugar com base nas diretrizes do marketing territorial implica uma articulação entre a gestão pública e a gestão privada, em uma perspectiva multidisciplinar de governança do território com enlaces participativos com alto nível de complexidade (San Eugenio, 2012).

Vale destacar que o exercício do poder ocorre mais por parte de quem territorializa que por quem vivencia o lugar: estado, atores econômicos ou grupos sociais. No território, expressam-se interesses divergentes, disputas de poder e decisões, que, muitas vezes, não representam as expectativas de todos os atores locais. Assim, as estratégias de marketing territorial trazem em si a complexidade da diversidade de interesses, ou ainda, interesses antagônicos, configurados nas relações de poder e influência (Dallabrida, 2016).

O elemento que mais se destaca em sua capacidade de integrar atores tão diversificados em seus interesses é a identidade do lugar, uma vez que essa carrega em si as representações identitárias daqueles que vivenciam o território. Stuart Hall corrobora nesse sentido quando nos traz o conceito de sujeito social cuja identidade é formada por sua participação nas relações sociais, assim como pelos papéis que ele desempenha nos processos e estruturas sociais. Esse sujeito internaliza o território e externaliza no território suas ações no mundo (Hall, 2001). Esse mecanismo de internalização e externalização, que representa a cultura local, a história do lugar, os meios de produção e os aspectos simbólicos do lugar, dá forma à identidade do território.

A identidade, junto com a imagem e a reputação, compõe as dimensões constitutivas da marca. No contexto da competitividade global que as empresas e os lugares experienciam hoje, a representação da identidade do lugar em sua marca, bem como a definição de seu posicionamento e processos comunicativos, amplia de maneira significativa a possibilidade de se destacar e se diferenciar.

A marca de lugar oferece um ponto de partida para o marketing territorial e um quadro sólido por meio do qual é possível gerenciar a imagem da cidade (Kotler, 1999). Para Rainisto (2003), as cidades podem ser pensadas como marcas, pois buscam satisfazer as necessidades funcionais, simbólicas e emocionais das pessoas, assim como incorporam atributos que satisfazem as necessidades de seus públicos, orquestrados em uma proposta única de valor (Ashworth e Voogd, 1990), carregando em si as características identitárias e os diferenciais do lugar.

Para Reis (2018), a identidade da marca de lugar incorpora dimensões sobre as quais é possível tanto destacar os diferenciais e as singularidades do lugar quanto dar luz às diversas vozes e aos debates que formam um território. Seu modelo se estrutura em seis dimensões agrupadas entre evidências físicas e simbólicas que caracterizam o lugar. Para a autora, as evidências físicas da identidade do lugar são compostas de uma rede de elementos que caracterizam o território e concretizam suas singularidades e diferenciais. Relacionam-se com aspectos mais concretos, físicos, produtivos e racionais, e a marca se torna uma produtora de informações e promotora de relacionamentos. As evidências simbólicas da identidade do lugar refletem a dimensão emocional que surge das experiências que se tem com o lugar representado no campo das percepções, ideias e relacionamentos. Refere-se à diversidade cultural dos públicos que estão no lugar e, ao mesmo tempo, representa o lugar para essas pessoas. A marca se torna uma produtora de sentidos e de enunciados (Reis, 2018).

Vale destacar que todo território tem determinada identidade, de maneira implícita, tácita ou latente. A construção da identidade da marca de lugar refere-se, assim, à harmonização dos elementos já presentes no lugar. A identidade do lugar é o que dá singularidade ao território, as estratégias de marketing territorial propiciam o desenvolvimento e a sustentabilidade, e a comunicação da marca de lugar não somente dá visibilidade como se torna um elemento estratégico para adensar as relações entre os atores locais.

Uma gestão voltada para o marketing territorial identifica as vocações econômicas, as características históricas e culturais, as singularidades e potencialidades de um território e dá subsídios à construção de uma identidade do lugar que reforce seus diferenciais. Suas estratégias estimularão o desenvolvimento local, a infraestrutura e a competitividade, e, também, atrairão investidores, turistas e mão de obra qualificada. Do mesmo modo, os negócios locais poderão posicionar produtos e serviços, incorporando a eles as singularidades, as características e a identidade do lugar, auxiliando na diferenciação destes com relação a produtos e serviços de outras regiões.

Alguns territórios apresentam características tão singulares e qualidades particulares, atribuíveis à sua origem geográfica, que se torna possível certificar a produção local com uma indicação geográfica (IG). São produtos que apresentam uma qualidade única, explorando as características naturais, tais como geográficas (solo, vegetação), meteorológicas (clima) e humanas (cultivo, tratamento, manufatura), como específicas de determinado território. A essas singularidades são atribuídos certificados de qualidade, que atestam sua origem e garantem o controle rígido de sua qualidade. As IGs podem assumir duas formas: (1) indicação de procedência (IP) – nome geográfico reconhecido pela produção, fabricação ou extração de determinado produto ou serviço; ou (2) denominação de origem (DO) - nome geográfico que identifica produto ou serviço dotado de características devidas, exclusivamente, ao meio geográfico, sendo fatores naturais e/ou humanos (Sebrae, 2013). Nos mercados nacionais e internacionais, muitos produtos são caracterizados não apenas pela marca que ostentam mas também pela indicação de sua origem geográfica. Essa indicação lhes atribui reputação, valor intrínseco e identidade própria que os distinguem dos demais produtos de igual natureza disponíveis no mercado. Quando associamos as estratégias de marketing territorial e identidade de marca de lugar a essas certificações, passamos a ter um poderoso mecanismo de desenvolvimento local, de diferenciação e de posicionamento competitivo.

Contribuições do marketing territorial aos desafios da cadeia produtiva da algicultura na Ilha Grande/RJ

A Ilha Grande, internacionalmente conhecida por sua natureza exuberante e praias paradisíacas, tem muito a oferecer à indústria da maricultura. Suas características locais carregam de modo determinante o que para essa indústria é fundamental para sua existência: enseadas calmas e protegidas, clima ameno e águas limpas, população originária da pesca com uma história e cultura local de valorização da preservação marinha.

Um plano de marketing territorial poderá trazer para a região uma perspectiva de investimentos, criando diretrizes consistentes e de longo prazo para as políticas públicas. Assim, será possível compreender a dinâmica desse mercado, analisando as cadeias produtivas locais e importantes para a dinâmica econômica da região, com ênfase para as cadeias produtivas ligadas ao mar (natureza das atividades, peso no conjunto das atividades econômicas, grau de estruturação, nível tecnológico, capacidade de geração de empregos, e assim por diante). A compreensão dos pontos sinalizados, entre outros, permite criar perspectivas para a inserção da indústria da Ilha Grande no mercado internacional, identificando os pontos sensíveis a serem trabalhados.

Após o diagnóstico e com os objetivos de curto, médio e longo prazos definidos, assim como os mecanismos de controle e monitoramento, a elaboração de diretrizes estratégicas e de um plano de ação deve levar em consideração os aspectos relacionados a seguir.

As políticas de incentivo à produção local devem ter o morador como público prioritário, seja estimulando-o a investir na criação de novas fazendas marinhas, seja na qualificação dos jovens para mão de obra nessas fazendas. Não há desenvolvimento local sem um olhar cuidadoso voltado para a capacitação e o estímulo a permanecer no lugar.

Estudos sobre como as relações pessoais ocorrem no lugar, a identificação de lideranças e o estímulo à participação nos processos decisórios permitem que as tomadas de decisão tenham aderência com o dia a dia e as dificuldades existentes. Do mesmo modo, a compreensão e o estímulo à articulação desses atores com as instituições de pesquisa e de fomento às atividades econômicas ampliam de maneira significativa a qualificação do processo produtivo.

Não há, também, desenvolvimento local sem que haja interesse político e investimento em políticas públicas integradas. A indústria da maricultura de modo geral, e da algicultura especificamente, necessita de políticas integradas entre diferentes pastas (meio ambiente, desenvolvimento econômico, desenvolvimento social) nas três esferas governamentais (municipal, estadual e federal). Um plano de marketing territorial precisa considerar essas diferentes perspectivas, incluir ações integradoras e sensibilizar os diferentes atores políticos que estejam, de direta ou indiretamente, envolvidos.

Após sua criação e com sua implementação alinhada com o conjunto de atores associados a essa cadeia produtiva, é necessário diferenciar a produção da Ilha Grande das demais. Mesmo hoje, com um mercado de mais demanda de insumo que oferta, as quase inexistentes barreiras de entrada e de investimento tecnológico na produção, essa indústria é vulnerável a um altíssimo risco de substituição. O que garantirá sua permanência no mercado é o diferencial físico e simbólico que o produto poderá carregar no posicionamento de sua marca. Nesse momento, um projeto de identidade da indústria local associado à identidade da própria Ilha Grande se torna fator decisivo na longevidade da atividade.

Harmonizar os elementos constitutivos da identidade da Ilha Grande envolve compreender os aspectos representativos das atividades econômicas existentes, mapear os aspectos históricos e culturais da região da Baía da Ilha Grande com ênfase para a cultura local (hábitos, valores, atividades tradicionais etc.), a história da região (inclusive analisando a história das atividades ligadas ao mar) e as representações políticas identitárias. No aspecto simbólico, reconhecer os elementos intangíveis associados ao lugar, aqueles que promovem as conexões possíveis e suas potencialidades. Essas análises nos fornecem um quadro sólido que possibilita descrever a identidade da Ilha Grande.

Após mapear a identidade da Ilha Grande, é a vez de aplicá-la sobre a indústria da maricultura, em especial da algicultura. Para isso, é importante organizar a produção local com a associação, em um cluster, ou arranjo produtivo local, que seja representado por uma única marca. É preciso posicionar a marca do produto para, assim, ocupar um lugar de destaque na memória dos consumidores, tanto no que se refere a negócios B2C quanto B2B (quando empresas vendem para outras empresas). Esse posicionamento envolve a definição de uma proposta de valor. O diferencial estratégico de produtos locais posicionados de maneira articulada com a identidade do lugar está na criação de uma proposta de valor da marca de produto que represente essa identidade local. Desse modo, os esforços de comunicação da marca do lugar agregam percepção de valor à marca do produto local, e vice-versa.

Este é um trabalho delicado e intenso que demanda tempo e disposição dos atores envolvidos, assim como uma equipe qualificada para executá-lo. Sua realização, entretanto, pode redefinir o posicionamento da região e das atividades em pauta no conjunto da produção tanto regional/local quanto internacional.

Referências bibliográficas

ASHWORTH, Gregory J.; VOOGD, Henk. *Selling the city: marketing approaches in public sector planning*. London: Belhaven Press, 1990.

DALLABRIDA, Valdir R. *Território, governança e desenvolvimento territorial: indicativos teórico metodológicos, tendo a indicação geográfica como referência.* São Paulo: LiberArs, 2016.

ENGEPESCA. *Maricultura: Tudo que você precisa saber sobre o mercado*. Engepesca, 2016. Disponível em: <https://engepesca.com.br/post/maricultura-tudo-que-voce-precisa-saber-sobre-o-mercado>. Acesso em nov. de 2022.

HALL, Stuart. *A identidade cultural na pós-modernidade.* Rio de Janeiro: DP&A, 2001.

ILHAGRANDE.ORG. *Algas marinhas - Praia Vermelha - Ilha Grande - RJ.* IlhaGrande.Org, s. d. Disponível em: <http://www.ilhagrande.org/pagina/fazenda-de-algas-marinhas-ilha-grande#:~:text=Na%20costa%20entre%20a%20Praia,produ%C3%A7%C3%A3o%20mensal%20de%2050%20toneladas>. Acesso em: nov. de 2022.

KANTER, Rosabeth M. *World class: thriving locally in the global economy.* Prentice-Hall, 1995.

KOTLER, Philip. *Marketing público: como atrair investimentos, empresas e turismo para cidades, regiões, estados e países.* São Paulo: Makron Books, 1999.

KOTLER, Philip; HAIDER, Donald; REIN, Irving. *Marketing places: attracting investment, industry, and tourism to cities, states, and nations.* New York: Free Press, 1993.

PORTER, M. "The Competitive Advantage of Nations". *Harvard* Business *Review.* Mar-Apr, 1990.

PORTER, M. "The Competitive Advantage of the Inner City". *Harvard* Business *Review.* May-June, 1995.

RAINISTO, Seppo K. *Success factors of Place Marketing: a study of Place Marketing practices in Northern Europe and the United States.* Espoo: Helsinki University of Technology, Otaniemi, 2003.

REIS, Patrícia C. *A marca da cidade: reflexões e proposições para construção e gestão de marcas de cidades.* Curitiba: Appris, 2018.

SAN EUGENIO, Vela J. *Teoría y métodos para marcas de territorio.* Barcelona: Editorial UOC, 2012.

SEBRAE. *Entenda o conceito de indicação geográfica.* Sebrae, 2013. Disponível em: <https://sebrae.com.br/sites/PortalSebrae/artigos/entenda-o-conceito-de-indicacao-geografica,5a8e438af1c92410VgnVCM100000b272010aRCRD#:~:text=O%20termo%20%22indica%C3%A7%C3%A3o%20geogr%C3%A1fica%22%20foi,geogr%C3%A1fico%20que%20indicava%20sua%20proced%C3%AAncia>. Acesso em: 26 de maio de 2020.

SEPULVEDA, Miguel. *Maricultura da macroalga* Kappaphycus alvarezii *como suporte ao desenvolvimento socioeconômico no litoral do estado do Rio de Janeiro.* Disponível em: <https://www.aquaculturebrasil.com/artigo/170/maricultura-da-macroalga-kappaphycus-alvarezii-como-suporte-ao-desenvolvimento-socio-economico-no-litoral-do-estado-do-rio-de-janeiro>. Acesso em: nov. de 2022.

SEPULVEDA, Miguel. "O potencial da maricultura: oferta mundial da macroalga *Kappaphycus alvarezii* cresce para atender demanda por carragena". *Revista Panorama da Aquicultura*, Rio de Janeiro, edição 153, p. 38-45, jan./fev., 2016. Disponível em: <https://noticias.paginas.ufsc.br/files/2021/01/Maricultura_da_Macroalga_Kappaphycus_alv.pdf>. Acesso em: 20 de mar. de 2020.

SEXTO, Carlos F.; ARCE, Carlos M.; VÁZQUEZ, Yolanda G *et al.* "El territorio como mercancia: fundamentos teóricos y metodológicos del marketing territorial". *Revista de Desenvolvimento Econômico - RDE*, dez. 2001, v. 3, n. 5, p. 68-79.

41 Tainha insulana, a picanha do mar: gastronomia local

Wagner Victer

Normalmente não valorizamos os produtos oriundos de nosso entorno. Talvez isso seja uma grande falha no planejamento voltado ao desenvolvimento, especialmente do emprego artesanal, com a consequente valorização da cultura local, e, com isso, o próprio sentido do pertencimento. Aliás, esses sentidos, muitas vezes, são gerados pela gastronomia.

Recentemente participei de um evento na sede da Associação de Mulheres da Ilha do Governador (Amuig), promovido pelo Serviço Brasileiro de Apoio às Micro e Pequenas Empresas do Estado do Rio de Janeiro (Sebrae Rio), que buscava qualificar jovens para atividades pesqueiras, e, também, rever a cadeia logística da produção do pescado naquela região da Baía de Guanabara, para que chegue ao consumidor final, em que, logicamente, o prioritário deve ser o próprio consumidor local.

Um dos depoimentos mais interessantes que recebi foi de um presidente da Associação de Pescadores Livres de Tubiacanga (Apelt), também no bairro carioca da Ilha do Governador, que falou da grande quantidade de pesca da tainha que eles estavam obtendo na Baía de Guanabara, aliás. A tainha é um dos peixes mais nobres, mais saborosos que temos em nossa gastronomia e, poucas vezes, é explorado por nós da cidade do Rio de Janeiro.

Comentei com ele que, na própria Ilha do Governador, onde existem diversas regiões pesqueiras, não me recordava de existir um local que servisse o tradicional prato da tainha assada recheada que é uma grande iguaria encontrada em alguns lugares distantes da capital fluminense, especialmente na Região dos Lagos.

A tainha para aqueles que não conhecem é um peixe da família dos mugilídeos que chega a ter até 7 quilos e que pode ser considerado "a picanha do mar".

Especialmente a produzida na (ao fundo da) Baía de Guanabara, tainha tem um sabor muito interessante até porque é herbívora e se alimenta de algas, detritos e zooplânctons e tem carne branca, farta e rica em gorduras, o que favorece muito fazê-la assada. A carne da tainha é uma fonte importante de proteínas, rica em vitamina D e, em especial, em ômega-3, portanto, extremamente saudável. A tainha tem uma pequena parte que é escura, como se fosse a gordura de uma picanha, e uma parte branca, que se solta; esta normalmente dá para ser saboreada por todos os comensais, servida em uma bandeja e dividida aos talheres.

A tainha é consumida no Sul do Brasil e na Europa, e faz parte da tradicional e saudável dieta mediterrânea. Conta a história que um dos principais pratos da culinária indígena, especialmente do povo temiminó e de seu lendário cacique Arariboia, era tainha assada; um peixe em grande abundância no passado. Na realidade, muitos não sabem, mas Arariboia era originário da Ilha do Governador e somente foi para Niterói muito tempo depois da vitória, junto com os portugueses, que expulsaram os franceses e conquistaram a Baía de Guanabara.

A tainha insulana, ou a "picanha do mar", é extremamente saborosa e ótima para aqueles que precisam fazer uma dieta saudável.

Dentro da linha de resgate acertada com o Sebrae, nesse processo de ação piloto emblemática no conceito da "economia do mar", ficou estabelecido que seriam buscados grandes chefs para treinar os cozinheiros locais - quem sabe em parceria com a Federação do Comércio de Bens, Serviços e Turismo (Fecomércio) -, para tentar inserir a denominação "picanha do mar" pelo menos junto aos restaurantes próximos dos locais de pesca, ou seja, a tainha da Baía, ou a tainha insulana, como início da inserção desse peixe na gastronomia do Rio de Janeiro, já que poucos o conhecem.

A carne da tainha feita na brasa, normalmente recheada com especiarias, e até, em outras receitas, com farofa, torna-se uma iguaria maravilhosa, pois a pele se solta. Com poucas e pequenas espinhas, é muito melhor que muitos peixes importados. Normalmente, a picanha do mar tem valor barato em comparação com outros tipos de peixes e, como se diz, é disponível pela atividade da pesca artesanal por pescadores, especialmente da Ilha do Governador e de toda a Baía de Guanabara, onde ainda a seu fundo há rios e manguezais nos quais as tainhas se reproduzem, e pode ter um espaço muito importante e valorizado. Aliás, um bom exemplo de valorização se deu quando começamos, há muitos anos. Em 1999, com o então secretário de Agricultura, Christhino Aureo, e, por intermédio do chef Paolo Neroni, do renomado restaurante carioca Margutta, conseguimos incluir a tilápia, até então chamada de "Saint Peter", na gastronomia por meio dos festivais realizados no município fluminense de Piraí, produtor do pescado em cativeiro. Com isso, a tilápia tornou-se um tipo de peixe consagrado em nosso cardápio de hoje. Por fim, a retomada da inserção da tainha insulana, a nossa "picanha do mar", é um pequeno desafio que pode ser saboroso e ainda proporcionar renda a pescadores.

42 Santos, distrito de inovação caiçara: um ecossistema azul em desenvolvimento

Marcio Guimarães Cruz

A economia azul é definida pela União Europeia como: "as atividades econômicas relacionadas aos oceanos, mares e regiões costeiras que abrangem um amplo espectro de setores estabelecidos e emergentes interconectados".[1] O Banco Mundial acrescenta em sua definição: "uso sustentável dos recursos oceânicos para o crescimento econômico, melhores meios de subsistência e empregos, preservando a saúde dos ecossistemas dos oceanos".[2]

Para destacar o enorme potencial desse patrimônio, a Marinha do Brasil (MB) chamou a área oceânica na jurisdição do Brasil, com cerca de 5,7 milhões quilômetros, de "Amazônia Azul".

No Brasil, pela incipiência do tema, ainda se definem com mais acurácia os setores econômicos que pertencem à vastidão desse patrimônio. Andréia Bento Carvalho (2018) publicou um modelo pioneiro em sua tese de doutorado,[3] apontando que esses setores movimentam 19% do produto interno bruto (PIB) nacional: um valor agregado de 1,74 trilhão de reais em 2022. Esse valor é, assim, distribuído: 13,68% em atividades ligadas diretamente ao oceano, e o restante, 83,32% em atividades indiretas.

[1] Para mais informações, acesse: https://op.europa.eu/en/publication-detail/-/publication/79299d10-8a35-11e8-ac6a-01aa75ed71a1.

[2] Tradução livre de *The "blue economy" concept seeks to promote economic growth, social inclusion, and preservation or improvement of livelihoods while at the same time ensuring environmental sustainability*. Disponível em: <https://sustainabledevelopment.un.org/content/documents/2446blueeconomy.pdf>. Acesso em: 02 de maio de 2023.

[3] CARVALHO, Andréa B. *Economia do mar: conceito, valor e importância para o Brasil*. 2018. 200 f. Tese (Doutorado em Economia do Desenvolvimento) – Programa de Pós-graduação em Economia do Desenvolvimento, Universidade Católica do Rio Grande de Sul, Porto Alegre. Disponível em: <https://tede2.pucrs.br/tede2/bitstream/tede/7915/2/ANDREA_BENTO%20_CARVALHO_TES.pdf>. Acesso em: 28 de abr. de 2023.

A Organização para a Cooperação e Desenvolvimento Econômico (OCDE) indica que até 2030 as indústrias que operam nesses setores devem crescer 3,5%, e o transporte marítimo deve triplicar no período entre 2015 e 2050. Os navios devem responder a 75% do transporte global de cargas.

Diante dessas oportunidades e dos desafios decorrentes de uma exploração sustentável, a União Europeia criou a Altantic Smart Ports Blue Aceleration Network (AspBAN). A ideia é que os portos funcionem como hub da economia azul, criando um grande consórcio que opera a inovação aberta, alimentando um pipeline para investidores e promovendo eficiência nos portos e oportunidades nesses setores econômicos.

Baixada Santista

O movimento que surge na Baixada Santista, liderada pelo município paulista de Santos se alinha com a vanguarda desses movimentos mundiais. Os atores dos setores econômicos da economia azul atuam com ações individuais a longa data. Era necessário encontrar oportunidades para que os atores sentassem à mesa e identificassem uma visão de futuro que todos pudessem habitar.

O debate da inovação portuária em Santos começa com a Associação Brasileiras de Terminais e Recintos Alfandegados (Abtra). Desde sua criação, a Abtra tem trabalhado em conjunto com órgãos públicos responsáveis pelo comércio exterior, para oferecer sistemas de comunidade portuária que ajudem a agilizar o fluxo logístico das cargas. Por meio de parcerias com a Receita Federal, o Ministério da Agricultura, Pecuária e Abastecimento (Mapa), a Agência Nacional de Vigilância Sanitária (Anvisa) e a Alfândega, especialmente no Porto de Santos – a principal porta de entrada e saída das trocas comerciais do Brasil com o restante do mundo –, a Abtra tem contribuído para aprimorar a eficiência das operações portuárias.

Nesse contexto, a Abtra criou o primeiro sistema em 1996, conhecido como "Declaração de Transferência Eletrônica (DTe)". Desde então, a DTe tem sido aprimorada, permitindo à Alfândega da Receita Federal do Porto de Santos controlar a transferência de cargas de importação entre os terminais e recintos alfandegados.

Além da DTe, a Abtra desenvolveu cerca de uma dezena de outros sistemas tecnológicos que promovem a intercomunicação de dados dos sistemas adotados pelos terminais operadores e recintos alfandegados com aqueles utilizados pelos agentes públicos na liberação das cargas de exportação e importação no Porto de Santos. Essa conexão de dados em tempo real contribui para melhorar o controle dos riscos fiscais, ambientais e fitossanitários das cargas, bem como o acesso e fluxo de pessoas e veículos dentro do porto.

Angelino Caputo, diretor executivo da Abtra, organizou o primeiro *hackathon* do Porto de Santos, inspirado pelo modelo em Cingapura, o hub de inovação, PIER71, Smart Port Challenge. Em 2022, a Abtra, a Brasil Export junto com a organização da Zero Treze Innovations promovem o "Brasil Hack Export" em Brasília.

Outro exemplo dessas iniciativas é a norma da autoridade portuária (NAP) GEPLO.PPO.002, criada pela Autoridade Portuária de Santos, também conhecida como Santos Port Autority (SPA), em 15 de setembro de 2021. Esta permitiu que o estabelecimento de parcerias inovadoras para o desenvolvimento de soluções tecnológicas que beneficiassem a operação portuária e minimizassem seus impactos socioambientais. Essa iniciativa é de extrema importância para o desenvolvimento sustentável do Porto de Santos e tem sido reconhecida pela indústria portuária, com os prêmios recebidos pela SPA, incluindo o Prêmio de Excelência da Indústria Portuária AAPA-CIP 2022, na categoria "Parcerias Público-Privadas", e o Prêmio Aberimest 2022, na categoria "Porto mais Inovador e Conectado do País".

Além do Porto de Santos, a principal vocação do município de Santos é a sede da região metropolitana da Baixada Santista, que tem uma área territorial de 2.428,74 quilômetros quadrados e uma população estimada de 1.845.822 habitantes, apresentando ainda um acréscimo populacional de cerca de 1 milhão de pessoas durante a temporada. Situa-se entre as melhores cidades para se viver e entre os principais destinos turísticos do estado de São Paulo. Sendo um dos municípios que mais recebem eventos esportistas, Santos passou a integrar a Rede de Cidades Criativas da Organização das Nações Unidas para a Educação, a Ciência e a Cultura (Unesco), em 2015, e, em 2022, tornou-se a primeira cidade da América Latina a sediar a Conferência Anual da Rede de Cidades Criativas. Também abrange grandes grupos de comunicação, os quais exibem programas específicos sobre o porto, a cidade, esporte, vida no mar e meio ambiente. A região atrai moradores que buscam o mar para a aposentadoria e melhor qualidade de vida. Também vive uma expansão na construção civil, o que eleva o valor do metro quadrado. Com a pandemia da covid-19, diversos ex-moradores de Santos buscaram abrigo próximo à família e o bem-estar do litoral. Dessa forma, é um local onde se encontra um ecossistema em processo de construção, com discussões sobre o futuro do ambiente de inovação e ações, bem como há o surgimento de players ligados a esses movimentos.

O Sebrae e o início do processo de construção do ecossistema

O Serviço Brasileiro de Apoio às Micro e Pequenas Empresas (Sebrae), no fim de 2019, foi convidado a apoiar o desenvolvimento do projeto do hub de inovação do Parque Tecnológico de Santos. O prédio com sete andares e área construída de 7.800 metros quadrados seria entregue e necessitava de um plano de negócios. O objetivo do estudo foi entender a relação de trocas com a quádrupla hélice (governo, sociedade, universidade e mercado) na atuação do hub de inovação e subsidiar informações para a construção do modelo de habitação e execução dos programas do hub.

O desafio que guiou o estudo foi a pergunta: como é possível criar um espaço colaborativo (hub) que realmente engaje a comunidade e impacte positivamente o desenvolvimento socioeconômico da região?

Na construção do modelo, utilizou-se, como cenário análogo à permacultura, uma ferramenta de design thinking, com o objetivo de trazer novos insights e possibilidades, até então, não explorados, que auxiliasse a estimular o pensamento criativo e fazer um "detox" dos problemas e das soluções de nosso contexto, a fim de isolar os elementos de uma experiência e, em seguida, aplicá-la ao desafio de design em estudo. Por sua vez, o objetivo da permacultura seria planejar e criar ambientes humanos sustentáveis e produtivos em equilíbrio e harmonia com a natureza. A permacultura traz em sua raiz o design como meio de projetar esses ambientes, concentrar-se nas pessoas e suas interações com os recursos do território, visando à sustentabilidade que gera a perpetuidade. Desse modo, guiaria as pessoas por princípios norteadores.

Como entregáveis do projeto, foi criado o cerne ideológico que guia as decisões das ações na construção e execução dos programas e criação do ecossistema: o tripé "hub de inovação", "princípios de serviço" e "princípios de governança".

Os princípios do ecossistema e hub de inovação de Santos, inspirados na permacultura, estão intimamente alinhados com a economia azul. Em design, quando essas coincidências ocorrem, normalmente são chamadas de "serendipidade", esse fenômeno se refere às descobertas afortunadas feitas aparentemente por acaso. A história da ciência está repleta de casos que podem ser classificados como "serendipismo".

Um exemplo foi o convite ao Sebrae para mentorar o reality show "Porto 360: o desafio". Essa experiência conectou fortemente o Sebrae, o Porto de Santos e a TV Tribuna, afiliada da TV Globo no litoral da Baixada Santista. Durante três meses, dois mentores, um do Sebrae e outro especialista em logística e operações portuárias, conduziram as trocas que desenvolvem as competências de negócios, inovação e conhecimentos sobre o porto entre os competidores do desafio.

No início de 2022, o Sebrae passou a executar o programa Ecossistema Local de Inovação (ELI) com abordagem de mapeamento, análise e intervenção em ecossistemas de inovação localizados em determinado território. Seu foco foi ajudar o território a promover o desenvolvimento local sob a óptica da inovação. Na medida em que ecossistemas inteligentes projetam a perpetuidade, seu equilíbrio gera a perenidade e, para isso, precisam ser sustentáveis e autorreguláveis. Assim, para se alcançar a sustentabilidade, é preciso fazer escolhas que otimizem as entregas, consumindo menos energia e exponenciando os resultados.

É necessário olhar para o território e compreender que arranjos têm mais capacidade de promover o crescimento e financiar caminhos para estruturar novas verticais. O Porto de Santos é o maior em extensão da América Latina e o segundo em movimentação de carga. Toda a cadeia produtiva para a importação e exportação estão localizados em Santos. Existem cursos técnicos, universitários alinhados à vocação marítima portuária: operação portuária, logística, engenharia de petróleo, oceanografia e biologia marinha, turismo e gastronomia, educação física, engenharias, tecnologia da informação. Além de laboratórios no campus da Universidade de São Paulo (USP), na Universidade Federal de São Paulo (Unifesp), no Serviço Nacional de Aprendizagem Industrial (Senai) e em algumas universidades particulares e em empresas privadas da cidade.

É natural pensar em uma vertical portuária. Dessa forma, o foco estava em operações portuárias, logística e impactos ambientais. O intuito foi buscar parcerias e construir apoiadores para a primeira edição da Marine StartupLab, a aceleradora do Sebrae for Startups em parceria com o Parque Tecnológico de Santos.

Em maio de 2022, com o apoio de grandes empresas do setor de tecnologia ligadas ao porto, universidades e associações, o Sebrae em parceria com o Parque Tecnológico de Santos lança a Marine StartupLab, uma experiência de pré-aceleração que tinha como objetivo unir o setor ao debate e criar relacionamento.

Em 2022, a cidade do Recife, no estado de Pernambuco, promoveu o ELI Summit 2022, um encontro de ecossistemas de inovação que teve como público agências de fomento, governos, centros de pesquisa, universidades, incubadoras, aceleradoras, empresas de tecnologia, grandes empresas e investidores. Palestraram no evento gestores e idealizadores de ambientes de inovação do Brasil e do mundo. O ambiente foi propício para inspirar e se conectar com essas lideranças, além de facilitar o conhecimento do ecossistema do Recife, sua história e a idealização do distrito de inovação do Recife, o Porto

Digital. Dessa conexão, surgiu a oportunidade de transformar Santos em um distrito de inovação.

Nessa época, teve início o alinhamento com a SPA, que sediou a segunda edição do Inova Portos, um evento de inovação do setor portuário, em parceria com o Ministério de Infraestrutura. Um dos objetivos do evento foi desenvolver o debate acerca da criação da comunidade de inovação portuária do município de Santos, para lançamento de um manifesto de inovação. Esse importante documento teve condição de unir entidades do setor para pensar a respeito e, na mesma mesa, construir uma visão de futuro que interessasse a todos; a melhor oportunidade para início da governança de inovação portuária. Foram convidados para participar da construção: representantes da quádrupla hélice, associações ligadas ao porto, SPA, universidades, empresários, startups, prefeitura e Parque Tecnológico de Santos.

Com o objetivo de inspirar as pessoas na construção do manifesto, Claudio Marinho, um dos idealizadores do Porto Digital do Recife mostrou alguns conceitos urbanísticos como a caminhabilidade, cidade de 5 e de 15 minutos, além da história do distrito de inovação da cidade do Recife expondo as semelhanças com a cidade de Santos.

O processo conduzido pelo Sebrae e pela SPA construiu o manifesto que foi divulgado durante o Inova Portos. No evento, foram apresentados o trabalho do Sebrae no desenvolvimento do ecossistema de inovação da cidade de Santos e, em seguida, um painel sobre a construção do ecossistema de inovação portuário.

Os painelistas concluíram que a hora era propícia para a agenda da inovação e que era necessário movimentar os atores para que essa visão de futuro coletiva fosse efetivada. A governança portuária para inovação era estabelecida.

O polo marítimo portuário já existia, o momento, então, era unir os atores e encontrar um meio de colaboração que tornasse possível conectar as pontas e criar o início da jornada da comunidade portuária.

Nos dias que sucederam o evento, os atores interessados no ecossistema realizaram a primeira reunião de governança. O objetivo foi entender de que maneira poderíamos realizar o desenvolvimento do ambiente de inovação portuária.

Algumas reuniões ocorreram, e o grupo definiu a missão e a visão da governança:

- **Missão:** fomentar o movimento de empreendedorismo e inovação da Baixada Santista por meio de diretrizes, integração dos atores e monitoramento das ações. A governança deve compreender a direção e reunir os atores necessários para realizar a visão de futuro coletiva, na qual todos possam habitar, com representatividade e autonomia. Os objetivos e resultados-chave foram criados, sendo necessário definir as métricas de sucesso e mobilizar os meios para entregar o futuro desejado.

- **Visão:** ser umas das referências em inovação tecnológica nos segmentos porto e mar, e fomentar as outras vocações econômicas em até três anos. O desafio que a visão carrega é: como podemos ser um centro de referência no segmento do porto e mar?

As discussões seguem, e, no ano de 2022, haveria a possibilidade de trocas dos comandos dos governos com as eleições em outubro. Como havia a dependência da clareza de comando para algumas decisões, passaríamos a atuar onde tínhamos mais poder de decisão.

Rede de conexões

Simone Basile, founder e CEO da Interactti em São Paulo (capital), retorna a Santos no fim da pandemia e já encontra um ambiente com discussões sobre o ecossistema, um espaço de fala, o que a deixa entusiasmada com a maturidade do ecossistema. Em uma das reuniões da governança, ela insere o conceito da economia azul na mesa. Essa nova perspectiva amplia as possibilidades do que poderia ser o ambiente de inovação. Na mesma época, a Marine StartupLab se aproximava do fim de seu primeiro ciclo. As startups estavam prontas para apresentar suas tecnologias e soluções depois de meses de muitas mentorias, ajustes, contatos comerciais e até alguns investimentos ao longo do programa.

Por sua vez, João Amaral, da iniciativa Voz dos Oceanos, foi palestrante e painelista no primeiro bootcamp da Marine StartupLab. Ao fim da palestra, João desafiou os participantes a construírem um protocolo de intenções, visando à inovação para o desenvolvimento da economia azul. Desafio aceito pelo Sebrae e pelos participantes!

Nas semanas seguintes, o Sebrae passou a conduzir entrevistas em profundidade com os atores da governança para responder o desafio: como podemos desenvolver um polo de inovação para ser um centro de referência em economia azul, porto e logística?

No estudo, a meta era compreender qual seria o grande sonho de cada instituição. E, ao se enxergar no futuro, algumas questões surgem: como seria se o desafio fosse cumprido? Para que possamos alcançar o futuro, quais resultados essa colaboração deveria entregar? No que a entidade poderia colaborar? Quais as limitações quanto ao projeto?

Ao compilarmos as respostas, chegamos aos objetivos e resultados-chave com base nestes seis pilares: ambientes de inovação; programas e ações; instituições científicas e tecnológicas (ICTs); políticas públicas; capital; e governança.

1. Ambientes de inovação:

- Desenvolver a esteira de inovação - porto, logística e economia azul - entre os atores do ecossistema.
- Desenvolver os ambientes de inovação, qualificando seus portfólios de serviço.
- Construir um plano de ação para transformar Santos em um distrito de inovação.

2. Programas e ações:

- Apoiar a Fundação Parque Tecnológico de Santos (FPTS) na consolidação do modelo de atuação do hub de Inovação.
- Construir conexão entre o ecossistema de inovação e a cadeia produtiva de porto, logística e economia azul.
- Unificar o calendário de ações relacionados com o desenvolvimento de inovação de porto, logística e economia azul.

3. Instituições científicas e tecnológicas:

- Criar ICT de porto, logística e economia azul em parceria com a SPA, Unifesp e Fundação de Apoio à Tecnologia e Ciência (Fatec), e Sebrae.
- Desenvolver observatórios de porto, logística e economia azul.
- Fomentar centros de estudos avançados em economia azul, porto e logística. Parceria entre Fatec|Unifesp|Sebrae|SPA|IlhaHub.
- Promover curadoria de problemas de porto, logística e economia azul.
- Desenvolver inovação aberta, incubação e aceleração de startups digitais (aceleradora Marine StartupLab|SPA).

4. Políticas públicas:

- Auxiliar os municípios a aplicar a lei da inovação e o marco legal das startups.

- Construir o debate e propor melhorias na legislação dos municípios para aplicação de incentivos a inovação e a contratação de startups.
- Desenvolver a governança intermunicipal dos municípios costeiros paulista para o crescimento da economia azul, porto e logística.

5. **Capital:**

- Construir um escritório de projetos para auxiliar o ecossistema na busca de recursos municipais, estaduais, nacionais e internacionais para desenvolver projetos, pesquisa e negócios.
- Construir as bases legais para o desenvolvimento de um fundo público e privado para o fomento à inovação em porto, logística e economia azul.
- Encontrar e formar grupos de investidores em startups para estímulo ao capital semente (*seed capital*), investimento-anjo e *corporate venture*.

6. **Governança:**

- Operacionalizar a governança instituída na FPTS.
- Unir um time de atores para o desenvolvimento da inovação, criando um plano de ação e seu monitoramento por meio de métricas.
- Criar um portal de comunicação das ações da governança.
- Construir meios de comunicação eficazes entre os atores do ecossistema.

Diante da visão coletiva de futuro, idealizada pela visão individual dos atores e pelo que cada um poderia contribuir, o papel de cada um deles e suas responsabilidades ficaram claros e definidos. A execução começa com os primeiros passos daquilo que as entidades poderiam fazer, considerando as limitações políticas de troca de comando das instituições.

Foram criados, então, os pilares do centro de estudos avançados: uma parceria entre SPA, Fatec, Unifesp, IlhaHub e Sebrae. O centro tem o objetivo de fazer pesquisas e promover o debate da inovação em economia azul, porto e logística.

A lógica é que, além da capacidade de produzir a pesquisa científica (Unifesp), o centro seja capaz de criar sua aplicação (Fatec), com habilidade de geração de negócios e produção de inovação aberta (Sebrae), que encontre tese de investimento (IlhaHub) e que esteja apto a responder aos desafios capturados pela SPA.

O grande sonho dos técnicos entrevistados pela SPA é que os galpões, que antes abrigavam toda a verticalização da infraestrutura das atividades de gestão do porto, sejam transformados em laboratórios e incubadoras para desenvolvimento de pesquisa e negócios e possam responder aos desafios da economia azul, porto e logística.

Nesse momento, compreende-se que o projeto fará sentido para que as entidades possam aportar recursos para desenvolver laboratórios nessas dependências.

É necessário compreender que já existem diversos tipos de laboratórios e centros de pesquisa em economia azul, porto e logística no Brasil, bem como saber o que ecossistema local necessita para desenvolver a cadeia de valor. O que faz sentido é ter uma esteira de desenvolvimento de produção científica e sua aplicação, conectadas entre as bases instaladas dos ICTs dos estados, para promover a colaboração.

Futuro e pontos de atenção

O Sebrae estuda a viabilidade da criação de um centro de referência em economia azul, porto e logística. A ideia é habitar um andar do hub de inovação do Parque Tecnológico de Santos. Neste seria criada a estrutura e serviços para apoiar todo esse ecossistema, além de produzir publicações daquilo que é desenvolvido pelo polo de inovação. Nesse centro, também seria abrigada a aceleradora de startups Marine StartupLab.

Conclusão

O objetivo deste capítulo foi oferecer aos leitores uma visão na prática dos desafios que é desenvolver um ecossistema. No entanto, unir atores e encontrar uma visão de futuro onde todos possam habitar é o grande desafio dessa mediação.

Assim, a permacultura e o projeto desenvolvido para o hub de inovação do Parque Tecnológico de Santos são inspirações para o desenvolvimento do ecossistema de Santos. Um dos princípios da permacultura, "use soluções pequenas e lentas", era totalmente incongruente com a visão "startupeira" de gerar grandes crescimentos de maneira acelerada. A maturidade obtida no desenvolvimento do ecossistema de Santos fez entender que a sua aplicação faz sentido.

Quando o que se deseja fazer envolve transformações profundas, a rapidez só produz voo de galinha. É preciso aculturar as pessoas, convencer os primeiros a experimentar o novo modelo, encontrar o padrão que faça sentido para que a adoção ocorra em massa. Isso leva tempo, muita negociação e horas de reuniões. É necessário lidar com os fluxos dos interesses: essas ações transformadoras, como duram tempo, muitas vezes tornam-se antagônicas nas mudanças de gestões. É daí que os comportamentos empreendedores fazem a diferença, ter resiliência e saber identificar oportunidades e agir para que elas possam acontecer. São raros os alinhamentos dos astros, mas quando isso acontecer, estar preparado será decisivo.

Por outro lado, o excesso de protagonismo dos atores, bem como a necessidade de construção da última linha da demonstração do resultado do exercício (DRE) – lucro –, faz com que os atores muitas vezes passem a competir, mesmo pregando que a colaboração seja necessária. Por sobrevivência ou apenas para satisfazer o "ego", suas ações elevam os gastos de recursos e negligenciam as necessidades do território, pondo em risco a sustentabilidade. Outro ponto é a estrutura do ecossistema: se é rígida e força a manutenção das estruturas de poder, impede que atores se movimentem, forçando a permanência de sua topologia, inviabilizando a inovação. Nesse caso, para permitir o desenvolvimento do território, é necessário desenvolver representatividade, autonomia e transparência.

O mais difícil no desenvolvimento dos ecossistemas é fazer as escolhas certas. Em suma, é optar por aquilo que entregue resultados, respeitando o território e os limites de seus recursos. Isso somente é possível por meio da colaboração entre os diversos atores, que devem aproveitar o que já possuem como ativos, procurando doar aquilo que for possível.

Por fim, estamos diante de uma nova fronteira econômica e, se fizermos as escolhas certas, seremos capazes de tornar esse ecossistema pujante, em uma economia mais forte, mas com os olhos voltados para o equilíbrio da vida como um todo: seres humanos e toda a natureza. Que possamos, então, utilizar nossa capacidade e inteligência para esse fim.

43 Acidificação dos oceanos

Paulo André Siqueira Barbosa

Introdução

As atividades antropogênicas geraram aumento significativo da quantidade de gases, por exemplo, o dióxido de carbono (CO_2), o metano (CH_4) e o óxido nitroso (N_2O) lançados na atmosfera desde a revolução industrial. A liberação de CO_2 oriundo da queima dos combustíveis fósseis promoveu um aumento na concentração de CO_2 na atmosfera, o que pode acarretar mudanças na temperatura do planeta e, também, influenciar os processos atmosféricos, terrestres e aquáticos, como a acidificação dos oceanos.

De acordo com dados de 2019 do Laboratório de Pesquisa do Sistema Terrestre,[1] a concentração de CO_2 na atmosfera alcançou aproximadamente 410 partes por milhão nos dias atuais, sendo que na década de 1980, eram cerca de 340 partes por milhão. Este estudo tem como principal objetivo realizar um breve levantamento acerca da acidificação dos oceanos e seu impacto no ambiente marinho. Visto que é um tema extremamente importante, pois, no futuro, pode produzir problemas irreversíveis.

Desenvolvimento

Estudos científicos indicam que, desde a primeira revolução industrial (século XVIII), ocorreu um aumento na acidificação dos oceanos em decorrência da emissão significativa de poluentes para a atmosfera, sendo o CO_2 o principal responsável por essa diminuição do pH (potencial hidrogeniônico) (Sodré;

[1] Refere-se ao Earth System Research Laboratory (ESRL), um dos sete laboratórios da Agência Nacional da Atmosfera e Oceano (National Oceanic and Atmospheric Administration – NOAA) nos Estados Unidos.

Silva; Monteiro, 2016). É possível verificar essa relação entre a emissão de CO_2 (linha pontilhada), o CO_2 absorvido na superfície dos oceanos (linha tracejada) e a redução do pH na superfície dos oceanos (linha ondulada) na Figura 42.1.

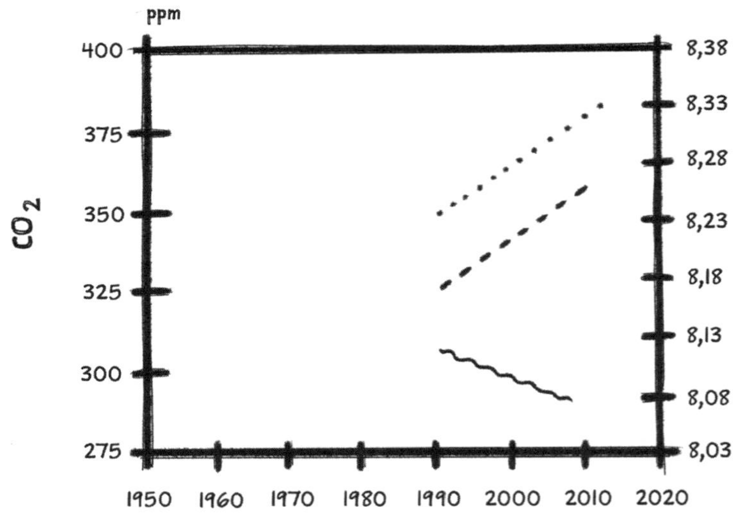

Figura 42.1 *Variações de CO² e pH (adaptada de Doney* et al., *2009).*

Como inferido, o pH é uma escala logarítmica adimensional que tem como função a especificação da acidez (pH < 7), basicidade (alcalinidade) (pH > 7) e neutralidade (pH = 7), diretamente relacionado com a quantidade (concentração) de íons H^+ (íon hidrônio) presente em substâncias e soluções (Brown; Lemay; Bursten, 2009). Uma vez que a escala de pH é expressa em termos logarítmicos, uma pequena redução nesse valor pode acarretar em variações de acidez ou alcalinidade expressivas (Sodré; Silva; Monteiro, 2016). Estima-se uma redução de, aproximadamente, 0,4 no pH dos oceanos para o século XXI, o equivalente a cerca de 150% no aumento das concentrações de íons H^+ e 50% de redução nas concentrações de íons carbonatos (CO_3^{2}-) (Orr *et al.*, 2005).

A redução do pH dos oceanos por meio do CO_2 é dada por uma série de reações químicas. Primeiramente, ocorre a absorção do CO_2 pelos oceanos (Equação 1, Figura 42.2). Em seguida, o CO_2 reage com a água do mar, produzindo o ácido carbônico (H_2CO_3) (Equação 2, Figura 42.2). Por sua vez, o H_2CO_3 libera um íon H^+ e um íon hidrogenocarbonato, também chamado popularmente de "bicarbonato (HCO_3-)" (Equação 3, Figura 42.2). Por último, o íon bicarbonato pode se ionizar em formar um íon H^+ e um íon carbonato (CO_3^{2}-) (Equação 4, Figura 42.2). Vale salientar que todas as reações anteriormente descritas são reversíveis e ocorrem em equilíbrio químico. Além disso, quanto maior a absorção de CO_2 nas águas dos oceanos, maior o incremento de CO_2, de íons bicarbonatos e de íons H^+. Logo, menor o pH. Por conseguinte, a concentração de íons carbonatos diminui por causa da quantidade de íons H^+ (Doney *et al.*, 2009). A sequência reacional discorrida anteriormente é mostrada na Figura 42.2.

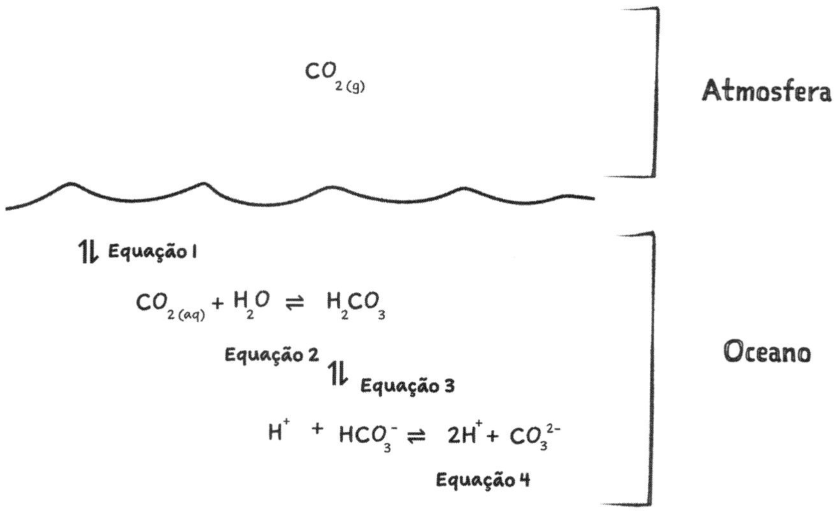

Figura 42.2 *Sequência reacional do CO_2 nas águas dos oceanos.*

A acidificação dos oceanos é uma problemática que deve ser discutida com urgência. Visto que a diminuição do pH das águas oceânicas, em razão da quantidade excessiva de gás carbônico na atmosfera, promove inúmeros problemas, por exemplo: perda da biodiversidade decorrente aos prejuízos na cadeia alimentar (níveis tróficos), na reprodução, fisiologia e distribuição geográfica de espécies marinhas (principalmente nos animais calcificadores como plâncton, crustáceos, moluscos, corais, conchas e animais com exoesqueleto); impactos econômicos voltados para o setor pesqueiro, de aquicultura e atividades relacionadas ao turismo; e outras implicações maiores (Broa, 2012).

A implementação de acordos acerca da diminuição de emissões de gases como o CO_2 para a atmosfera entre os países é imperiosa, por causa dos impactos ambientais e socioeconômicos que trazem. No Brasil, ocorre escassez de mecanismos eficientes que tornem as legislações competentes. Além disso, faltam informações precisas sobre as áreas e os impactos que podem ser causados e um grau de detalhamento necessário para ações de planejamento (Embrapa, 2018).

Conclusão

Diante do que foi apresentado, a acidificação é um problema que não pode ser ignorado. Faz-se necessário haver providências governamentais para redução de CO_2 na atmosfera, bem como investimentos em pesquisas e tecnologias que visem eliminar o gás carbônico do ar atmosférico e, também, que modifiquem a matriz energética do mundo para uma menos agressiva ao meio ambiente. Com essas medidas, seria possível mitigar o pH nos oceanos e reverter o panorama futuro.

Referências bibliográficas

BRAZILIAN OCEAN ACIDIFICATION NETWORK (BROA). *Studying ocean acidification and its effects on marine ecosystems*. Disponível em: <https://broa.furg.br/>. Acesso em: 22 de jul. de 2022.

BROWN, Theodore; LEMAY, Eugene H.; BURSTEN, Bruce E. *Química: a ciência central*. 9 ed. New Jersey: Prentice-Hall, 2005.

DONEY, Scott C.; FABRY, Victoria J.; FEELY, Richard A.; KLEYPAS, Joan A. *Ocean acidification: the other CO_2 problem*. Annu. Rev. Sci. p. 169-192, 2009.

EARTH SYSTEM RESEARCH LABORATORY (ESRL). *Global monthly mean CO_2*. Disponível em: <https://www.esrl.noaa.gov/gmd/ccgg/trends/global.html>. Acesso em: 22 de julho de 2022.

FOGACA, Fabíola H. S.; FURTADO, Angela A. L.; SILVA, Carlos A. *et al.* (Eds.). "Vida na água; Contribuições da Embrapa". *Objetivos de Desenvolvimento Sustentável 14*. Brasília: Embrapa, 2018.

ORR, James C.; FABRY, Victoria J.; AUMONT, Olivier *et al.* "Anthropogenic ocean acidification over the twenty-first century and its impact on calcifying organisms", 2005, *Nature*, v. 487, p. 681-686.

SODRÉ, Camila F. L.; SILVA, Yuri J. A.; MONTEIRO, Isabella P. "Acidificação dos oceanos: fenômeno, consequências e necessidade de uma Governança Ambiental Global". *Revista Científica do Centro de Estudos em Desenvolvimento Sustentável da UNDB*, 2016, v. 1, n. 4, p. 1-14.

44 O melhor lugar para fazer negócios do mar: a importância de desenvolver uma feira internacional de pesca e negócios do mar

Alexandre Tavares

O mundo é grande e cabe na janela sobre o mar.
O mar é grande e cabe na cama e no colchão de amar.
O amor é grande e cabe no breve espaço de beijar.
– Carlos Drummond de Andrade

Deus quer, o homem sonha, a obra nasce.
Deus quis que a terra fosse toda uma,
Que o mar unisse, já não separasse. [...]
Fernando Pessoa

Para transformar ideias em projetos viáveis

O mar que encanta poetas, músicos, pintores e artistas de todo o planeta é o mesmo mar que garante o sustento de trabalhadores que encontram em suas águas, margens ou profundezas as riquezas que nos fazem crescer e bem-viver. O mar de Drummond, Jorge Amado e Vinícius, o mesmo mar de Pessoa e Camões, é, também, o mar de pescadores, artesãos, comerciantes, esportistas, turistas, empresários, indústrias, portos, plataformas, transatlânticos. Foram essa mesma paixão e o respeito pelo mar e pela gente que dele vive que motivaram a My Beach Live e Marketing Promoções e Eventos a sugerir uma feira internacional de pesca e negócios do mar.

A ideia de criar um evento pioneiro, grandioso e transformador, que abrisse caminhos para consolidar o estado do Rio de Janeiro como referência internacional na economia do mar, foi pensada há cinco anos. O plano seria realizar um evento histórico não apenas para promover negócios, parcerias e a troca de experiências mas também para ajudar a melhorar a vida das pessoas ligadas ao mar e deixar um legado de inovação em harmonia com a tradição. Assim, além de servir de exemplo de desenvolvimento em consonância com o respeito à sustentabilidade do mar, seria, acima de tudo, um marco para largar cabos, soltar velas, caçar pano[1] e levantar âncora para a deslanchada do estado do Rio de Janeiro e do Brasil rumo à conquista da economia do mar em sua plenitude azul.

A escolha joia rara e preciosa que é a cidade de Paraty, localizada na região da Costa Verde, no sul do estado do Rio de Janeiro, como local para sediar uma feira internacional de pesca e negócios do mar não foi por acaso. Vocacionada para o mar, a cidade que é patrimônio mundial da humanidade, por sua cultura e natureza, reúne tudo o que é necessário para se tornar a capital brasileira da economia do mar. Um conjunto de características naturais, arquitetônicas e socioculturais peculiares e uma liderança notável que formam o cenário perfeito para o evento. A intenção não seria apenas a de realizar mais um grande evento em Paraty; cidade que já detém iniciativas internacionais e marcantes como a Feira Literária Internacional de Paraty (Flip), o Bourbon Festival Paraty e o Festival da Cachaça, Cultura e Sabores de Paraty. O objetivo de optar por Paraty seria, sim, ser disruptivo, deixar um legado para a cidade e gerar oportunidades extraordinárias para a população local e a todos os participantes.

A cidade de Paraty, com seus quase 40 mil habitantes, entre caiçaras, quilombolas, indígenas, pescadores e uma gente trabalhadora e cheia de fé e alegria de viver, assumiu esse papel de abrir alas para a economia do mar em consonância com a sustentabilidade. Isso reforça, mais uma vez, seu protagonismo de sítio misto, por sua cultura e natureza, reconhecido, junto com a Baía da Ilha Grande, como patrimônio mundial pela Organização das Nações Unidas para a Educação, Ciência e Cultura (Unesco), e a aponta como capital brasileira da economia do mar. A realização da feira em um local onde os participantes pudessem desfrutar praias paradisíacas, várias ilhas e cachoeiras deslumbrantes, história rica, arquitetura pitoresca, restaurantes peculiares, Mata Atlântica preservada e atividades esportivas e turísticas, com uma infraestrutura capaz de receber a todos com conforto, segurança e qualidade, é um capítulo à parte.

Para a realização de uma feira do mar internacional, muito planejamento, uma grande infraestrutura, organização, liderança e trabalho de equipe se fazem necessários. São os ingredientes fundamentais para que a feira sair do papel e se tornar realidade. Além disso, os personagens que abraçaram a ideia, chama-

[1] Gíria náutica para içar velas.

ram para si a responsabilidade, arregaçaram as mangas em prol de um legado para o estado, e para o país, certamente deixarão também seu nome registrado na história entre os personagens que cuidaram do mar e promoveram seu desenvolvimento sustentável.

Ao navegar em águas lusas

Com o objetivo de dinamizar o impacto de uma feira internacional da economia do mar, com inspiração e participação internacional, participamos da missão técnica do estado do Rio de Janeiro em Portugal, no âmbito da Conferência dos Oceanos das Nações Unidas em Lisboa. Como a sustentabilidade e a economia azul são princípios fundamentais que norteiam a feira, estar em Lisboa no momento em que a capital portuguesa se transformou na capital dos oceanos foi para nós mais um meio de firmar nosso compromisso e respeito pelo mar. Ao lado do então prefeito de Paraty, Luciano Vidal, do secretário municipal de Turismo, Marcos Paulo (Paulino), e de representantes dos governos e demais órgãos envolvidos no desenvolvimento do modelo de economia do mar no Rio de Janeiro, voltamos de Portugal certos de termos dado grandes passos, no sentido de resgatar e estreitar as relações históricas e de potencializar as ações comuns no âmbito da economia do mar.

Junto à delegação, participamos de vários eventos e agendas na capital portuguesa, como audiências com prefeitos, além de encontros no Comando da Marinha de Portugal e no Global Innovation Summit 2022. Como diz o provérbio africano: "Se quer ir rápido, vá sozinho. Se quer ir longe, vá em grupo."

Conclusão

Nosso objetivo é fazer com que uma feira internacional de pesca e negócios do mar seja um divisor de águas para a economia do mar, ao unir tradição, tecnologia e sustentabilidade. Queremos valorizar desde a tradição dos pescadores de Paraty àqueles que transformam o tronco de uma árvore em canoas e às grandes inovações tecnológicas, tendo a sustentabilidade como linha mestra. Por isso, buscamos inspiração nas experiências bem-sucedidas de Portugal na economia do mar, por meio de seus empresários, de instituições e do poder público.

45 Rumo ao empreendedorismo azul

Renato Dias Regazzi • Antonio Pinaud

Os impactos da humanidade ao planeta Terra manifestam-se em sua geologia; chamada pelos especialistas de "período Antropoceno", ou seja, nossa passagem no planeta está modificando o meio ambiente, o que já aparece em sua história, como o ocorrido há milhares de anos por mudanças ou catástrofes globais, a exemplo que houve com o desaparecimento dos "dinossauros", em decorrência do impacto de um cometa.

Em pleno século XXI, somente agora as questões ambientais finalmente passam a fazer parte das agendas de governo, das instituições e das empresas, de modo mais efetivo e direto. Com relação às empresas, em razão, sobretudo, das exigências de ESG (cuidado ambiental, social e boa governança)[1] que muitos fundos de investimentos passaram exigir, para que estas serem consideradas aptas a receber seus recursos. Como consequência, aqueles negócios ou empresas que causarem impacto ao meio ambiente e não pensarem na sustentabilidade estão fadados a quebrar ou desaparecer.

Há bastante tempo existem as preocupações com as florestas; muitas já foram degradadas e sua consequência é sentida em todo o planeta, com as mudanças de temperatura, catástrofes naturais e poluição. Temos, então, uma crescente consciência verde na população, visto que essas consequências negativas impactam sua qualidade de vida, e que os recursos da natureza podem ser explorados somente de modo sustentável, o que significa utilizar os recursos do planeta, dando condições a natureza de se recuperar e deixar, também, recursos para as futuras gerações.

[1] **ESG** é a sigla em inglês para ***E**nvironmental* (ambiental), ***S**ocial* (social) & ***G**overnance* (governança).

Nesse sentido, temos de pensar que o planeta é formado por mais de 70% de sua superfície de oceano, sendo este o local onde se encontram os maiores recursos energéticos, minerais, de alimentos, dentre outros. Se fizermos com o oceano o que foi feito com os continentes, o planeta ficará insustentável para a vida humana e de outros animais. Temos, então, de pensar em uma nova economia, que aprenda com os erros e acertos que ocorreram com relação aos recursos continentais, que podem ser do solo, do ar, dos rios, animais e florestas.

Esta nova economia é a "azul", que promoverá a utilização dos recursos marítimos, só que de maneira sustentável, integrando a economia, o desenvolvimento social e a preservação do meio ambiente, em uma mesma equação convergente em que todos ganham. Nasce, então, um novo modo de fazer negócios e empreender, utilizando o oceano como recurso ou meio, mas de forma sustentável. Nasce, por conseguinte, o "empreendedor azul", aquele que deseja sua prosperidade e da comunidade onde vive e que desenvolve seu negócio, pela melhor utilização dos recursos aquáticos, sem os degradar ou exaurir, essa é a lógica da economia azul".

Os 15 passos para desenvolver o empreendedorismo azul, em uma localidade

1. **Identificação do potencial local:** analisar o potencial dos recursos marítimos identificando as atividades comerciais, industriais, de serviços, turismo, alimentos, energia e matérias-primas, promovendo a convergência setorial.
2. **Desenvolvimento de parcerias:** realizar parcerias no modelo do tríplice hélice - com os governos, iniciativa privada, instituições tecnológicas, de ensino e organizações não governamentais (ONGs).
3. **Capacitação e treinamento:** oferecer treinamento para os empreendedores locais em gestão de negócios, liderança transformadora empreendedora e práticas sustentáveis. Aumento da capacitação empreendedora local.
4. **Planejamento estratégico:** elaborar um plano estratégico e de negócios (Canvas e protótipo), incluindo objetivos claros, estratégia de marketing, recursos, custos e análise de risco.
5. **Suporte financeiro:** acessar financiamento e incentivar linhas de crédito específicas para o empreendedorismo azul.
6. **Marketing:** desenvolver e investir em um plano de marketing para promover os produtos e serviços vinculados à economia azul, destacando as comunidades e a sustentabilidade (meio ambiente).

7. **Rede de suporte:** formar uma rede de apoio aos empreendedores locais (verticais e horizontais), com iniciativas de encadeamento produtivo, incubadoras, aceleradoras, suporte técnico e dinamização de clusters.
8. **Inovação tecnológica:** promover a inovação tecnológica e a pesquisa científica para desenvolver novos produtos e serviços no setor do empreendedorismo azul - Bluetech.
9. **Sustentabilidade:** desenvolver o empreendedorismo azul de maneira sustentável, com práticas responsáveis de uso dos recursos naturais e minimização dos impactos ambientais.
10. **Cadeia de valor:** criar uma cadeia de valor local, integrando fornecedores, produtores, processadores, distribuidores e varejistas, para gerar empregos e renda para a comunidade - formar encadeamentos produtivos.
11. **Infraestrutura:** fomentar as infraestruturas necessárias, como: portos, marinas, píeres e instalações de processamento de frutos do mar, para apoiar a indústria, o comércio, o turismo ligado ao empreendedorismo azul - desenvolver os ativos de saneamento.
12. **Regulamentação:** divulgar informações sobre regulamentações ligadas à economia do mar, fomentar que haja uma regulamentação clara e justa para o setor, por meio de leis e políticas claras que incentivem o desenvolvimento do empreendedorismo azul - importância da simplificação.
13. **Envolvimento da comunidade:** envolver a comunidade local no processo de desenvolvimento do empreendedorismo azul, por meio do desejo em se tornar um empreendedorismo azul, como oportunidade de emprego, renda e mobilidade social. Participação da comunidade em consultas públicas, fóruns de discussão, palestras, eventos, cartilhas e outras formas de comunicação.
14. **Educação e conscientização (literacia do oceano):** fomentar a educação e conscientização sobre a importância da conservação dos recursos marítimos e do empreendedorismo azul, envolvendo escolas, organizações civis e a mídia local. Praia azul e Escola Azul.
15. **Monitoramento e avaliação:** desenvolver um sistema de monitoramento e avaliação para acompanhar os projetos e progresso e realizar ajustes se necessário.

Conclusão

O fomento ao empreendedorismo azul pode ser uma grande oportunidade de geração de emprego e renda, sendo um poderoso agente de desenvolvimento econômico, social e ambiental, com foco no progresso de um território marítimo, de maneira competitiva e sustentável. Para isso, é necessário promover a literacia do oceano, criando a "consciência azul" nos agentes econômicos e sociais, sobretudo nos atuais e futuros consumidores, que estabelecem a dinâmica dos mercados, consumindo produtos e serviços das empresas, cooperativas e instituições, por meio do consumo consciente, o que poderá impactar os modelos de negócios, promovendo a transformação para uma economia mais sustentável, a "economia azul".

A Editora Senac Rio publica livros nas áreas de Beleza e Estética, Ciências Humanas, Comunicação e Artes, Desenvolvimento Social, Design e Arquitetura, Educação, Gastronomia e Enologia, Gestão e Negócios, Informática, Meio Ambiente, Moda, Saúde, Turismo e Hotelaria.

Visite o site **www.rj.senac.br/editora**, escolha os títulos de sua preferência e boa leitura.

Fique atento aos nossos próximos lançamentos!

À venda nas melhores livrarias do país.

Editora Senac Rio
Tel.: (21) 2018-9020 Ramal: 8516 (Comercial)
comercial.editora@rj.senac.br
Fale conosco: faleconosco@rj.senac.br

Este livro foi composto nas tipografias Menca, Leo, Times New Roman, Scala Sans, Big John Pro, Parisine Plus, Minion Pro, Josefin Sans e Calibri e impresso pela Imos Gráfica e Editora Ltda., em papel offset 90g/m^2, para a Editora Senac Rio, em julho de 2023.